公法文丛

Legal Compilation of
Constitutional Review System

合宪性审查
制度资料汇编

王锴　王理万　主编

法律出版社
LAW PRESS·CHINA

主编简介

王锴

北京航空航天大学法学院长聘教授、博士研究生导师。现任北京航空航天大学宪法与行政法研究中心主任、备案审查制度研究中心主任、最高人民法院少年司法研究基地执行主任。兼任中国法学会宪法学研究会常务理事、学术委员会委员；中国科技法学会常务理事、《中国大百科全书》（第三版 · 宪法学分支）副主编、司法部法规规章备案审查专家委员会委员等。

1997～2007年在中国人民大学分别获历史学学士、法学硕士和法学博士学位。2013～2014年在德国弗莱堡大学担任访问学者。

主要研究领域：宪法学、行政法学。

代表性学术成果：《部门宪法研究》，光明日报出版社2014年版；《论宪法上的一般人格权及其对民法的影响》，载《中国法学》2017年第3期；《合宪性、合法性、适当性审查的区别与联系》，载《中国法学》2019年第1期；《基本权利保护范围的界定》，载《法学研究》2020年第5期。

主要获奖：第一届韩德培法学奖青年原创成果奖、第十届中青年宪法学者优秀科研成果一等奖、中国法学会第十届中国法学青年论坛主题征文一等奖、第二届首都法学优秀成果奖论文类三等奖、第七届中青年宪法学者优秀科研成果二等奖、第六届中青年宪法学者优秀科研成果三等奖、中国法学会第十二届中国法学青年论坛主题征文优秀奖等。

王理万

中国政法大学人权研究院副教授、硕士研究生导师。兼任中国政法大学《人权研究》（季刊）编辑，北京航空航天大学备案审查制度研究中心学术委员会秘书长。

2005～2009年就读于湘潭大学法学院，获法学学士学位；2009～2012年就读于中国政法大学法学院，获法学硕士学位；2012～2016年就读于中国人民大学法学院，获法学博士学位。2014～2015年在纽约大学法学院担任访问学者。

主要研究领域：宪法学、人权法学、港澳基本法学。

代表性学术成果：《香港立法会普选研究》，香港城市大学出版社2018年版；《中国外交分权体系下的议会外交》，载《世界经济与政治》2015年第8期；《立法官僚化：理解中国立法过程的新视角》，载《中国法律评论》2016年第2期；《商业性强制保险的合宪性分析》，载《法学家》2017年第2期。

主要获奖：蔡定剑宪法学优秀论文奖一等奖、许崇德宪法学发展基金征文二等奖、中国法学会宪法学研究会第十届中青年宪法学者优秀科研成果专著二等奖、中国法学会宪法学研究会第九届中青年宪法学者优秀科研成果论文三等奖。

译者、校对者简介

奥地利

译者　**王银宏**，男，法学博士。现任中国政法大学法律史学研究院副教授、博士研究生导师，教育部人文社会科学重点研究基地·中国政法大学法律史学研究院副院长。研究领域：法律史、比较法律文化。出版德语专著 Verfassungskontrolle in China. Eine Historische und Politische Darstellung，译著《宪法法院的守护者：汉斯·凯尔森法官研究》《死刑：起源、历史及其牺牲品》《德意志公法的历史理论与实践》等。

德国

译者　**王锴**，男，法学博士。现任北京航空航天大学法学院长聘教授、博士研究生导师。研究领域：宪法学、行政法学。出版译著《法国行政法》（第二译者）、《现代宪法论》（第一译者）。翻译论文：奥利弗·雷普修斯：《宪法中的社会科学：以美国为榜样？》，载《财经法学》2015年第1期；马丁·洛克林：《为国家学辩护》，载《北京航空航天大学学报（社会科学版）》2015年第2期；马克·图什耐特：《比较宪法的可能性》（第一译者），载《法治现代化研究》2017年第2～4期等。

法国

译者　**李晓兵**，男，法学博士。法国巴黎一大、爱尔兰人权研究中心访问学者。现任南开大学法学院副教授、台港澳法研究中心执行主任。研究领域：宪法学、两岸关系、港澳基本法、人权法、欧洲法与法国法。出版专著《法国第五共和宪法与宪法委员会》《法国宪法：历史、原理与实践》《宪法时间》等。

意大利

译者　**李修琼**，女，法学博士。意大利比萨大学、意大利罗马第三大学访问学者。现任中南财经政法大学法学院宪法与行政法学系讲师。研究领域：行政法与行政诉讼法学、比较行政法、外国宪法等。出版专著《意大利宪法市判制度研究》，译著《意大利共和国宪法》《意大利行政法原理》；参与翻译《意大利环境法典》。

俄罗斯

译者　**尤晓红**，女，法学博士。现任黑龙江大学法学院副教授。兼任中国法学会宪法学研究会理事、黑龙江省比较法学研究会会长。研究领域：俄罗斯宪法学研究。出版专著《俄罗斯宪法法院研究》；主持并完成国家社科基金项目“俄罗斯社会历史转型期的宪法制度研究”。

南非

译者　**程迈**，男，法学博士。中美富布赖特高级访问学者。现任南昌大学法学院教授。研究领域：宪法政党制度，非洲国家宪法制度。出版专著《西方政党与法治：以德国为例》《坎坷动荡转型路——尼日利亚的宪法改革与教训》，译著《非洲的民主与选举》《宪法社会学》《德国政党国家：解释、发展与表现形式》《宗教与美国宪法——自由活动与公正》；于《政治学研究》《比较法研究》《德国研究》等刊物发表学术论文30余篇。获德国亚历山大·冯·洪堡基金会"德国联邦总理奖"。

韩国

译者　**[韩]金永完**，男，山东大学法学院教授。韩国高丽大学法学院法学学士、日本国际大学（IUJ）研究生院国际关系学硕士、日本中央大学法学博士、中国政法大学高级进修、日本中央大学法学院兼任讲师、中国人民大学法学院博士后讲师、澳门大学法学院兼任讲师、台湾高雄大学法学院兼任教授。研究领域：宪法、亚洲法、国际法与国际关系学。出版专著《中国における「一国二制度」とその法的展開——香港・マカオ・台湾問題と中国の統合——》（日文），合著与译著《外商投资企业纠纷与法律适用问题研究》（韩文）等17本；发表论文《マカオの法的地位》（日文）、《中国梦蝶，自喻适志与！》（中文）等30余篇。

加拿大、新西兰

译者　**高清纯**，男，法学硕士。先后毕业于南开大学法学院和爱丁堡大学法学院。研究领域：公法、反垄断法及公私交叉法律问题。曾主持南开大学"百项"课题"合宪性解释理论及其制度研究"。

校对者　**李蕊佚**，女，法学博士。现任南开大学法学院副教授。曾任牛津大学贝利奥尔学院研究助理、香港大学法学系和比勒陀利亚大学国际比较法研究中心访问学者、中国法学会比较法学研究会理事。入选天津市"用三年时间引进千名高层次人才"计划。研究领域：中国宪法、英国宪法和香港基本法。于核心期刊发表论文多篇，主持、参与多项宪法相关国家级、省部级课题和科研项目。

西班牙

译者　**李大鹏**，男，法学硕士。罗马第三大学访问学者。上海段和段律师事务所律师。曾任两家国内上市公司法务经理、法务总监。专业领域：国际贸易与投资、知识产权、企业合规。工作语言：汉语、英语、西班牙语、意大利语。创设公众号"拉丁法律帝国"，跟踪"意大利—西班牙—拉丁美洲"法律实践的重要趋势及动态。

序　言

2019 年 9 月 21 日，在各位宪法学界前辈的关心下和全国人大常委会法工委备案审查室的支持下，北京航空航天大学备案审查制度研究中心成立了。作为首家全国性的备案审查制度研究机构，中心成立后，我们一直琢磨做点实实在在的事情。按照中心当初的规划，中心主要的工作包括：(1)系统梳理我国现行的规范性文件备案审查机制；(2)系统研究目前备案审查机制之间的联动衔接关系；(3)系统整理我国现行立法和其他规范性文件中的规范冲突、抵触、不一致问题，搜集现实中规范冲突、抵触、不一致的事例；(4)对国外宪法监督和法律监督的相关制度进行研究；(5)对备案审查制度建设和制度运行中的疑难问题、重大案例进行研讨；(6)研究备案审查制度的原理、程序与技术；(7)对各地备案审查运行的效果进行评估；(8)完成国家机关委托的研究和调研任务。这些工作实际上在中心成立前后已经开始着手了，如对地方备案审查制度的系统梳理，先后参与了全国人大常委会《法规、司法解释备案审查工作办法》以及国务院《法规规章备案条例》的修订工作，主持了国家社科基金重大研究专项《以法规备案审查制度彰显社会主义核心价值观》和北京市习近平新时代中国特色社会主义思想研究中心暨北京市社科基金重点项目《健全宪法监督体系和机制研究》等。正是在参与这些工作的过程中，我们感到，推进合宪性审查工作需要借鉴人类法治文明建设的有益成果，尤其是域外一些较早开展合宪性审查工作的国家的立法。然而，相当一部分具有借鉴价值的合宪性审查制度资料，要么没有被翻译，要么虽然已被翻译但长期没有更新。

鉴于此，我们选择翻译了10个国家的合宪性审查法律，旨在为中国合宪性审查制度的完善进行一些基础性的资料建设。这其中大多数是与我国一样采取集中型合宪性审查制度的国家，如德国、法国、奥地利、意大利、俄罗斯、韩国等，也有与我国一样采取由最高代议机关决定最终的合宪性审查结果的加拿大、新西兰等英联邦国家。其中很多国家的合宪性审查法律是首次有中译本，如意大利、俄罗斯、西班牙、南非等，还有些国家的法律是最新的中译本，如奥地利、德国、法国、韩国等。作为对比，本书最后还收录了我国合宪性审查的一些法律规定，以供读者参考。

本书能够顺利出版，首先要感谢王银宏、李晓兵、李修琼、尤晓红、程迈、金永完、高清纯、李蕊佚、李大鹏等各位译者的辛勤付出——在目前“翻译工作吃力不讨好”的环境下，翻译立法更是一种“无私的奉献”。这些译者大多有在翻译对象所在国访学或留学的经历，并且大多从事宪法学的研究与教学，是怀着热爱宪法事业的拳拳之心来从事这项工作的。还要感谢米万英、王从虎、黄文军、刘飞宇、吴鹏、罗杰、任端平、徐振东、张德瑞、田凯、秦奥蕾、陈雄、沈跃东、张献勇、张光宏、杨安志、牛文展、董鑫、王峰峰、杜文勇、郭振清、王书成、霍增辉、朱世海、苗静、曾娜、温泽彬、霍静裕、杨凡、董妍、杨鹏、庄真真、赵春凤、孙娟娟、于家富、曹炜、崔金鹏、黄鑫、胡大路、吴敌、毛圣慧、左晶、孙如意、游伟、侯凯中、杨秋波、程能、刘海林、杜吾青等各位同门的大力帮助。王锴负责全书的组织策划，王理万对全书进行了校对，司楠楠进行了前期的编辑工作。

最后，要感谢中国人民大学法学院胡锦光教授对中心的一贯支持。胡老师作为我国研究合宪性审查的权威学者，一直致力于合宪性审查制度在中国的落地生根，数十年间著书育人、泽被学林。今年恰逢胡老师耳顺之年，我们作为胡老师的学生，谨以此书作为对老师六秩寿诞的贺礼！

王　锴　王理万

2020 年 2 月 7 日

目　录

加拿大

新西兰

西班牙

中　国

奥　地　利

奥地利宪法法院法*

（1953 年颁布，更新至 2020 年 3 月 21 日）

目　录

---

* 参见《奥地利宪法法院法》的德语原文，载奥地利联邦法律信息系统：https://www.ris.bka.gv.at/GeltendeFassung.wxe? Abfrage = Bundesnormen&Gesetzesnummer = 10000245.，2020 年 4 月 3 日最后访问。——译者注

民议会议长和联邦议会主席作出的对国民会议或联邦议会所使用的信息进行分类的决定

F. 关于审查法规的合法性

G. 关于审查再次公告法律(国家条约)的合法性

H. 关于审查法律的合宪性

I. 关于审查国家条约的合法性

J. 关于申请选举无效,关于丧失席位的申请,关于申请公民表决的提议、全民公决、民意测验以及欧洲的公民倡议为无效,关于申请将某人列入选举人名单和将某人从选举人名单删除,关于申请有争议的具有独立性的行政机构的通知和决定以及行政法院的判决和决议为无效

K. 关于联邦及各州的最高机构因其职务违法行为应承担宪法责任而提出的控告

L. 关于因侵犯受宪法保障的权利或者因适用违法的法规、违法的再次公告的法律(国家条约)、违宪的法律或违法的国家条约而侵犯权利所提起的诉愿

M. 关于因宪法法院侵犯《数据保护基本法规》中保障的权利而提起的诉愿

N. 关于解释规定人民监察专员或州的人民监察专员职权的法律规定而产生的争议

第三部分　附　则

第一部分　宪法法院的组织

第1条

(1)宪法法院由1位院长、1位副院长、12位法官和6位候补法官组成。

(2)若宪法法院的某一法官或候补法官将在3个月内任期届满或者出现职位空缺时,院长应依据《联邦宪法法》(联邦法律公报号码:

1/1930)第147条第2款的规定通知有关机构的负责人,并提出建议的人选。

(3)上述有关机构的负责人应立即或者最晚在职位空缺后1个月内对此发布一般公告。上述负责人在发布公告时,可以一起发布多个职位的公告,必要时可将该职位的公告及其任命公告一起发布。

(4)公告应在《维也纳报》的公报及特定地区报的官方公报中公开发布。

第2条

(1)宪法法院从其在任的法官中选举任期3年的常务负责法官。副院长可以被选为常务负责法官。在选举无法进行时,由院长任命缺额的常务负责法官。

(2)院长或副院长、至少两位常务负责法官和至少两位候补法官必须在维也纳有住所。

第3条

(1)院长领导宪法法院;院长在审理和讨论案件时任主席。

(2)在院长无法履行职务时,由副院长代理。

(3)在副院长也无法履行职务时,由宪法法院中居住在维也纳的最年长的法官代理。

(4)上述第2款和第3款的规定也适用于宪法法院院长的职位空缺的情形。

(5)除本条第2款规定的情形外,院长可以委托副院长担任审理和讨论案件时的主席。副院长在不担任主席时,可以作为有表决权的法官参与案件的审理。

第3a条

《法院组织法》(帝国法律公报号码:217/1896)第1条至第4条和第16条的规定以及网络上发布的议会议事规则的精神原则也适用于宪法法院。

第4条

(1)宪法法院的法官自其获得任命后的下一个月的第一天起获得

一定数额的薪酬,其数额根据《联邦宪法法》第1条关于公职人员收入界限的规定[联邦法律公报(I)号码:64/1997]予以确定,相关薪酬数额的比率如下:

其一,院长的薪酬数额为180%;

其二,副院长和常务负责法官的薪酬数额为160%;

其三,其他法官的薪酬数额为90%。

(2)若副院长兼任常务负责法官,则不再另外获得薪酬。

(3)宪法法院的候补法官每参与1次会议,均获得一定数额的薪酬,其每个会议日获得的薪酬数额为上述第1款第3项规定的法官所获得的1个月薪酬数额的1/10。

(4)除薪酬外,宪法法院的法官还可根据1956年《工资法》(联邦法律公报号码:54/1956)第3条第3款和第7条第2款的规定获得一定数额的特别收入。

(5)院长得配用1辆公务用车,在院长的同意下,副院长和宪法法院的其他法官亦可为公务使用。《联邦收入所得法》(联邦法律公报(I)号码:64/1997)第9条第2款的规定亦得适用。

(6)除收入外,在特定的工作事务中,院长得享与联邦部长同等的待遇,副院长得享与国务秘书同等的待遇。

第5a条

(1)在维也纳没有住所的法官和候补法官除根据上述第4条的规定获得每次参加会议的差旅补偿外,还获得因此在维也纳停留期间的特别支出补偿。上述差旅费用和在维也纳停留期间的特别支出补偿的数额由联邦政府另行规定。

(2)根据本法第4条和本条第1款的规定而获得的货币补偿不可予以强制执行。

第5b条

(1)宪法法院的法官在职务工作结束后,依申请每月获得退休金。退休金应在提出申请的下个月初开始发放,但最早应在根据本法第5条第 1 款发放的相关补偿费用之后。

(2)宪法法院法官的退休金根据公法中联邦公务人员退休金法的规定予以确定,若宪法法院法官的职务工作因本法第 10 条第 1 款中 b 项和 c 项规定的原因而结束的,则没有申请退休金的资格;退休金的基础数额为本法第 4 条第 1 款第 3 项确定的薪酬数额的 80%;任职满 8 年者,其退休金数额为上述基础数额的 40%;此后任职每满 1 年,退休金数额增加上述基础数额的 5%;在前述基础上任职每满 1 个法定月,退休金数额增加上述基础数额的 0.417%。1965 年《联邦退休金法》(联邦法律公报号码:340/1965)第 5 条第 2 款的规定适用于下列情形:

其一,非因退休,而是在年满 65 周岁之前依据该联邦法律第 10 条第 1 款的 a 项或 d 项的规定被撤职的;

其二,在撤职时间和宪法法院法官在年满 65 周岁的当月之间,退休金基础数额的 80% 应每月减少 0.28%。

这种情形下的退休金数额不得超过退休金基础数额的 40%。本条第 2 款第 1 项和第 2 项所涉及的年龄适用于 1979 年《公务人员权利法》(联邦法律公报号码:333/1979)第 236c 条第 1 款的规定。在 2003 年 12 月 31 日之前根据迄今为止有效的法律而申请退休金者不在此限。

(3)根据 1965 年《退休金法》第十三章的规定适用于如下情形:

其一,根据第 99 条的规定,职务工作的时间代替可领取退休金的全部工作时限;

其二,根据《一般退休金法》[联邦法律公报(I)号码:142/2004],退休金数额和退休金账目仅依据职务工作时间予以确定。

(4)《收入所得法》(联邦法律公报号码:273/1972)第 12 条第 4 款和第 5 款的规定适用于根据第 5e 条应缴纳的费用。

(5)该联邦法律关于退休金的相关规定不适用于在 2004 年 12 月 31 日之后获得任命的宪法法院法官,而是适用《一般社会保险法》(联邦法律公报号码:189/1955)和《一般退休金法》中关于退休金的规定。

第 5c 条

(1)曾担任院长、副院长或常务负责法官的宪法法院法官除获得退休金外,还获得一定数额的津贴。履行上述职务者在每个整年度获得的津贴数额为本法第4条第1款第1项和第2项与第4条第1款第3项规定的薪酬差额的8%,但最多为其中最高差额的80%。上述人员未担任较高职务的时间即计入其任较低职务的时间。在本法第5b条第2款最后一句规定的退休金基础数额减少的情形下,本条第2句所规定的最高津贴数额亦得减少。

(2)若宪法法院法官还未获得本法第5b条所规定的退休金请求权,但已担任本条第1款规定的职务至少3年者可申请每月获得上述津贴额度的退休金。

第5e条

宪法法院法官可放弃本法第5b条规定的退休金、第5c条规定的津贴或者全部放弃上述退休金和津贴。若未提出放弃,那么宪法法院法官应以扣除的方式缴纳其所得薪酬的22.79%,或者以扣除的方式放弃薪酬的相应份额以及特别收入。放弃后不得申请撤回。

第5f条

宪法法院法官在任职期间死亡或者依据本法第5b条领取退休金者死亡,则死者家属可获得一定数额的抚恤金。适用于联邦公务人员及其家属的同类规定亦适用于此。抚恤金的数额依据本法第5b条规定的退休金和第5c条规定的津贴数额为基础予以确定。依据适用于联邦公务人员及其家属的同类规定,去世的法官或第5b条规定的退休金受领者的家属可获得一定数额的丧葬费。

第5g条

第5b条至第5f条的规定也适用于卸任的宪法法院法官及其家属。

第5h条

1965年《退休金法》(联邦法律公报号码:340/1965)第13a条关于缴纳费用的规定适用于如下情形:

其一,"该联邦法律第5b条至第5g条规定的退休金(抚恤金)"的表述代替"根据该联邦法律每月的金钱给付"的表述;

其二,本条第1项规定的退休金(抚恤金)申请数额,依据《一般社会保险法》第45条的当前规定为不得超过每月最高缴费数额的150%,对于这部分的缴费数额以及与特别收入相对应部分的缴费数额均提高5.7%。

第5i条　宪法性规定

(1)宪法法院的法官作为法律上的主体受审计院的监督,其依据本法第4条规定所得的薪酬以及其他收入、退休金和报酬的总额不得超过联邦部长的收入。

(2)卸任的宪法法院法官依据本法第5b条和第5c条所得的退休金(津贴)适用于前款规定,其依据本法第4条规定所得的薪酬不适用前款的规定。

(3)若收入总额超出上述第1款和第2款规定的限度,则依据本法第4条的规定予以减少。

(4)若宪法法院的法官或卸任的法官因某项工作或者之前在欧洲共同体的某一机构工作(《联邦宪法法》第23c条第1款)而获得报酬,则不应适用上述第3款的规定,而是仅适用第1款或第2款的规定,以使欧洲共同体的该机构所支付的报酬金额(例外情形是,明显用于偿付在工作所在地的住所费用)不超过第1款或第2款规定的最高限度。

(5)宪法法院的法官或卸任的法官在上述第1款至第4款规定的所有收入所得及其所涉及的工作职位有变动时应立即报告。

(6)第1款至第5款的规定也适用于此前宪法法院法官的遗属的抚恤金。

第6条

(1)宪法法院审理案件时应邀请副院长及所有其他法官出席。

(2)宪法法院的某一位法官因故不能出席时,应邀请一位候补法官出席。对此,应充分考虑该因故不能出席的法官是基于联邦政府的建议而任命、基于国民议会的建议而任命,还是基于联邦议会的建议而任命。在宪法法院法官的职位出现空缺而任命新人选时同样应考虑上述因素。

第 7 条

(1) 宪法法院在主席和至少 8 位有表决权的法官出席时所作出的裁决为有效裁决。

(2) 在下列情形下，主席和 4 位有表决权的法官出席可作出有效裁决：

其一，所讨论案件的法律问题已由宪法法院在之前的裁决中作出明确的解释；

其二，对于依据第二部分 E 章而提出的关于国民议会的调查委员会的设立和工作问题的讨论、对于国民议会或联邦议会作出的关于撤销国民议会主席和联邦议会主席关于信息分类的决定的讨论。

基于任何一位法官的要求，对案件的(继续)讨论至少需要在第 1 款所规定数量的法官出席的情形下进行。

(3) 若宪法法院在非常情形下不能在合理的期限内开会，主席可以通过流转的方式或者电信方式进行案件的讨论并作出决议。通过流转的方式或者电信方式进行案件的讨论并作出决议需要 9 票同意，在第 2 款规定的情形下需要 4 票同意。主席最迟应在开始讨论前一周将所要讨论的案件及通过此方式进行案件讨论并作出决议的程序说明通知所有法官。详细规定见《议事规则》第 14 条。

第 8 条

(1) 宪法法院的法官应在就职前宣誓，将坚守不渝地遵守共和国的宪法和所有其他法律并认真负责地履行自己的义务。

(2) 院长和副院长在联邦总统前宣誓，法官和候补法官在院长面前宣誓。

(3) 在第 1 款和第 2 款的宣誓之后亦可附带举行宗教宣誓。

第 9 条

院长或副院长的休假由联邦总统准许。宪法法院法官和候补法官的休假由院长准许。

第 10 条

(1) 在下列情形下，宪法法院的法官或候补法官由宪法法院作出决定予以撤职或免职：

a)宪法法院的法官(候补法官)出现《联邦宪法法》第147条第4款所规定的情形；

b)符合《联邦宪法法》第147条第7款规定的条件；

c)法官(候补法官)的职务行为或非职务行为的表现与其职位所要求的尊重和信赖不相符,或严重违反职位要求的保密义务；

d)法官(候补法官)因身体或精神上的障碍不适合履行其职务上的义务。

(2)对于法官(候补法官)的撤职或免职程序,在第1款第a项至第c项所规定的情形下,只能在院长或由院长委托的宪法法院法官对该法官(候补法官)进行调查并作出宪法法院的决定之后才能进行。决议在总检察长参与听证之后以非公开会议的形式作出,并且应明确指出归责事由。宪法法院也可以在撤职或免职程序进行过程中,依其职权以非公开会议的形式暂时停止该法官的职务。其他程序适用1868年5月21日《法官惩戒法》(帝国法律公报号码:46)第15条、第16条、第18条至第23条的规定。若失职渎职行为为依法可予以刑事处罚的行为,则适用上述《法官惩戒法》第33条和第34条的规定。

(3)第1款第d项所规定情形的免职程序,适用上述《法官惩戒法》第52条第2款和第53条的规定。

(4)宪法法院根据第1款的规定所作出的裁决,至少需在所有法官2/3多数同意的情形下作出并且宣告对该法官(候补法官)的撤职或免职。对于第1款第b项所规定的情形,宪法法院仅限于确定该法官(候补法官)连续3次收到邀请参与宪法法院案件的审理,但无充分理由不参与案件的审理;此项确定等同于撤职或免职裁决。

第11条

(1)宪法法院的法官(候补法官)在获得任命后应在1个月内向院长报告如下情况：

其一,在某一行业的从业情况；

其二，在任何一个股份公司、有限责任公司、合作社、基金会或储蓄银行的领导职位，特别是作为股份公司董事会或监事会的成员、有限责任公司或者合作社的监事会负责人或成员、基金会主席或者基金会的监事会成员、储蓄银行的董事会或理事会的成员。

宪法法院的法官（候补法官）在获得任命后，若接受或结束上述第1项和第2项所涉及的任何一项工作，应在1个月内向院长报告。

（2）院长应在宪法法院的网站（www. vfgh. gv. at）上公开的法官（候补法官）的简历中公布其根据第1款所报告的工作情况。

（3）第2款所公布事项的期限应为第1款所规定的事项结束后持续3年。

第12条

（1）法官（候补法官）不得拒绝参加宪法法院所受理案件的审理。

（2）宪法法院法官（候补法官）可在下列情形下不履行职务行为：

其一，依据司法管辖权的规定（帝国法律公报号码：111/1895）第20条或者依据该法律相关程序法的规定，法官可以不履行职务的情形；

其二，法官（候补法官）在参与宪法法院案件的审理之前，曾参与所涉案件的司法审理或行政程序；

其三，基于其他重要的理由，该理由显属合理，完全不会令人怀疑其公正性。

（3）若法官（候补法官）曾参与选举机构决定的作出，则其不得参与审理和裁决关于该选举为无效的案件。

（4）若联邦政府或州政府颁布某一法规或再次公告某一法律（国家条约）时，法官（候补法官）隶属于联邦政府或该州政府，则其不得参与该法规的合法性审查或关于再次公告该法律（国家条约）的合法性审查。若在作出某立法决议时，法官（候补法官）属于作出该立法决议的立法团体，则其不得参与该法律的合宪性审查。同样地，若联邦议会针对国民议会的法律决议案进行表决时，法官（候补法官）隶属于联邦议会，则其不得参与该联邦法律的合宪性审查。对国家条约的合法性审查适用第 1 句的规定，若涉及政治上的、修改法律的或者补充法律的国家条约或者通过其改变了欧盟的条约基础的国家条约的合法性审查也适用第 2 句和第 3 句的规定。

（5）在下列情形下，所涉法官（候补法官）不得参与对法规的合法性审查、再次公告法律（国家条约）的合法性审查、法律的合宪性审查或者国家条约的合法性审查：

其一，审查申请由该法官（候补法官）曾隶属的法院所提出；

其二，审查申请由某人提出，该人作为当事一方声称在某普通法院作为第一审法院所作出判决的案件中自己的权利受到侵犯，而宪法法院的某法官（候补法官）当时隶属于在第一审程序中作出判决的普通法院或者该普通法院须对当事人不服判决提出上诉作出决定。

（6）是否存在法官（候补法官）不得参与案件审理的事由，由宪法法院以不公开会议的形式决定。

第 13 条

（1）在不违背《联邦宪法法》第 65 条第 2 款 a 项规定的情形下，宪法法院所属的行政人员及相关事务性工作由院长负责。

（2）对于重要的人事措施，特别是人事等级的确定以及领导职位的行政人员的管理，应听取由院长、副院长和常务负责法官组成的人事委员会的意见。

第 13a 条

（1）宪法法院得设立信息管理部门。院长委任宪法法院的一位法官领导信息管理部门的工作，该法官在薪酬和退休金方面享有与常务负责法官同等的待遇。

（2）信息管理部门的首要职责是概要性整理宪法法院的裁决，必要时也收集整理其他最高法院的裁判及相关文献资料。

第 14 条

（1）宪法法院自行确定议事规则，确定后由联邦总理公布。

（2）除根据第 28 条规定对于故意行为和违反秩序行为的处罚之外，

议事规则中应规定院长采用何种方式执行议事规则以及为维持宪法法院平稳有序地审理和讨论案件所采取的措施。

(3)宪法法院应在每年的工作结束后编写工作报告,从中总结经验,并将此报告呈送联邦总理。

第14a条

(1)申请书状和答辩书及其附件、宪法法院文件的签发、申请书状和答辩书及其附件的副本可按照技术上可能的标准有效地通过电子方式提交和递送:

其一,通过电子方式进行的法律事务;或者

其二,根据《邮递法》(联邦法律公报号码:200/1982)第3章的规定涉及电子投递服务的内容。

(2)院长可在听取其他法官的意见后,根据技术上可能的标准通过法规的形式宣布允许采用第1款规定意义上的其他安全的程序方式提交和递送文件,这种程序方式能够保证电子文件传送的可靠性和完整性,特别是电子文件上的电子范本或者在宪法法院的网站(www. vfgh. gv. at)上下载的电子表格。

(3)通过电子方式进行的法律事务(第1款第1项)适用《法院组织法》(帝国法律公报号码:217/1896)第89a条第2款、第89c条第1款和第89d条的规定。院长在听取其他法官的意见后以法规的形式规定通过电子的方式提交和递送申请书状和答辩书及其附件、宪法法院文件的签发以及申请书状和答辩书及其附件的副本的具体过程方法;特别是关于准用的电子表格和签章以及关于自动生成的文件签发的设置(包括宪法法院的电子印章的技术性规定及其审核)的规定均属上述规定的内容。该法规可以规定提交人传送文件的义务。

(4)只要宪法法院宣布准许通过电子方式提交申请书状和答辩书及其附件,律师(第17条第2款)就有义务接受这种形式。只要相关机构具有使用这种技术上的可能性,它们也有义务接受这种形式。违反这种义务应以第18条规定的方式予以纠正。

(5)通过使用信息技术和通信技术而产生的伤害系因宪法法院事务工作中的错误(包括司法行政事务)而造成的,由联邦承担责任。若伤害是由不可避免的事件造成的,即该事件既不是由自动化数据处理本质上的错误导致,也不是由拒绝使用自动化的数据处理工具导致,则免除责任。此外,《职责法》(联邦法律公报号码:20/1949)也适用于此。对于宪法法院接收的数据,在第1款第1项规定的情形下自其到达联邦数据中心有限责任公司起,在其他情形下自其到达宪法法院的电子使用范围起,由联邦承担责任;对于宪法法院传送的数据,在其到达接收者的电子使用范围之前,由联邦承担责任。

(6)只要符合适宜有效、简单便捷和节约费用的利益目的,联邦数据中心有限责任公司和ARGE ELAK公司作为数据处理者,有义务根据其机械和人事设备的标准在宪法法院法律事务的自动化工作方面提供协作[《关于处理个人数据时对自然人保护、自由的数据传输和废除95/46/EG指令(《数据保护基本法规》)的法规》([EU]2016/679)(2016年5月4日公报号码:L119)第4条第8项]。

第二部分　宪法法院的审理程序

第一章　一般规定

第15条

(1)根据《联邦宪法法》第126a条、第127c条第1项、第137条至第145条和第148i条的规定,向宪法法院提出申请应以书面的形式。

(2)申请书状应包括作为向宪法法院提出申请所依据的《联邦宪法法》的相关条文、导致提出申请的案件事实以及特定的请求。

第16条

院长可将案件指派给一位常务负责法官。在特殊情况下,他也可以委托宪法法院的另一位法官提出报告。

第17条

(1)所有的书面资料及其附件可直接提交宪法法院。常务负责法官可通知当事方在合理的期限内提交足够份数的纸质文本，以便分别送达所有根据法律应参与案件审理的各方（机构）。

（2）依据本法第37条提起的诉讼，依据第46条、第48条、第50条、第57条、第57a条、第62条、第62a条和第66条以及依据第56i条和第82条提起的诉愿，均应由全权委托的律师起草并向宪法法院提交（律师义务）。

（3）律师的义务不包括：

其一，第24条第2款所提的团体及机构提起的申请；

其二，根据第62条由国民议会、联邦议会或某个州议会的议员所提起的申请。

（4）申请书状和答辩书中也应包括法律意见的论述。

第17a条

根据第15条第1款提起的申请及其附件应按以下标准缴纳申请费用。

其一，费用数额为240欧元。只要联邦机构“奥地利统计”发布的2010年消费价格指数或者该机构发布的关于2013年1月的相关指数以及据以确定上一次费用数额的相关指数数值变化超过10%，即可授权联邦总理和联邦财政部长通过法规的形式重新确定申请费用的数额。重新确定的费用数额应根据第1句规定的数额以及2013年1月的指数数值与新确定的重要指数数值之间的比例关系计算得出，但最后确定的费用数额以四舍五入的方式确定为整十欧元。

其二，地方各级政府和国民议会议员对于《联邦宪法法》第138b条第1款第1项至第6项所规定的事务无须缴纳费用。

其三，费用自提交申请时即产生；费用应在提交申请时缴纳。在第14a条第1款规定的情形下，通过电子方式提交申请的费用，则依据《法院组织法》或者《邮递法》规定的提交相应形式的申请时缴纳；若采用宪法法院宣布准许的其他方式提交申请（第14a条第2款），缴纳费用的时间为申请到达宪法法院的电子使用范围的时间。

其四,缴纳费用时应载明费用的使用目的,通过向主管公共事务服务费用、交易税和赌博类事务的税务局的相应账号汇款的方式缴纳费用。通过邮局或信贷机构缴纳费用需以签字的确认凭单作为缴费证明。该凭单应附加申请书状。若当事人事先明确出示相应的证件并出具申请书状,能通过缴费凭单及缴费说明证明所缴纳费用的,收费机构可应提起诉愿者(申请人)的要求退回费用。向宪法法院提起的任何申请都需要出示特别的收费凭单。律师也可以通过书面凭据的方式证明缴纳费用,但最晚应在向宪法法院转交申请书状的同时提交汇款委托书并且确认日期和签字,表明该汇款委托书是不可撤回的。

其五,以电子法律事务的方式提起申请(第 14a 条第 1 款第 1 项),缴费者应当向特定的账户缴纳申请费用或者提供银行汇款代码,向用于缴费的账户存入所缴费用。缴费者不仅应提供其所存入应缴费用账户的银行汇款代码,而且需要提供用于缴纳费用的账户,以便从该账户中扣除申请费用。银行扣钱和存入所缴费用均通过自动化的数据处理方式完成。

其六,征收费用(第 4 项和第 5 项)由主管公共事务服务费用、交易税和赌博类事务的税务局负责。

其七,其他关于费用的情形,适用 1957 年《公共事业服务费用法》(联邦法律公报号码:267/1957)第 11 条第 1 项和第 14 条关于例外情形下申请费的规定。

第 18 条

若申请书状不符合本法第 15 条、第 17 条、第 57 条第 2 款最后一句、第 57a 条第 3 款和第 4 款、第 62 条第 2 款最后一句以及第 62a 条第 3 款和第 4 款的规定或者不符合本法规定的其他形式要求,需要予以修改的,常务负责法官应要求申请人予以修改并在一定期限内重新提交。

第 19 条

(1)宪法法院在经过公开的言词审理之后作出裁决,期间应请申请者、相对方及其他关系人参与,但第 10 条、第 36d 条、第 93 条及与此联系的第 92 条规定的情形除外。

(2)宪法法院的裁决以共和国的名义宣布和签发。

(3)在下列情形下,宪法法院可依常务负责法官的申请,不经其他程序和预先审理以非公开会议的形式作出裁决:

其一,根据《联邦宪法法》第 139 条第 1b 款、第 140 条第 1b 款和第 144 条第 2 款的规定,不予受理所提出的申请或诉愿的情形;

其二,因下列情形驳回申请或诉愿的:

a)宪法法院明显无管辖权;

b)超出法定期限;

c)未满足形式上的要求;

d)已经作出具有法律效力判决的案件;

e)当事人不适格。

其三,因撤回申请或无因由起诉而停止审理程序的(第 86 条)。

其四,宪法法院在之前的裁决中已对案件的法律问题作出足够明确的解释。

(4)若从宪法法院审理程序中当事各方提交的申请书状和答辩书以及提交给宪法法院的资料中断定,口头陈述无助于进一步澄清案件事实,则宪法法院可不进行言词审理。但这不适用于依据《联邦宪法法》第 141 条第 1 款 c 项提出的关于失去议会席位的申请。

[注:第 5 款通过联邦法律公报(I)号码:92/2014 被废除]

第 19a 条

(1)宪法法院根据《欧盟运行条约》第 267 条作出的就某个问题提请欧盟法院作出初步裁决的决议,也应送交当事各方。若宪法法院已经作出上述这种决议,则宪法法院在收到初步裁决之前仅应作出不受初步裁决影响的命令和决定,并且这类命令和决定既不决定性地处理该问题,也不允许延期。

(2)若申请的初步裁决仍未作出并且宪法法院不再继续适用其申请初步裁决所涉及的规定,则宪法法院应立即撤回申请。

第 20 条

(1)仅为审理做准备的程序性规定和关于审前程序的程序性规定,可由常务负责法官决定,无须宪法法院作出决议。

(2)关于给予程序性援助的决定,包括给予金钱补偿的决定,由常务负责法官作出,关于在不予受理或驳回申请方面给予程序性援助的情形,院长可根据常务负责法官的申请,不召集宪法法院法官共同决定。

(3)常务负责法官为准备审理尤其应询问案件的参与人、证人、鉴定人和调查对象,调查证据,调阅文件以及相关机构和法院的案卷,以及从行政机构和法院获取相关信息。

(4)行政机构和法院向宪法法院提供案卷时可提出,基于公共利益的考虑,拒绝提供特定的案卷或案卷的一部分以供查阅。若常务负责法官认为其理由并不充分,可听取该行政机构或法院的意见,必要时可以非公开会议的形式征求宪法法院法官的意见并形成决议。若所涉案卷的一部分在之前的行政程序或司法程序中不被允许查阅,那么宪法法院也不应被允许查阅。行政机构或法院在向宪法法院提交案卷时应标明案卷的这一部分。

(5)常务负责法官应亲自进行上述准备性的调查工作或请求主管的行政机构或主管的法院予以协助。

(6)宪法法院书面签发的裁决、决议和其他已完结的事项应由办公厅制作原件的副本,并标注“与原件无异”字样作为公证。

第 20a 条

在不违反第 85 条规定的情形下,若根据欧盟法律的规定为必需,则宪法法院可对其受理的未决案件通过决议的形式给予暂时的法律保障。

第 21 条

(1)审理时间一经确定,只有基于重大事由才能改期。由此提出的改期申请,相对方的同意既非必要条件也非充分条件。

(2)对于审理时间改期,在宪法法院的法官集会时,由宪法法院作出决定,否则可由院长决定。

第 22 条

院长组织安排案件的审理。案件审理前应在公告栏和《维也纳报》的“公报”上公告。此外,案件的审理也可以在宪法法院的网站(www.vfgh.gv.at)公告。

第 23 条

被传讯之人缺席,不影响宪法法院审理案件和作出裁决。

第 24 条

(1)当事各方在不违反第 17 条第 2 款的情形下可亲自到宪法法院参与案件的审理,或者委托律师参加。

(2)联邦、州、乡镇和乡镇的联合,基金会、基金、由其任命的组织或个人(集体)进行管理的机构,其他自治团体及其部门,由其授权的代表或全权委托的组织机构代理。

(3)联邦、州和基金会、基金、由该机构任命或委托联邦的组织或州的组织或个人(集体)进行管理的机构及其部门可委托联邦财政部下设的法律咨询和法律代表机构代表,州、乡镇和乡镇的联合、基金会、基金、由其任命的组织或个人(集体)进行管理的机构及其部门可委托业务上有关联的联邦各部的相关组织代表。但是,联邦财政部下设的法律咨询和法律代表机构及联邦各部的相关组织仅在联邦机构和联邦本身都非所审理案件的相关方的情形下才能接受作为联邦其他法律主体的代表,作为联邦各部的相关机构的代表一般需要联邦财政部的同意。

(4)依据第 56c 条至第 56h 条以及依据第 62 条和第 71 条提出的申请,若是由国民议会的议员、联邦议会的议员或者某个州议会的议员提出并且不是由一个全权委托的律师提起的申请,则提起申请者应列出一个或者多个全权代表。若不能明确列出一个全权代表,那么第一个提起申请者为全权代表。

(5)通过律师代理或者通过联邦财政部下设的法律咨询和法律代表机构代理并不排除当事方自己出席审理并以自己的名义发表见解和进行陈述。

(6)代表当事方出席审理的组织或代理人应证明其获得全权委托。

(7)联邦政府应通过法规确认,是否应规定或许可本条第 1 款和第 3 款提及的代理人着职业装参与宪法法院案件的审理,以及在何种情形下可着职业装参与审理。

第 25 条

案件的审理由常务负责法官的报告开始。其报告应包括案卷中所陈述的案件事实、当事方提出申请的内容以及调查的结果。申请书状和答辩书中的法律意见仅在当事一方因故未出席审理或出席审理的当事一方要求时予以宣读。

第 26 条

(1)宪法法院应尽可能在言词审理结束后立即作出裁决,并立即口头宣布主要的裁决理由。宣告裁决无须当事各方出席。

(2)若宪法法院未能在言词审理之后立即作出裁决,则应在言词审理结束后口头告知当事各方公开宣判的特定日期或者依其决定以书面的方式送达当事各方。

第 27 条

针对审理费用的赔偿仅在本法明确规定的情形下适用。若当事方申请赔偿此项费用,通常是指正常支出的费用,特别是提起申请(诉愿)的费用和参与审理所支出的费用,无须以数字的形式列载。

第 28 条

(1)对于妨碍宪法法院的职务行为或通过不适当的行为破坏其礼俗或尊严者,在劝告无效后,主席可对其处以最高 109 欧元的罚款,对于罚款仍无效的,可处以 3 日以下的拘留。情形严重的,可单独或同时处以上述期限的拘留。对于在申请书状和答辩书中以书面形式诽谤咒骂者,宪法法院可同样处以罚款。对于已经处以罚款的行为同样可对其施以刑事处罚。

(2)对于明显故意滥用宪法法院的工作或者为故意拖延审理而作不实陈述者,宪法法院可对其处以最高 109 欧元的罚款,对于罚款仍无效的,可处以3日以下的拘留。

(3)对上述违反秩序的行为和故意行为的处罚所得归联邦所有。

(4)对于主席根据上述第1款的规定或者宪法法院根据第1款或第2款的规定而作出的决定,由普通法院执行。

第29条

(1)宪法法院在审理过程中应有记录;记录的内容应包括主席的姓名、出席审理的有表决权的宪法法院法官、出席的当事各方及其代理人以及审理的主要事项,特别是当事方所提出的申请事项的内容。

(2)对于不公开的讨论和表决应予以特别记录。每一次记录都应由主席和书记员签名。

第30条

(1)讨论和表决是不公开的。

(2)讨论由常务负责法官提请开始,并互相交换意见。交换意见结束后,进行表决。

(3)主席确定应以何种规则对所申请的事项进行表决。对于有表决权的法官提出的动议,宪法法院应作出决议。有表决权的法官应按年龄顺序,由最年长者开始投票表决。

第31条

宪法法院的决议以投票表决的绝对多数作出。主席不参与投票表决。若在诸多意见中,有一种意见获得所有票数的一半时,则主席有投票的义务。若主席投票赞成已获得一半票数的意见,则该意见即获表决通过,成为宪法法院作出的决议。若有两种意见获得相同的票数,其差别仅在于数额的多少,则主席可确定一个中间数值。涉及第19条第3款第1项所作出的决议,需全体一致通过。

第32条

(1)若没有意见获得所需的多数票,应再次询问意见。

(2)若对此还未形成所需的多数票,应再次进行表决,对于所提出的各种意见,必要时可分为多个问题分别表决。

(3)关于其中一个问题所作出的决议应跟分出来的所有其他问题一样经过讨论和作出决议的程序,即使不同意之前的决议的法官也应接受以此作为基础,而后继续投票表决。

第 34 条

重新审理仅在《联邦宪法法》第 137 条、第 143 条和第 144 条规定的情形下进行。是否重新审理由宪法法院以不公开会议的形式决定。

第 35 条

(1)只要本法未作其他规定,宪法法院的审理程序适用《民事诉讼法》(帝国法律公报号码:113/1895)的规定。

(2)特别是本法的规定适用于期间的计算;邮寄在途的天数不计入期间。

第 36 条

以《联邦宪法法》第 126a 条、第 127c 条第 1 项或者第 137 条为基础的执行是宪法法院裁决的必要内容。

第二章　特别规定

A. 关于解释规定联邦审计院或州审计院职权的法律规定而产生的争议(《联邦宪法法》第 126a 条和第 127c 条第 1 项)

第 36a 条

(1)对于审计院和某权利主体(《联邦宪法法》第 121 条第 1 款)针对解释规定审计院职权的法律规定而产生的争议,审计院和联邦政府可就涉及联邦财务的事项提请宪法法院作出裁决,各邦政府可就涉及州、乡镇的联合和乡镇的财务的事项提请宪法法院作出裁决。这里的争议,是指权利人对于审计院在财务审查方面的职权明确提出异议或者财务审查事实上不被允许,或者审计院拒绝对特定行为进行财务审查。

(2)向宪法法院提出的申请需在争议产生 1 年内提起。

第 36b 条

若向宪法法院提出申请,则审计院的相关职务行为应推迟或中止,直至宪法法院作出裁决。

第36c条

(1)当事方为提出申请者、与审计院的职权产生争议的权利主体以及审计院。

(2)若争议的该权利主体不是地方各级政府,则以地方各级政府参与的情形进行,若争议涉及的另一个权利主体属于某地方政府的财务范围,则该地方政府应向宪法法院提出其意见并作为案件的共同参与人参与审理。

第36d条

若宪法法院在裁决中确认审计院有对某权利主体进行财务审查的职权,这同时表明该权利主体有义务在其他执行方面配合财务审查。

第36e条

宪法法院的裁决应尽可能在收到申请后的6个月内作出裁决并送达参与审理的各方。

第36f条

(1)若争议的双方分别为地方政府和审计院,则不存在审理费用的负担问题。

(2)对于其他权利主体与联邦审计院之间的争议,败诉方以及在言词审理前撤回申请的一方承担审理的费用。

B.既不能通过正常的法律途径,也不能通过行政决定的方式获得解决的针对联邦、州、乡镇和乡镇的联合而提出的财产权诉求(《联邦宪法法》第137条)

第37条

请求应在诉讼中以联邦、州、乡镇或者乡镇的联合作为被告而提出。

第38条

若提起诉讼的一方涉及某一法律利益,其权利或法律关系应立即得到确认,则诉讼可以确认该权利是否存在或以法律关系为对象而提起。

第39条

(1)诉讼文书及其附件应送达被告方,并要求其在一定期限内提交答辩书。该期限应至少为两周。

(2)为准备审理,当事各方可在特定的时间内提交意见书和针对性的答辩书。

(3)仅出于重大事由才能同意延长审理期限;相对方的同意既非必要条件也非充分条件。

第 40 条

在收到答辩书及其他要求的意见书或者所定的期限期满之后,院长确定审理的时间。

第 41 条

依申请可由败诉一方承担审理费用。若提起诉讼方在公开的言词审理之前撤回申请且被告方已经产生了相关费用,则审理费用也可以依申请由提起诉讼方承担。

C. 关于权限问题的裁决(《联邦宪法法》第 138 条)

a)《联邦宪法法》第 138 条第 1 款规定的情形(权限冲突)

第 42 条

(1)法院和某行政机构(《联邦宪法法》第 138 条第 1 款第 1 项)都主张自己对同一案件有管辖权或者各自已分别作出决定(积极的权限争议),只有在针对主要事项没有作出有法律效力的判决的情形下才可提交宪法法院裁决。

(2)联邦最高行政机构或州的最高行政机构应在官方知悉权限争议之后的 4 周内向宪法法院提出申请。

(3)若超过上述期限,则由法院对该案件作出判决。

(4)提出申请的行政机构应立即通知相关的法院,该争议已提请宪法法院裁决。

(5)法院应在收到通知之后,在宪法法院作出裁决之前暂停相关的审理程序。

第 43 条

(1)普通法院与行政法院之间、普通法院与联邦最高行政法院之间或宪法法院与其他任何一个法院之间(《联邦宪法法》第138条第1款第2项)都认为自己对同一案件有管辖权(积极的权限争议),只有在上述法院均未针对主要事项作出有法律效力的判决的情形下,宪法法院裁决可对此作出裁决。

(2)若某一法院已对主要事项作出判决,则该法院为唯一有管辖权的法院。

(3)若没有法院对主要事项作出有法律效力的判决,则宪法法院在知悉存在争议之后,即应开始对权限争议作出裁决的程序,宪法法院可通过第1款提及的法院的报告或者案件涉及的机构或当事各方的报告,或通过其案卷内容而知悉争议的存在。

(4)第3款所规定的案件涉及的机构负有报告的义务。

(5)在宪法法院开始审理程序之后,相关法院应在宪法法院作出裁决之前暂停案件的审理程序。

第44条

在案件暂停审理期间,有管辖权的法院根据《执行条例》(帝国法律公报号码:79/1896)的规定可同意延期执行、执行的确认、暂时的执行令或其延期执行。

第45条

审理时应请当事各方到场。与案件相关的机构,包括法院,可自行决定是否出席审理。

第46条

(1)下列机构之间针对同一案件均认为无管辖权而产生的权限冲突(消极的权限冲突),只有案件的当事方可向宪法法院提请裁决:

其一,法院与行政机构之间(《联邦宪法法》第138条第1款第1项);或者

其二,普通法院与行政法院之间,普通法院与联邦最高行政法院之间,或宪法法院与其他任何一个法院之间(《联邦宪法法》第138条第1款第2项)。

(2)审理时应请案件的当事方到场。与案件相关的机构,包括法院,可自行决定是否出席审理。

第 47 条

(1)两个州之间的任何一个州或者州与联邦之间(《联邦宪法法》第138条第1款第3项)针对同一行政事件均主张自己有命令权或决定权而产生权限冲突(积极的权限冲突),其中任何一个政府均可提请宪法法院裁决。

(2)意欲提起申请的政府应在官方知悉权限争议之后的4周内向宪法法院提出申请。

(3)提出申请的政府应立即通知其他相关的政府,该争议已提请宪法法院裁决。

(4)在向宪法法院提出申请之后,应在宪法法院作出裁决之前暂停相关的行政程序。

第 48 条

案件的当事人有权在第42条、第43条和第47条规定的权限冲突情形下要求相关行政或司法机构依法提请宪法法院就权限争议作出裁决。若相关机构在4周内未向宪法法院提出申请,则当事人有权在之后的4周内向宪法法院提出申请。

第 49 条

审理时,应请与案件相关的政府以及参与案件的当事各方到场。

第 50 条

(1)若两个州或者州和联邦(《联邦宪法法》第138条第1款第3项)针对同一行政事件均不认为自己有命令权或决定权而产生权限冲突(消极的权限冲突),则被拒绝的当事人可提请宪法法院裁决。

(2)审理时,应请申请者以及与案件相关的政府到场。

第 51 条

宪法法院关于权限争议的裁决也可以宣告撤销与该裁决相抵触的机构行为。

第 52 条

在第 46 条、第 48 条和第 50 条规定的情形下，宪法法院可通过解决与当事人相关的权限冲突，裁定地方政府因其机构不恰当地不履行职权或不恰当地履行职权而赔偿当事人因此产生的审理费用。若当事人在公开的言词审理开始之前撤回申请并且其他的案件参与方已经产生相关费用的情形下，宪法法院可裁定该当事人赔偿相关费用。

b)《联邦宪法法》第 138 条第 2 款规定的情形

第 53 条

依据《联邦宪法法》第 138 条第 2 款的规定可申请确认，某一立法或行政事务是否属于联邦或州的职权。

第 54 条

若涉及立法权限，则申请应包含成为立法机构决议对象的立法草案。

第 55 条

若涉及行政权限，则申请应包括：

a)对于行政法规：将要颁布的行政法规草案以及颁布该行政法规的机构名称；

b)对于其他的执行行为：既定的受规则调整的事实情况，以及该机构关于作出行政决定的说明。

第 56 条

(1)根据第 53 条提出的申请，宪法法院应在公开的言词审理后作出裁决。

(2)审理时，除提出申请的政府外，也可附带通知联邦政府和所有的州政府，由其自行决定是否参与审理。

(3)宪法法院在确定审理时间的同时应要求非提出申请的政府及时向宪法法院提交关于行为对象的书面说明，该说明至少应在审理前一周提交宪法法院。

(4)宪法法院应将其对权限的确认总结概括为一条法律规范。该法律规范应由联邦总理立即在联邦法律公报上公布。

D. 根据申请确认联邦与州之间或者各州之间是否存在协议及协议的履行(《联邦宪法法》第 138a 条)

第 56a 条

(1)根据《联邦宪法法》第 138a 条第 1 款的规定,可申请确认。

其一,联邦与某个州或多个州之间是否存在某个协议;或者

其二,联邦与某个州或多个州之间的协议所确定的义务是否得到履行。

(2)第 1 款的规定也适用于各州相互之间的协议。

(3)申请应详细载明理由。

第 56b 条

(1)院长应无延迟地安排公开的言词审理。审理时应请相关的政府出席。联邦政府代表联邦,各州政府分别代表各州。

(2)宪法法院在确定审理时间的同时应要求与事件相关的政府及时向宪法法院提交 1 份书面说明,该说明至少应在审理前一周提交宪法法院。宪法法院也可以要求加入协议的其他政府提交说明。

E. 关于国民议会设立调查委员会及其工作的申请以及撤销国民议会议长和联邦议会主席作出的对国民会议或联邦议会所使用的信息进行分类的决定(《联邦宪法法》第 138b 条)

a)关于撤销国民议会的议事规则委员会的决议,以此要求宣告国民议会的调查委员会的设立完全没有得到准许或没有得到部分准许

第 56c 条

(1)关于申请撤销国民议会的议事规则委员会的决议、要求宣告国民议会的调查委员会的设立完全没有得到准许或没有得到部分准许的期限为两周。期限开始计算的时间为国民议会议长根据关于国民议会议事规则的联邦法《议会调查委员会的程序规则》附件 1 第 4 条第 2 款确定的时间。若要求宣告完全没有得到准许,则期限开始的时间为议事规则委员会在国民议会报告的时间。

(2)申请撤销的内容应包括：

其一，决议的名称或者议事规则委员会的报告；

其二，事实情况；

其三，主张其违法性的理由；

其四，必要的证据；

其五，必要的说明和证明材料，以判断是否应及时撤销该决议。

(3)申请撤销应附上文件、申请撤销者所提出的要求以及议事规则委员会的决议或报告的副本或复印件。

(4)参与审理的各方分别是申请撤销者、议事规则委员会中作出决议的多数一方以及联邦政府。

(5)申请撤销的文件连同附件应通知联邦政府提供，联邦政府自行决定是否在2周内提出意见。

(6)宪法法院不应拖延，应尽可能地在调阅案卷的基础上在4周内作出决定。

(7)若提出撤销的申请没有被拒绝或没有被无理由地驳回，则应宣告议事规则委员会的决议为违法。在宪法法院宣告该决议为违法的范围内，可认为调查委员会是设立的。

b)申请确认国民议会的议事规则委员会的基础性听证决定的范围足够广泛

第56d条

(1)依据《联邦宪法法》第138b条第1款第2项的规定，可申请确认国民议会的议事规则委员会的基础性听证决定的范围不够广泛，或者依据关于国民议会议事规则的联邦法《议会调查委员会的程序规则》附件1第4条第2款作出的补充决议在何种范围内扩大了基础性听证决定的范围。

(2)该申请应包括如下内容：

其一，决议的名称或议事规则委员会的报告；

其二，事实情况；

其三，主张国民议会的议事规则委员会的基础性听证决定的范围不够广泛的理由或者其补充决议的范围不够广泛的理由；

其四，必要的证据；

其五，必要的说明和证明材料，以判断申请是否及时提出。

(3)申请应附上文件、议事规则委员会的决议或报告的副本或复印件。

(4)若自国民议会议长根据关于国民议会议事规则的联邦法《议会调查委员会的程序规则》附件1第4条第2款确定的时间起超过两周，则不允许提起关于基础性听证决定的申请。若基础性听证决定连同其补充决议根据关于国民议会议事规则的联邦法附件1第24条第5款的规定已经发布超过2周，则不允许提起关于基础性听证决定的补充决议的申请。

(5)参与审理的各方分别是提出申请者、议事规则委员会中作出决议的多数一方以及联邦的机构、州的机构、乡镇的机构和乡镇的联合的机构以及其他有义务提交证据材料的自治团体。

(6)宪法法院不应拖延，应尽可能地在调阅案卷的基础上在申请完全提交之后的4周内作出决定。

(7)宪法法院作出的关于基础性听证决定的补充决议的裁决对于宪法法院确定的扩大范围亦有效力。

c)关于申请确认决议的合法性，其中国民议会的调查委员会1/4的成员提出的关于提供更多证据的要求与所调查问题存在事实上的联系是有争议的

第56e条

(1)依据《联邦宪法法》第138b条第1款第3项的规定，可申请确认国民议会的调查委员会的决议为违法，根据该决议，调查委员会1/4的成员提出的关于提供更多证据的要求与调查对象存在事实上的联系是有争议的。

(2)申请应包含如下内容：

其一,要求的名称;

其二,决议的名称;

其三,事实情况;

其四,主张违法性的理由;

其五,必要的证据;

其六,必要的说明和证明材料,以判断申请是否及时提出。

(3)申请应附上文件,提出申请者的要求、委员会会议记录的部分具体内容以及调查委员会的决议的副本或复印件。

(4)在调查委员会的决议作出2周之后,则不再允许提出申请。

(5)在宣告或送达宪法法院的裁决之前,只有不受宪法法院裁决影响或问题没有得到实质性解决并且没有同意延期的案件审理或命令和决定才可继续进行。

(6)宪法法院不应拖延,应尽可能地在调阅案卷的基础上在申请完全提交之后的4周内作出决定。

(7)宪法法院作出的关于确认决议为违法的裁决对于关于提供更多证据的要求同样有效力。

d)关于国民议会的调查委员会和其1/4的成员以及负有信息义务的组织之间对于向调查委员会提供信息义务的争议

第56f条

(1)若根据关于国民议会议事规则的联邦法《议会调查委员会的程序规则》附件1第27条第4款确定的时间超过2周,则不允许提起关于国民议会的调查委员会和其1/4的成员以及负有信息义务的组织之间对于向调查委员会提供信息义务的争议的申请。

(2)在宣告或送达宪法法院的裁决之前,只有不受宪法法院裁决影响或问题没有得到实质性解决并且没有同意延期的案件审理或命令和决定才可继续进行。

(3)宪法法院不应拖延,应尽可能地在调阅案卷的基础上在申请完全提交之后的4周内作出决定。

e)关于申请确认决议的合法性,其中国民议会的调查委员会1/4的成员提出的关于民意调查对象的要求与所调查问题存在事实上的联系是有争议的

第56g条

(1)根据《联邦宪法法》第138b条第1款第5项的规定,可申请确认国民议会的调查委员会的决议为违法,根据该决议,国民议会的调查委员会1/4的成员提出的关于民意调查对象的要求与所调查问题存在事实上的联系是有争议的。

(2)申请应包含如下内容:

其一,要求的名称;

其二,决议的名称;

其三,事实情况;

其四,主张违法性的理由;

其五,必要的证据;

其六,必要的说明和证明材料,以判断申请是否及时提出。

(3)申请应附上文件,提出申请者的要求、委员会会议记录的部分具体内容以及调查委员会的决议的副本或复印件。

(4)在调查委员会的决议作出2周之后,则不再允许提出申请。

(5)在宣告或送达宪法法院的裁决之前,只有不受宪法法院裁决影响或问题没有得到实质性解决并且没有同意延期的案件审理或命令和决定才可继续进行。

(6)宪法法院不应拖延,应尽可能地在调阅案卷的基础上在申请完全提交之后的4周内作出决定。

(7)宪法法院作出的关于确认决议为违法的裁决对于关于民意调查对象的要求同样有效力。

f)关于国民议会的调查委员会和联邦司法部长之间对《关于重视刑事追诉机构工作的协议》的要求和解释的争议

第56h条

(1)若根据关于国民议会议事规则的联邦法《议会调查委员会的程

序规则》附件 1 第 58 条第 5 款确定的时间超过两周,则不允许针对关于国民议会的调查委员会和联邦司法部长之间对《关于重视刑事追诉机构工作的协议》的要求和解释的争议提起申请。

(2)在宣告或送达宪法法院的裁决之前,只有不受宪法法院裁决影响或问题没有得到实质性解决并且没有同意延期的案件审理或命令和决定才可继续进行。

g)关于针对调查委员会在工作中侵犯个人权利而提起的诉愿

第 56i 条

(1)下列人员可因其在调查委员会工作程序中的履行职务行为被提起诉愿(下文称国家机关工作人员):

其一,审判法官及其代理人;

其二,审批过程中的律师及其代理人;

其三,调查人员;

其四,主席及其代理人。

(2)针对下列机构或其工作人员的行为而提起诉愿的期限是 6 周:

其一,国民议会的调查委员会;

其二,这种委员会的某个成员作为国民议会的议员而履行职务的行为;或者

其三,调查委员会的某个工作人员。

该期限的计算开始于相对方知晓其行为,若相对方受到该行为的妨碍而无法行使其诉愿权的,直至该妨碍行为取消才开始计算。

(3)诉愿应包括如下内容:

其一,被认为无效行为的名称,以及可能的话对行为主体的说明;

其二,事实情况;

其三,提起诉愿者所主张的受到侵犯的个人权利的名称;

其四,必要的证据;

其五,必要的说明,以判断该行为是否应及时撤销。

(4)参与审理的当事方分别是提起诉愿者和国民议会议长。

(5)提起诉愿的文书可应要求送达国民议会议长,由其决定是否提交意见。必要时,他可要求作出相关成员或工作人员在一定的期限内提交书面说明。要求国民议会议长提交意见的期限应至少为4周,若诉愿也针对调查委员会的成员或工作人员的行为,则该期限至少为6周。

(6)所提交的意见应包括如下内容:

其一,事实情况;

其二,必要的证据;

其三,根据第5款提出的意见。

(7)宪法法院应毫无拖延地作出裁决。

(8)若诉愿没有被拒绝或没有被无理由地驳回,则应宣告被提起诉愿的行为为违法。

h)关于申请撤销国民议会议长和联邦议会主席作出的对国民会议或联邦议会所使用的信息进行分类的决定

第56j条

(1)申请撤销国民议会议长和联邦议会主席作出的对国民会议或联邦议会所使用的信息进行分类的决定的期限为两周。期限的计算开始于负有信息义务的组织知悉该决定时。

(2)撤销申请应包括如下内容:

其一,决定的名称;

其二,事实情况;

其三,主张违法性的理由;

其四,必要的证据;

其五,必要的说明和证明材料,以判断该决定是否应及时撤销。

(3)申请应附上文件、国民议会议长或联邦议会主席所作出决定的副本或复印件。

(4)参与审理的当事方分别是国民议会议长或联邦议会主席以及负有信息义务的组织。

(5)宪法法院不应拖延,应尽可能地在调阅案卷的基础上在申请完全提交之后的4周内作出决定。

(6)申请撤销具有推迟的作用。

(7)若申请没有被拒绝或没有被无理由地驳回,则应宣告国民议会议长或联邦议会主席的决定为违法。

i)该章规定的程序性文件

第56k条

在第56c条和第56j条规定的程序中,审理过程中各方的所有文书和宪法法院的裁决都应送交国民议会议长。

F.关于审查法规的合法性(《联邦宪法法》第139条)

第57条

(1)提出撤销违法的法规的申请需指明该法规的整体内容或其特定部分为违法。申请应具体说明法规的违法性。若申请由主张具有违法性的法规直接侵犯其权利的个人(《联邦宪法法》第139条第1款第3项)提出,则申请人应说明该法规在何种程度上既非通过法院的判决也非通过行政决定而侵犯其权利的。

(2)若法院在相关案件中直接适用某法规,或法规的合法性成为法院对相关案件进行判决前需预先解决的问题,或提出申请者认为其具有违法性,则法院或个人可根据第57a条的规定申请撤销某法规或法规的特定部分。申请应说明法院在哪方面适用该法规并且宪法法院的裁决应对法院所判决案件产生何种作用。

(3)若法院(《联邦宪法法》第139条第1款第1项)提出申请撤销某法规或其特定部分,则在宣告或送达宪法法院的裁决之前,只有不受宪法法院裁决影响或问题没有得到实质性解决并且没有同意延期的案件审理或命令和决定才可继续进行。

(4)若法院(《联邦宪法法》第139条第1款第1项)申请撤销的法规已不再适用,则应立即拒绝其申请。

第57a条

(1)若个人作为在普通法院审理的第一审案件的当事一方,主张自己的权利因适用某违法的法规而受到侵害,则可申请撤销该违法的法规(《联邦宪法法》第139条第1款第4项)。如下申请不被允许:

其一,在安排或执行遣送被非法拐骗或拘禁儿童的程序中(《非纠纷解决程序法》第111a条);

其二,在侵犯所有权的审理程序中(《民事诉讼法》第454条至第459条);

其三,在证据保全程序中(《民事诉讼法》第384条至第389条);

其四,根据2002年《房屋产权法》[联邦法律公报(I)号码:70/2002]第52条第1款和《社会福利房法》(联邦法律公报号码:13/1979)第22条第1款进行的审理;

其五,在关于租赁合同解约和关于租赁人迁出的审理程序中;

其六,根据《公证条例》(帝国法律公报号码:75/1871)第180条关于采取临时措施的审理程序中;

其七,根据1985年关于支付生活费用的法律(联邦法律公报号码:451/1985)的规定进行的审理;

其八,在破产程序中;

其九,在执行程序和根据《执行条例》(帝国法律公报号码:79/1896)的规定在临时使用程序中,包括在强制执行宣告程序中;

其十,在刑事案件的司法合作程序中,特别是引渡、移交、法律援助、相互间的承认和执行。

(2)青少年被告的法律代理人[1988年《青少年法庭法》(联邦法律公报号码:599/1988)第38条]有权不依其意志而是基于其利益,提出申请撤销违法的法规。

(3)除满足第57条规定的要求外,申请还应包括:

其一,判决的名称和作出该判决的普通法院的名称;

其二,必要的说明,以判断申请是否及时提交。

(4)申请应附上文件、判决的副本或复印件以及上诉书的副本或复印件。

(5)宪法法院应根据第1款立即通知申请所涉的第一审普通法院。该普通法院应通知宪法法院其关于上诉的及时性和是否准许的决定。

(6)在上诉法院的审理程序中,在宣告或送达宪法法院的裁决之前,只有不受宪法法院裁决影响或问题没有得到实质性解决并且没有同意延期的案件审理或命令和决定才可继续进行。

第58条

(1)院长应无延迟地安排审理。审理时应请提起申请者、颁布法规的行政机构以及代表被申请撤销法规的联邦或州的最高主管行政机构到场。在《联邦宪法法》第139条第1款第1项和第4项规定的情形下,也可请与案件相关的各方到场。

(2)颁布法规的行政机构以及联邦或州的最高主管行政机构应在收到通知后在2周内提出关于审查对象的书面意见。

第59条

(1)宪法法院的裁决应表明,法规的整体内容或其特定部分是否因违法而被撤销。

(2)宪法法院的裁决也应送达颁布法规的行政机构以及联邦或州的最高主管行政机构。涉及撤销的裁决应在依据《联邦宪法法》第139条第5款发布的公告中明确载明,法规或其特定部分已通过宪法法院的裁决被撤销。

第60条

对于联邦或州的最高主管行政机构提出的申请,若在特殊情形下由于法律或事实原因不能及时颁布新法规,则宪法法院可在其撤销法规的裁决中依据《联邦宪法法》第139条第5款的规定确定一定的期限。在《联邦宪法法》第139条第5款规定的情形下,若法律预防措施是必需的,则不能超过其中所准许的期限。宪法法院以不公开会议的形式作出裁决。

第61条

本章的上述规定适用于:

其一，法院(《联邦宪法法》第139条第1款第1项)提出申请撤销违法的法规或其特定部分(《联邦宪法法》第89条第3款)；

其二，宪法法院依其职权审查某法规或其特定部分的违法性(《联邦宪法法》第139条第1款第2项)。

第61a条

若法规审查程序由主张具有违法性的法规直接侵犯其权利的个人(《联邦宪法法》第139条第1款第3项)提起，则在其胜诉的情形下，因此产生的诉讼费用由颁布法规的机构赔偿。

G. 关于审查再次公告法律(国家条约)的合法性(《联邦宪法法》第139a条)

第61b条

关于审查再次公告法律(国家条约)的合法性，适用F章的相关规定。

H. 关于审查法律的合宪性(《联邦宪法法》第140条)

第62条

(1)提出撤销违宪的法律的申请需指明该法律的整体内容或其特定部分为违宪。申请应具体说明法律的违宪性。若申请由主张具有违宪性的法律直接侵犯其权利的个人(《联邦宪法法》第140条第1款第1项c)提出，则申请人应说明该法律在何种程度上既非通过法院的判决也非通过行政决定而侵犯其权利的。

(2)若法院在相关案件中直接适用某法律，或法律的合宪性成为法院对相关案件进行判决前需预先解决的问题，或提出申请者认为其具有违宪性，则法院或个人可根据第62a条的规定申请撤销某法律或其特定部分。申请应说明法院在哪方面适用该法律并且宪法法院的裁决应对法院所判决案件产生何种作用。

(3)若法院(《联邦宪法法》第140条第1款第1项a)提出申请撤销某法律或其特定部分，则在宣告或送达宪法法院的裁决之前，只有不受宪法法院裁决影响或问题没有得到实质性解决并且没有同意延期的案件审理或命令和决定才可继续进行。

(4)若法院(《联邦宪法法》第140条第1款第1项a)申请撤销的法律已不再适用,则应立即拒绝其申请。

第62a条

(1)若个人作为在普通法院审理的第一审案件的当事一方,主张自己的权利因适用某违宪的法律而受到侵害,则可申请撤销该违宪的法律(《联邦宪法法》第140条第1款第1项d)。如下申请不被允许:

其一,在安排或执行遣送被非法拐骗或拘禁儿童的程序中(《非纠纷解决程序法》第111a条);

其二,在侵犯所有权的审理程序中(《民事诉讼法》第454条至第459条);

其三,在证据保全程序中(《民事诉讼法》第384条至第389条);

[注:第4项被宪法法院废除,联邦法律公报(I)号码:107/2016]

[注:第5项被宪法法院废除,联邦法律公报(I)号码:15/2016]

其六,根据《公证条例》第180条关于采取临时措施的审理程序中;

其七,根据1985年关于支付生活费用的法律规定进行的审理;

其八,在破产程序中;

其九,在执行程序和根据《执行条例》的规定在临时使用程序中,包括在强制执行宣告程序中;

[注:第10项被宪法法院废除,联邦法律公报(I)号码:58/2016]

(2)青少年被告的法律代理人(1988年《青少年法庭法》第38条)有权不依其意志而是基于其利益,提出申请撤销违宪的法律。

(3)除满足第62条规定的要求外,申请还应包括:

其一,判决的名称和作出该判决的普通法院的名称;

其二,必要的说明,以判断申请是否及时提交。

(4)申请应附上文件、判决的副本或复印件以及上诉书的副本或复印件。

(5)宪法法院应根据第1款立即通知申请所涉的第一审普通法院。

该普通法院应通知宪法法院其关于上诉的及时性和是否准许的决定。

(6)在上诉法院的审理程序中,在宣告或送达宪法法院的裁决之前,只有不受宪法法院裁决影响或问题没有得到实质性解决并且没有同意延期的案件审理或命令和决定才可继续进行。

第 63 条

(1)院长应无延迟地安排审理。审理时应请提起申请者以及代表被申请撤销法律的政府到场。联邦政府代表被申请撤销的联邦法律,州政府代表被申请撤销的州法律。在《联邦宪法法》第 140 条第 1 款第 1 项 a 和 d 规定的情形下,也可请与案件相关的各方到场。

(2)在确定审理时间的同时,作为代表的政府应及时向宪法法院提交关于审查对象的书面意见,该书面意见最迟应在宪法法院开始申请前一周提交。

[注:第 3 款通过联邦法律公报(I)号码:33/2013 被废除]

第 64 条

(1)宪法法院的裁决应表明,法律的整体内容或其特定部分是否因违宪而被撤销。

(2)宪法法院的裁决也应送达联邦总理或主管的州长。涉及撤销的裁决应在依据《联邦宪法法》第 140 条第 5 款发布的公告中明确载明,法律或其特定部分已通过宪法法院的裁决被撤销。

第 64a 条

对于联邦政府或州政府提出的申请,若在特殊情形下由于法律或事实原因不能及时颁布新法律,则宪法法院可在其撤销法律的裁决中依据《联邦宪法法》第 140 条第 5 款的规定确定一定的期限。该期限不能超出《联邦宪法法》第 140 条第 5 款所准许的期限。宪法法院以不公开会议的形式作出裁决。

第 65 条

本章的上述规定适用于:

其一,法院(《联邦宪法法》第 140 条第 1 款第 1 项 a)提出申请撤销

违宪的法律或其特定部分(《联邦宪法法》第89条第3款);

其二,宪法法院依其职权审查某法律或其特定部分的违宪性(《联邦宪法法》第140条第1款第1项b)。

第65a条

若法律审查程序由主张具有违宪性的法律直接侵犯其权利的个人(《联邦宪法法》第140条第1款第1项c)提起,则在其胜诉的情形下,其因此产生的诉讼费用,在联邦法律侵犯其权利的情形下由联邦赔偿,在州法律侵犯其权利的情形下由相应的州赔偿。

I. 关于审查国家条约的合法性(《联邦宪法法》第140a条)

第66条

关于审查国家条约的合法性,对政治性的国家条约、修改和补充法律的国家条约以及以欧盟的条约为基础而予以修改的国家条约的合法性审查适用H章的规定,对所有其他国家条约的合法性审查则以下列标准适用F章的规定。

其一,审理时,应请申请者和缔结国家条约的行政机构到场。由联邦总统缔结的国家条约由联邦政府代表,涉及依据《联邦宪法法》第16条第1款的国家条约则由州政府代表。

其二,宪法法院的裁决应表明,国家条约的整体内容或其特定部分因违法而不由相关机构予以执行。

其三,宪法法院的裁决也应送达缔结国家条约的相关行政机构。由联邦总统缔结的国家条约则将裁决送达联邦政府,涉及依据《联邦宪法法》第16条第1款的国家条约则将裁决送达州政府。若国家条约由国民议会批准,则裁决还应送达联邦总理,若国家条约由某州议会批准,则裁决还应送达该州州长。

其四,若宪法法院的裁决确认国家条约的违法性,则必须依据《联邦宪法法》第140a条以及《联邦宪法法》第139条第5款或者《联邦宪法法》第140条第5款发布公告载明,根据宪法法院的裁决,该国家条约不应由相关机构予以执行以及与该国家条约相关的批准决议或者通过法规来执行该国家条约的命令或规定也应被废除。

J. 关于申请选举无效，关于丧失席位的申请，关于申请公民表决的提议、全民公决、民意测验以及欧洲的公民倡议为无效，关于申请将某人列入选举人名单和将某人从选举人名单删除，关于申请有争议的具有独立性的行政机构的通知和决定以及行政法院的判决和决议为无效(《联邦宪法法》第 141 条)

第 67 条

(1)针对联邦总统的选举、一般代表机构的选举、欧洲议会的选举和法定的职业代表机构中有权制定规章的组织(代表机构)的选举，州政府的选举、乡镇的受托执行机构的选举，公民表决的提议、全民公决、民意测验以及欧洲的公民倡议的结果，可基于任何程序(下文称选举程序)上的违法性而申请其为无效。这种申请(下文称选举无效申请)应包括选举程序的无效性说明或者选举程序特定部分的无效性说明。

(2)申请州政府的选举为无效，需要 1/10 的州议会议员提出申请，但(州议会议员人数低于 20 人的)至少应有两位议员提出申请；申请乡镇领导机构的选举为无效，需要 1/10 的乡镇代表大会的代表提出申请，但(州议会议员人数低于 20 人的)至少应有两位代表提出申请。申请第 1 款规定的其他选举为无效可由选民团体(党派)提出，但其应已及时向选举条例所规定的选举机构提出关于宣告选举为无效的选举建议，同时应得到其代理人的全权委托。若选举条例没有规定要提出这种选举建议，则向宪法法院提出申请选举为无效的权利应依据该选举条例的特殊规定。若参与竞选者主张其在选举程序中享有的被选举权被违法剥夺，则选举无效申请也可以由参与竞选者提出。

(3)根据第 85 条第 2 款第 1 句的规定，宪法法院应确认申请选举无效一方提出的以违法的行政机构的通知或决定或者违法的行政法院的判决或决议为基础的选举无效申请具有延缓的效力。第 85 条第 2 款第 2 句以及第 3 款、第 4 款的规定亦得适用。

(4)本章关于以违法的行政机构的通知或决定或者违法的行政法

院的判决或决议为基础的申请选举无效的规定,也适用于申请将某人列入选举人名单和将某人从选举人名单删除的程序。

第 68 条

(1)若相关法律(下文称选举条例)未作其他规定,则选举无效申请应在选举程序结束后 4 周内提起,若是以违法的行政机构的通知或决定或者违法的行政法院的判决或决议为基础的选举无效申请,则当事者应在收到通知后 4 周内提起。在乡镇自己的事务范围内,选举无效申请首先应在穷尽各级救济的基础上提出。提出选举无效申请应提供相关证据,应附上相关资料、文件的副本或复印件。

(2)宪法法院应将提起选举无效申请的申请书及文件送达相关选举条例中规定的最高选举机构,要求其在一定期限内提交选举的相关文件。该选举机构可自由决定是否最迟在提交选举的相关文件时提交答辩书。

第 69 条

(1)宪法法院进行公开的言词审理时,除提出选举无效申请的当事方外,还应请所有曾参与该选举的选民团体(党派)参加,或者其他根据相关选举条例有权提出选举无效申请的当事方参加。第 68 条第 2 款所规定的选举机构可自由决定是否派代表参加。

(2)若主张选举程序违法的选举无效申请提出,不享有被选举权者被宣告当选或者享有被选举权者的参选资格被不当地确认为无效,则该当事者也有权提出申请。

第 70 条

(1)若申请中主张的选举程序的违法性已经得到确认并且对选举结果产生影响,则宪法法院应同意受理根据第 67 条提出的选举无效申请。宪法法院应在同意选举为无效的裁决中宣告整个选举程序为无效或明确指出选举程序的特定部分为无效。

(2)若宪法法院同意某选举无效申请中提出的被宣告当选者本不享有被选举权的主张,则宪法法院应宣告此人的当选为无效。在这种情形中,相关选举条例的规定也适用于涉及失去席位的情况。

(3)若某选举无效申请中提出的享有被选举权者的参选资格被不当地确认为无效的主张得到宪法法院确认,则宪法法院应在裁决中确认是否由此导致其他人的当选为无效,若此,应宣告其他人的当选结果为无效。若被宣告为无效的选举是基于已登记的选举人名单进行的,则主管的选举机构应更正选举结果公告。

(4)在宪法法院作出同意选举无效的裁决之后,则该选举机构其他的与此相关的事务应受到宪法法院裁决中所确定的事实及法律观点的约束。

(5)在第1款至第3款规定的情形下,宪法法院的裁决应立即送达相关代表机构(法定的职业代表本身)的主席。宪法法院通过裁决撤销选举结果或者宣布选举结果无效所涉及的当事者自宪法法院的裁决送达的次日起,不得参与相关代表机构的讨论并且放弃州政府(乡镇的联合、法定的职业代表)的领导职务。但是,根据宪法法院关于确认选举为无效的裁决,关于一般代表机构、欧洲议会或法定的职业代表机构中有权制定规章的组织(代表机构)的选举需要部分或全部重新选举的,这些代表机构的相关成员在新选出的成员就职时失去其席位。

第71条

(1)一般代表机构或者——在相关代表机构的程序中有规定时——主席或者代表机构1/3的成员可以向宪法法院提出申请,宣告代表机构的某个成员根据法律规定应失去其席位。鉴于这种作用,这也相应地适用于乡镇代表大会对于乡镇领导机构成员的选举以及选举条例中规定的法定职业代表机构在这方面的特定组织对于某法定职业代表机构中有规章制定权的组织(代表机构)的选举。若相关代表机构作出这种决议,则其主席有权向宪法法院提起申请,若涉及主席自身,则由其副职以代表机构的名义提起申请。

(2)若针对丧失被选举权已经作出刑事法律判决,则宪法法院应受具有法律效力的刑事法律判决的约束。

(3)宪法法院的审理程序适用关于选举无效的相关规定。公开的言词审理也应当请被宣告失去席位的当事人参加。

(4)第1款至第3款的规定也适用于依据《不得兼职和政务公开法》(联邦法律公报号码:330/1983)第9条和第10条提出的关于失去席位的申请。

(5)代表机构的主席提出关于失去席位的申请应由主席签字确认。

(6)第1款至第3款的规定适用于根据《联邦宪法法》第141条第1款第d项、第e项、第f项提出的关于失去职位的申请。

第71a条

(1)因行政机构的通知或决定或者行政法院的判决或决议而导致失去在一般代表机构中的席位、导致乡镇领导机构不能履职或者导致某法定职业代表机构中有规章制定权的组织(代表机构)不能履职而提出的其为无效的申请应在当事者收到相关机构的通知后6周内提起。

(2)代表机构(法定的职业代表)在宪法法院的审理程序中也具有当事人的地位。

(3)申请无效具有推迟的作用。

(4)若当事方所主张的违法性存在,则宪法法院应同意当事方提出的请求确认为无效的申请,并且应撤销被申请为无效的行政机构的通知或决定或者行政法院的判决或决议。

(5)宪法法院的审理程序也应适用第82条第2款至第3b款、第83条、第84条第1款、第86条和第88条的规定。公开的言词审理应请提出申请者以及相关机构出席。

K. 关于联邦及各州的最高机构因其职务违法行为应承担宪法责任而提出的控告(《联邦宪法法》第142条和第143条)

第72条

(1)联邦国民大会、国民议会或州议会决议提出的控告应向宪法法院提交经公证的作出控告决议的会议记录副本。

(2)相关的代表机构应同时指定其所委托的向宪法法院提出控告

的成员。

(3)联邦政府决议提出的控告由联邦总理向宪法法院提出。提出控告时应附上经公证的联邦政府决定提起控告的部长会议记录副本。这也适用于在事后的扩大情形下根据《联邦宪法法》第103条第2款的规定州政府的成员受托处理属于间接的联邦行政事务的控告。

第73条

根据《联邦宪法法》第143条的规定也可提出控告,控告书状中应载明被控告者依据所有所涉及法律应予处罚的行为、适用某刑法规定的法定构成要件、所涉及法律的名称以及刑法的相关规定及其适用。

第74条

(1)公开的言词审理之前应进行预审调查。

(2)预审调查由院长从宪法法院的法官中指定的一位调查法官进行。

(3)公职人员在调查法官调查过程中和在公开的言词审理中不受职务上的保持沉默义务的约束。

(4)调查应尽快进行。

(5)若代表机构或联邦政府撤回其控告,则应停止预审调查。宪法法院对此以不公开会议的方式作出决定。

第75条

(1)调查法官在预审调查完成后将案卷材料送交院长,院长应安排进行公开的言词审理。

(2)若被控告者自己不提出要求缩短准备辩护的时间,则在确定公开的言词审理时间时,应至少使被控告者有两周的时间准备辩护。

(3)公开的言词审理应请被控告者及其辩护人以及提出控告一方委托的代表出席。

第76条

调查法官不得参与公开的言词审理。

第77条

言词审理仅在危害国家安全的情形下不公开进行。

第 78 条

公开的言词审理始于书记员宣读控告书。

第 79 条

(1)若被控告者已被判决有罪,则宪法法院通常应裁决确认赔偿请求。

(2)宪法法院的裁决仅限于确认履行赔偿的义务,具体的赔偿数额由普通法院予以确定。

第 80 条

(1)向宪法法院提出控告应在被控告者离职 1 年内进行,并且所提出的控告应与其职务活动有关。

(2)第 1 款规定的 1 年期限不包括从向代表机构(当时的代表机构)提出控告申请到该代表机构对此最终作出决议的时间,但是这段时间最多不超过 6 个月。

(3)对控告作出决议及其程序不受代表机构(其中一个代表机构)任期届满或联邦政府改组的影响。

第 81 条

根据《联邦宪法法》第 142 条和第 143 条提出的控告的程序,只要本法未作其他规定,则适用 1975 年《刑事诉讼法》(联邦法律公报号码:631/1975)的规定。

L. 关于因侵犯受宪法保障的权利或者因适用违法的法规、违法的再次公告的法律(国家条约)、违宪的法律或违法的国家条约而侵犯权利所提起的诉愿(《联邦宪法法》第 144 条)

第 82 条

(1)根据《联邦宪法法》第 144 条(诉愿期限)的规定,针对行政法院的裁决而提起诉愿的期限为 6 周。期限的起算开始于当事人收到裁决之日。

(2)若裁决已经送达另一当事方,则提起诉愿的期限开始于提起诉愿者知晓裁决之时。

(3)若当事人在提起诉愿的期限内提出要求给予程序性援助(《民事诉讼法》第64条),则提起诉愿的期限开始于当事人收到关于委任律师的通知之时。该通知通过宪法法院寄送。若及时提出的关于要求给予程序性援助的申请被拒绝,则提起诉愿的期限开始于当事人收到关于拒绝的决议之时。

(3a)若行政法院的裁决为口头宣布[《行政法院程序法》(联邦法律公报号码:33/2013)第29条第2款],则只有在至少一位有权提出申请者根据《行政法院程序法》第29条第4款提出要求出具裁决的申请之后,关于要求给予程序性援助的申请才能得到准许。提起诉愿时应附上根据《行政法院程序法》第29条第4款及时要求出具裁决的申请证明。

(3b)若当事人在公告或收到裁决或决议之后明确表示放弃提起诉愿的,则不再允许提起诉愿。放弃应在收到行政法院出具的裁决或决议之前向行政法院提出,在收到行政法院出具的裁决或决议之后向宪法法院提出,并且应以书面形式提出或予以说明。若放弃不是由专业的当事人代理人提出或在其在场的情形下提出,则当事人可以在3日内以书面形式或备忘录的形式予以取消。只有在当事人事先被劝导接受放弃结果的情形下,放弃才被准许。若行政法院的裁决为口头宣布(《行政法院程序法》第29条第2款),则只有在至少一位有权提出申请者根据《行政法院程序法》第29条第4款提出要求出具裁决的申请之后,诉愿申请才能得到准许。

(4)提起诉愿应包括:

其一,被提请撤销的裁决和行政法院发布的裁决的名称;

其二,事实情况;

其三,说明提起诉愿者受宪法保障的权利是否通过被提请撤销的裁决受到侵犯、其权利是否因适用违法的法规、违法的再次公告的法律(国家条约)、违宪的法律或违法的国家条约而受到侵犯权利,在后述的情形下也应载明被认为具有违法性的法律规定的名称;

其四,特定的请求;

其五，必要的说明，以判断诉愿是否及时提出。

(5)提起诉愿应附上文件，提起诉愿者在收到裁决之后，也应附上该被申请撤销裁决的副本或复印件。否则，应提交材料以证明第1款最后一句或第2款所规定的内容。

第83条

[注：第1款通过联邦法律公报(I)号码：23/2015被废除]

(2)宪法法院可要求当事各方在合理的期限内提交其他书面说明和答辩书。当事各方也可主动提交书面说明和答辩书。

(3)第20条第4款的规定可适用于如下情形：只要提起诉愿所涉及的机构在之前的审理中并未向行政法院提交相关案卷，在行政法院要求向宪法法院提交时，可基于公共利益的考虑而不提交特定的案卷或案卷的一部分。

第84条

(1)在下列情形下，院长应确定审理日期，安排审理：宪法法院在收到答辩书和其他可能的书面说明及相对方的书面说明之后，或在期限届满之后以及提起的诉愿没有根据第19条第3款第1项通过决议予以拒绝，而该决议系以简要说明重要的法律观点为基础作出的并送达当事各方。

(2)审理时应请各方参与。

第85条

(1)提起诉愿不具有推迟的作用。

(2)若不与需要维护的公共利益相对立并且权衡所涉及的公共利益和执行被申请撤销的裁决对于其他当事方利益的影响或行使通过被申请撤销的裁决所授予的权利对于提起诉愿者具有明显不利或害处，则宪法法院应通过决议确认诉愿者提起的诉愿具有推迟的作用。若确认推迟作用涉及其他各方的利益，则确认诉愿具有推迟作用就需要理由。若宪法法院据以作出诉愿具有推迟作用的决定的前提条件发生重大变化，则宪法法院可依其职权或根据当事一方的申请重新作出决定。

(3)根据第2款作出的决议应送达当事各方。若确认诉愿的推迟作用,则应推迟执行被申请撤销的裁决并对此采取必要的措施;通过被申请撤销的裁决所授予的权利也应停止行使。

(4)在宪法法院的法官未能集会时,第2款规定的决议应基于常务负责法官的申请由院长作出。

第86条

在宪法法院关于诉愿的审理结束之前提出证据证明提起诉愿已无必要,则宪法法院可在询问提起诉愿者之后宣告其所提起的诉愿已不存在并且停止审理。

第86a条

(1)若向宪法法院提起的诉愿数量众多且需要解决的问题为同一类法律问题或者有理由受理为数众多的这类诉愿,则宪法法院可对此作出决议。此类决议应包括:

其一,在审理中适用的法律规定;

其二,基于这些法律规定应予解决的法律问题;

其三,宪法法院对于所处理的诉愿的报告。

(2)对于宪法法院根据第1款作出的决议,只要其所适用的上述法律规定至少涉及法律、政治性的国家条约、修改或补充法律的国家条约或者以欧盟的条约为基础而予以修改的国家条约,则联邦总理或相关州的州长或在其他情况下的联邦或州的最高主管机关有义务立即发布公告。

(3)根据第1款作出的决议在公告期结束后的第二天开始产生如下效力:

其一,若行政法院在法律案件中适用了宪法法院在其决议中提及的上述法律规定并对相关法律问题作出了判决,则:

a)只有不受宪法法院裁决的影响或问题没有得到实质性解决并且没有同意延期的案件,才允许进行审理或发布命令和作出决定。

b)不开始起算提起诉愿的时间期限;中断已经开始起算的提起诉愿

的期限。

其二,所有与宪法法院根据第 1 款进行的相关审理,若在宪法法院根据第 1 款作出的决议中未提及,则:

只有不受宪法法院裁决的影响或问题没有得到实质性解决并且没有同意延期的案件,才允许进行审理或发布命令和作出决定。

(4)宪法法院应在其裁决中将其法律观点总结概括为一条或多条法律规范,并根据第 2 款的规定立即予以公告。自公告期结束之日起,中断的提起诉愿的期限继续起算且第 3 款规定的其他效力亦告结束。

第 87 条

(1)宪法法院应在裁决中载明提起诉愿者受宪法保障的权利是否通过被提请撤销的裁决受到侵犯、其权利是否因适用违法的法规、违法的再次公告的法律(国家条约)、违宪的法律或违法的国家条约而受到侵犯权利,若是,则应撤销被申请撤销的裁决。

(2)若宪法法院同意所提出的诉愿,则行政法院和行政机构有义务立即在相关的案件中运用其所能采取的法律措施确立起符合宪法法院的法律观点的法律状态。

(3)在宪法法院拒绝受理所提出的诉愿或者驳回诉愿请求的情形下,若提起诉愿者在此前已经提出以此为目的的申请,则宪法法院应宣告,根据《联邦宪法法》第 144 条第 3 款将案件转由最高行政法院审理;若该申请在诉愿者收到宪法法院的决定之日起 2 周内提起,则常务负责法官应宣告,根据《联邦宪法法》第 144 条第 3 款将案件转由最高行政法院审理。

第 88 条

败诉的当事方或者所提起的诉愿已无必要的提起诉愿者应依申请赔偿其他当事方的诉讼费用。这同样适用于提起诉愿者在言词审理前撤回申请而导致诉愿不存在的情形。

第 88a 条

(1)本章关于行政法院判决的规定也适用于行政法院的决议。

(2)诉愿不允许针对如下内容提起：

其一,《最高行政法院法》(联邦法律公报号码:10/1985)第25a条第1款规定的判决理由；

其二,《最高行政法院法》第30a条第1款、第3款、第8款和第9款规定的决议；

其三,《最高行政法院法》第30b条第3款规定的决议；

其四,《最高行政法院法》第61条第2款规定的决议。

(3)对于引导程序进行而作出的决议不允许单独提起诉愿。对此可以首先在针对案件判决提起的诉愿中主张撤销该程序。

M. 关于因宪法法院侵犯《数据保护基本法规》中保障的权利而提起的诉愿

第88b条

法官根据该联邦法律的规定以不公开会议的形式通过决议对于当事方所主张的宪法法院侵犯这种权利作出决定的,适用《法院组织法》第84条和第85条的规定。

N. 关于解释规定人民监察专员或州的人民监察专员职权的法律规定而产生的争议(《联邦宪法法》第148f条及第148i条第1款和第2款)

第89条

(1)对于人民监察专员与联邦政府或联邦部长之间关于解释规定人民监察专员职权的法律规定而产生的争议,联邦政府或人民监察专员可向宪法法院提出申请予以裁决。

(2)申请应在4周内提出。对于联邦政府,期限的计算开始于其官方知悉人民监察专员履行职权侵犯其权力或人民监察专员故意违背联邦政府或主管的联邦部长提出的异议的职务行为之日以及人民监察专员已开始的职位行为继续进行或故意执行职务行为之日;对于人民监察专员,期限的计算开始于其官方知悉联邦政府最终拒绝提出意见或其所执行的有争议的职务行为因联邦政府知悉而受到妨碍之时。

(3)联邦政府提出申请时应立即通知人民监察专员，人民监察专员提出申请时应立即通知联邦政府。

第 90 条

在宪法法院作出裁决之前，人民监察专员应推迟或中止其职务行为。

第 91 条

参与审理的当事方为联邦政府和人民监察专员。

第 92 条

宪法法院应尽可能在收到申请后 6 个月内作出裁决，并将裁决送达联邦政府和人民监察专员。

第 93 条

上述规定也适用于如下争议的解决：

其一，人民监察专员与某个州政府或州政府的某个成员之间关于解释规定人民监察专员职权的法律规定而产生的争议(《联邦宪法法》第 148i 条第 1 款)；

其二，州的人民监察专员与州政府或州政府的某个成员之间关于解释规定州的人民监察专员职权的法律规定而产生的争议(《联邦宪法法》第 148i 条第 2 款)。

第三部分　附　　则

第 94 条

(1)第 5h 条通过联邦法律(联邦法律公报号码：334/1993)于 1993 年 7 月 1 日起生效。

(2)第 5e 条和第 5h 条通过联邦法律(联邦法律公报号码：43/1995)于 1995 年 1 月 1 日起生效。

(3)第 5e 条通过联邦法律(联邦法律公报号码：297/1995)于 1995 年 5 月 1 日起生效。

(4)第 5e 条第 2 款和第 5h 条第 2 款通过联邦法律(联邦法律公报

号码:820/1995)于1996年1月1日起生效。

(5)如下规定通过联邦法律(联邦法律公报号码:201/1996)起生效:

其一,第5b条第2款和第5c条第1款于1996年5月1日起生效;

其二,第5h条于1996年6月1日起生效。

(6)宪法法院法官于1996年2月16日在任期届满之前提出,第5b条第2款适用至1996年4月30日。

{注:第7款通过联邦法律[联邦法律公报(I)号码:2/2008]的第2条第2款第1项被废除}

(8)第5e条第2款和第5h条第2项通过联邦法律[联邦法律公报(I)号码:3/1997]于1997年1月1日起生效。

(9)第4条第1款、第3款、第5款和第6款以及第5b条第2款、第5c条第1款、第5d条、第5e条和第5h条通过联邦法律[联邦法律公报(I)号码:64/1997]于1997年8月1日起生效;被废除的第5条通过联邦法律[联邦法律公报(I)号码:64/1997]于1997年8月1日失效。只要在1997年8月1日满足第5条规定的金钱补偿的时间条件,则适用第5条的规定。

{注:第10款通过联邦法律[联邦法律公报(I)号码:2/2008]第2条第2款第1项被废除}

(11)第17a条和第90条通过联邦法律[联邦法律公报(I)号码:88/1997]于1997年8月1日起生效。

(12)第5b条第2款和第5f条通过联邦法律[联邦法律公报(I)号码:86/2001]于2000年10月1日生效;被废除的第5d条过联邦法律[联邦法律公报(I)号码:86/2001]于2000年10月1日起失效。

(13)如下规定生效:

其一,第5h条通过联邦法律[联邦法律公报(I)号码:142/2000]第65条第4项于2000年10月1日起生效;

其二,第5e条、第5f条第1句和第5g条通过联邦法律[联邦法律公报(I)号码:142/2000]于2001年1月1日起生效;第5h条通过联邦法律[联邦法律公报(I)号码:142/2000]第65条第4项b于2001年1月1日起生效。

(14)名称和第17a条、第28条第1款和第2款、第91条通过联邦法律[联邦法律公报(I)号码:136/2001]于2002年1月1日起生效。

(15)第7条第2款a、第13条、第37条至第41条的标题、第71条第4款、第71a条第5款、第72条第3款、第74条第5款、第80条第2款和第3款、第82条第3款和第90条通过联邦法律[联邦法律公报(I)号码:123/2002]于2002年10月1日起生效。

(16)第5b条第2款和第5h条第2项通过联邦法律[联邦法律公报(I)号码:71/2003]于2004年1月1日起生效。

(17)第一部分的标题(迄今为止的第一章)、第5a条第2款、第7条第2款a、第12条、第二部分(迄今为止的第二章)及其第一章(第15条至第36条)的标题、第17条第2款、第19条第1款和第4款第3项、第22条、第24条第1款至第3款、第28条第4款、第36条、第二章(第36a条至第88条)以及A部分的标题、第36c条第2款、第36d条、B部分的标题、第37条、E部分的标题、第57条第2款至第4款、第58条第1款、第60条第1款、新增的F部分及其标题、G部分(迄今为止的F部分)的标题、第62条第3款和第4款、第63条第1款、H部分的标题(迄今为止的G部分)、第66条的序言和第1项、I部分和J部分(迄今为止的H部分和I部分)的标题、第67条第1款第1句、第70条第5款最后一句、第71a条第1款、K部分的标题(迄今为止的J部分)、第82条第1款和第2款、第85条第3款、第87条第1款、新增的L部分及其标题、第三部分(迄今为止的第三章)的标题、第94条至第96条的段落标记(迄今为止的第89条至第91条)以及其他标题和规定,通过联邦法律[联邦法律公报(I)号码:100/2003]于2004年1月1日起生效。同时,第36条失效。

(18)第15条第1款、第17a条和第24条第3款在该联邦法律[联邦法律公报(Ⅰ)号码:89/2004]公告期满的当月结束后开始生效。

(19)若《宪法法院法》被联邦法律修改(联邦法律公告号码:329/1990)后,则该联邦法律在公告期满的当月结束后[联邦法律公报(Ⅰ)号码:89/2004]失效。通过该联邦法律所修改的法律规定仍为有效;通过该联邦法律被废除的法律规定则不再有效。

(20)第5b条第3款至第5款通过联邦法律[联邦法律公报(Ⅰ)号码:142/2004]于2005年1月1日起生效。

(21)第5f条至第5g条通过联邦法律[联邦法律公报(Ⅰ)号码:80/2005]于2005年7月1日起生效。

(22)第1条第2款至第4款、第2条第1款最后一句、第7条第2款b、第8条第2款、第13a条第2款、第17a条第1项和第4项、第19条第3款第1项、第19a条及其标题、第28条第1款第1句和第2款、第33条、第34条、第36c条第1款、第42条第1款、第43条第1款、第46条第1款、第47条第1款、第50条第1款、第56条第3款、第68条第1款最后一句、第72条第3款、第74条第3款和第5款第1句、第75条第1款、第80条第2款和第3款、K部分的标题、第82条第1a款和第2款第2项以及第3款、第83条第1款、第84条、第85条第2款至第4款、第86a条、第88a条、L部分的标题、第93条第1项以及第94a条及其标题,通过联邦法律[联邦法律公报(Ⅰ)号码:4/2008]于2008年7月1日起生效;同时,第11条失效。

(23)第15条第1款、第22条、第36条以及第二章的A部分的标题通过联邦法律[联邦法律公报(Ⅰ)号码:98/2010]于2011年1月1日起生效。

(24)第17a条第4项和第5项通过的2011年《预算附随法》[联邦法律公报(Ⅰ)号码:111/2010]于2011年1月1日起生效。

(25)第1条第3款、第12条第4款最后一句、第19a条第1款第1句、第66条的序言和第86a条第2款在该联邦法律[联邦法律公报(Ⅰ)号码:51/2012]公告期满的当月结束后开始生效;同时,第19a条和第

94a 条的标题失效。

(26)如下规定通过联邦法律[联邦法律公报(I)号码:33/2013]第 4 条的规定生效:

其一,第 17 条第 3 款通过其第 19 项、第 17a 条第 6 项通过第 25 项、第 19 条第 3 款第 1 项通过第 29 项、第 19a 条第 1 款通过第 31 项、第 20 条第 1 款通过第 32 项、第 20 条第 2 款通过第 33 项、第 28 条第 4 款通过第 38 项、第 33 条通过第 39 项、第 34 条通过第 40 项、第 43 条第 1 款通过第 43 项、第 46 条第 1 款通过第 45 项、第 57 条第 1 款通过第 49 项、第 57 条第 3 款(修改后的第 2 款)通过第 31 项、第 50 项和第 51 项、第 57 条第 4 款(修改后的第 3 款)通过第 50 项和第 52 项、第 58 条通过第 53 项和第 54 项、第 59 条通过第 55 项、第 61 条通过第 56 项、第 61a 条通过第 49 项、第 62 条第 1 款通过第 57 项、第 62 条第 2 款通过 58 项、第 62 条第 3 款通过第 31 项和第 59 项、第 62 条第 4 款通过第 60 项、第 63 条第 1 款通过第 61 项、第 64 条和第 65 条通过第 64 项、第 65a 条通过第 57 项、第二章 I 部分的标题通过第 65 项、第 67 条通过第 66 项至第 69 项、第 68 条第 1 款通过第 70 项、第 71 条第 1 款通过第 71 项、第 71a 条第 1 款通过第 73 项、第二章 K 部分的标题通过第 77 项、第 82 条通过第 78 项、第 83 条通过第 79 项、第 84 条通过第 80 项和第 81 项、第 85 条第 2 款通过第 82 项、联邦法律[联邦法律公报(I)号码:122/2013]第 1 条第 5 项涉及的法律规定、第 85 条第 3 款通过第 83 项、第 86a 条第 3 款通过第 31 项和第 84 项、第 87 条第 2 款通过第 85 项以及第 88a 条通过第 87 项于 2014 年 1 月 1 日起生效;同时,第 57 条第 2 款、第 63 条第 3 款以及第 87 条第 3 款最后一句失效。

其二,其他规定和修改的内容,特别是第 11 项通过联邦法律[联邦法律公报(I)号码:122/2013]第 1 条第 4 项以及第 88 项根据新的正字法调整的内容通过上款规定第 1 项,于 2013 年 2 月结束后生效。

(27)如下规定通过联邦法律[联邦法律公报(I)号码:122/2013]第 5 条生效:

其一,第12条第5款、第66条第1项和第87条第1款于2014年1月1日起生效;

其二,其他规定在该联邦法律公告期满的当月结束后开始生效。

(28)第5h条第2项通过联邦法律[联邦法律公报(I)号码:46/2014]于2015年1月1日起生效,也适用于在该联邦法律生效时根据该联邦法律第5b条和第5g条已经领取退休金(抚恤金)的人。

(29)如下规定通过联邦法律[联邦法律公报(I)号码:92/2014]生效:

其一,第二部分第二章I部分的标题、第67条第3款和第4款、第68条第1款、第71a条第1款和第4款、第82条第1款第2句和第83条第3款在该联邦法律公告期满后第二日开始生效;

其二,第11条、第12条第2款和第5款、第17条第1款、第18条、第19条第3款至第5款、第20条第1a款至第5款、第20a条、第31条、第35条第1款、第57条第2款至第4款、第57a条、第58条第1款最后一句、第62a条、第63条第1款最后一句和第66条第1项最后一句于2015年1月1日起生效。

该联邦法律的第1条第1项、第1e项和第4a项取消,第7条第2款、第17条第2款和第62条第3款至第5款失效。

(30)第7条第2款、第17条第2款和第3款、第17a条第2款、第24条第4款至第7款、E部分及其标题、F部分至M部分的划分标记、第61b条、第62条第2款以及第66条通过通过联邦法律[联邦法律公报(I)号码:101/2014]于2015年1月1日起生效。

(31)第19条第4款、第24条第4款以及第71条第1款、第5款和第6款通过联邦法律[联邦法律公报(I)号码:41/2016]于2017年1月1日起生效。

(32)如下规定通过联邦法律[联邦法律公报(I)号码:24/2017]生效:

其一,第94条第29款第1项于2014年12月17日起生效;

其二，第 17 条第 3 款第 1 项、第 18 条、第 19 条第 3 款第 4 项、第 20 条、第 22 条、第二章 E 部分标题、第 83 条第 3 款以及第 94 条第 26 款第 1 项在该联邦法律公告期满的当月结束后开始生效；

其三，第 3a 条、第 71a 条第 5 款和第 82 条第 2 款、第 3a 款、第 3b 款和第 5 款最后一句于 2017 年 1 月 1 日起生效。

（33）第 14a 条第 6 款、M 部分及其标题以及与 N 部分之间的划分标记通过联邦法律［联邦法律公报（I）号码：22/2018］于 2018 年 5 月 25 日起生效。

（34）第 17a 条第 4 项和第 6 项通过联邦法律［联邦法律公报（I）号码：104/2019］于 2020 年 7 月 1 日起生效。

（35）第 7 条第 3 款、第 60 条和第 64a 条通过联邦法律［联邦法律公报（I）号码：16/2020］在该联邦法律公告期满后的第二日开始生效。

第 94a 条

本法中对于自然人的称谓仅用男性形式，但其所指称的自然人包括女性和男性。在针对特定的自然人使用称谓时应使用特有的性别形式。

第 95 条

若上述规定没有特别规定，则宪法法院院长负有执行本法的义务。

第 96 条

本法中关于参引适用其他联邦法律的规定是指适用相关法律的现行有效的规定。

第 X V 条　宪法性规定

抚恤金金额的确定

［注：根据联邦法律（联邦法律公报号码：334/1993）对《宪法法院法》（联邦法律公报号码：85/1953）第 5h 条和第 88a 条（现在的第 89 条[1]）的修改］

[1] 这里的"现在的第 89 条"是指 1993 年修改后的第 89 条，而非现在的第 89 条。——译者注

确定去世法官的配偶的抚恤金金额时应考虑其其他的收入。对于其抚恤金金额的确定,只要不涉及抚恤金金额在最低数额基础上的提高,则考虑其这种收入时只需考虑其以养老金为基础的权利资格或候备资格。

德　　国

德国联邦宪法法院法*

[1951年3月12日制定,1993年8月11日重新公布文本(BGBI. I S. 1473),最近一次修正是2017年10月8日的法律第2条(BGBI. I S. 3546)]

目　　录

* 本法翻译参考了陈爱娥教授翻译的2010年版《德国联邦宪法法院法》译本,对陈爱娥教授的授权表示感谢!

第一章　联邦宪法法院的组织与管辖权

第 1 条　地位、所在地与议事规则

相对于其他宪法机关，联邦宪法法院是一所独立自主的联邦法院。

联邦宪法法院设在卡尔斯鲁厄(Karlsruhe)。

联邦宪法法院的议事规则(Geschäftsordnung)由其联合庭(Plenun)通过。

第 2 条　审判庭

联邦宪法法院由 2 个审判庭组成。

每一个审判庭都选任 8 名法官。

每一个审判庭中的 3 名法官应从联邦最高等级的法院法官中选任，被选任者应至少在联邦最高等级的法院工作过 3 年。

第 3 条　法官资格

法官必须年满 40 岁，具有联邦众议院议员的参选资格，并以书面形式表示愿意担任联邦宪法法院法官。

法官必须具有德国法官法所规定的担任法官职务的能力，或者直至

1990年10月3日在《统一合约》第3条所指定区域内取得法律学士资格，且依《统一合约》的标准能够从事受法律调整的法律职业。

联邦宪法法院法官不得兼任联邦众议院、联邦参议院、联邦政府或各州的相应机关的职务。如果获得联邦宪法法院法官的提名，他必须从上述机关辞职。

除在德国高校担任法学教师外，法官不得从事其他职业性的活动。联邦宪法法院法官的职务优先于高校教师的职务。

第4条　法官任期、年龄限制

法官任期12年，但最长不得超过法定年龄限制。

法官不得连任，亦不得再被选任。

法官的法定年龄限制是其68岁的最后一个月月底。

法官在任期届满后继续执行职务直至继任人被任命为止。

第5条　选任机关

各审判庭法官由联邦众议院及联邦参议院各选出半数。各审判庭中应由联邦最高等级法院的法官中选任者，由联邦众议院选出1名，由联邦参议院选出2名，其余法官由联邦众议院选任3名，由联邦参议院选任2名。

法官最早在其前任法官任期届满3个月前选出，如果联邦众议院在此期间被解散，应在联邦众议院第一次复会后的1个月内选出。

法官在其任期未届满前离职的，应由选任该离职法官的联邦机关在1个月内选出继任者。

第6条　联邦众议院的选任程序

由联邦众议院选任的职业法官，根据本条第2款规定的选任委员会的建议并且不经辩论地采用不记名投票的方式选出。联邦众议院的过半数成员参加投票，且获得参加投票者2/3多数的法官始得当选。

联邦众议院根据比例选举的规则选出12名众议院议员组成联邦宪法法院法官选任委员会。联邦众议院内的每一个党团都可以提出建议名单。每个建议名单上的当选人数，应就对各该名单所投的票数，依最高得票计算法（d' Hovdt)来得出。当选者以在建议名单上依顺序排列的姓名为限。选任委员会成员退出或因故不能行使其选任权时，由同一推荐名单上的下一位递补。

选任委员会成员中最年长者应在遵守1周的召集期间的要求下，从速召集成员举行选举，并主持选任会议，直至全部法官选出。

选任委员会成员对于参加选任委员会活动所获知的候选人的个人关系，选任委员会对候选人个人关系的讨论，以及投票内容，均负有保密义务。

获得联邦宪法法院法官的提名应至少获得8张选任委员会委员的赞成票。

第7条　联邦参议院的选任程序

由联邦参议院选任的法官，应获得联邦参议院2/3票数始得当选。

第7a条　联邦宪法法院的推荐权

联邦宪法法院法官任期届满后或任期届满前离职后2个月内，如未能依本法第6条选出继任者，选任委员会中的最年长者应迅速请求联邦宪法法院提出选任的推荐名单。

联邦宪法法院联合庭应以简单多数决定参选法官的推荐人选。如仅选任1名法官，联邦宪法法院应推荐3名候选人；同时，应选出数名法官时，联邦宪法法院应依选任人数2倍推荐候选人。本法第16条第2款的规定准用之。

法官由联邦参议院选任时，准用本条第1款和第2款的规定，并以联邦参议院议长或其副手代理选任委员会中最年长者的职位。

选举机关有权选任联邦宪法法院没有推荐的人。

第8条　推荐名单的提出

联邦司法和消费者保护部部长应提出具备本法第3条第1款、第2款所规定条件的全部联邦法官的名单。

联邦司法和消费者保护部部长应将联邦众议院党团、联邦政府或各州政府推荐的联邦宪法法院法官且符合本法第3条第1款、第2款的候选人,编列为一份大名单。

上述两份名单应随时补充,并至迟在选举前一周送交联邦众议院和联邦参议院议长。

第 9 条　联邦宪法法院院长及其副手的选任

联邦众议院与联邦参议院轮流选举联邦宪法法院院长和副院长。副院长应自院长不隶属的审判庭中选出。

第一次选任时,由联邦众议院选任院长,联邦参议院选任副院长。

本法第 6 条和第 7 条的规定准用之。

第 10 条　任命

当选者由联邦总统任命。

第 11 条　宣誓

联邦宪法法院法官就职时应在联邦总统前宣誓,誓词如下:

“我宣誓,任何时候都成为正直的法官,忠实维护德意志联邦共和国基本法,并依良知对任何人履行我的法官义务。愿上帝保佑。”

法官宣誓时,“成为正直的法官”可以换成“成为正直的女法官”。

法官所信仰的宗教团体,如法律准许其成员使用其他宣誓方式时,该法官也可以使用该种宣誓方式。

宣誓也可以不用宗教的誓言形式来完成。

第 12 条　辞职

联邦宪法法院法官可以随时申请辞职。联邦总统可以赞成或反对其申请。

第 13 条　联邦宪法法院的管辖权

联邦宪法法院有权裁判:

(1)宣告基本权利丧失的案件(《基本法》第 18 条)。

(2)宣告政党违宪的案件(《基本法》第 21 条第 2 款)。

(2a)排除政党接受国家财政资助的案件(《基本法》第 21 条第 3 款)。

(3)不服联邦众议院就选举效力或就联邦众议院议员资格取得或

丧失的决定的案件(《基本法》第41条第2款)。

(3a)不服拒绝将某社团作为政党,从而剥夺其参加联邦众议院选举资格的案件(《基本法》第93条第1款第4c项)。

(4)联邦众议院或联邦参议院对联邦总统提起的弹劾案(《基本法》第61条)。

(5)依《基本法》或依联邦最高机关的议事规则被赋予自身权利的当事人,就联邦最高机关或者其他参与者之间权利义务范围的争议所引发的关于解释《基本法》的案件(《基本法》第93条第1款第1项)。

(6)经联邦政府、州政府、或联邦众议院1/4议员申请,对于联邦法或州法在形式上或实质上是否符合《基本法》,或州法是否符合其他联邦法所发生的争议或疑义(《基本法》第93条第1款第2项)。

(6a)经联邦参议院、州政府或州民意代表机关申请,对于法律是否符合《基本法》第72条第2款的前提条件所发生的争议(《基本法》第93条第1款第2a项)。

(6b)经联邦参议院、州政府或州民意代表机关申请,《基本法》第72条第4款的情形,依《基本法》第72条第2款是否不存在联邦法律调整的必要性,或者《基本法》第125a条第2款第1句的情形,联邦法律是否不需要颁布所发生的争议(《基本法》第93条第2款)。

(7)联邦和州之间的权利义务所发生的争议,尤其是州执行联邦法律及行使联邦监督权时所发生的争议(《基本法》第93条第1款第3项及第84条第4款第2句)。

(8)联邦与各州之间、不同的州之间或一州之内所发生的其他公法上争议,并且没有其他法律救济途径者(《基本法》第93条第1款第4项)。

(8a)宪法诉愿案件(《基本法》第93条第1款第4a项及第4b项)。

(9)针对联邦法官和州法官提起的弹劾案(《基本法》第98条第2款及第5款)。

(10)州内发生的宪法争议案件,州法将管辖权指派给联邦宪法法院(《基本法》第 99 条)。

(11)经法院提起的,关于联邦法或州法是否符合《基本法》以及州法律或其他的州法是否符合联邦法律的案件(《基本法》第 100 条第 1 款)。

(11a)依《调查委员会法》第 36 条第 2 款提出申请,就联邦众议院成立调查委员会的决议是否符合《基本法》的案件。

(12)经法院提起的,关于国际法上某项规则是否属于联邦法的组成部分,或此项规则是否直接创设了个人的权利义务所产生的疑义(《基本法》第 100 条第 2 款)。

(13)经州宪法法院提起的,关于该州宪法法院解释《基本法》时是否偏离了联邦宪法法院或其他州宪法法院的裁判的案件(《基本法》第 100 条第 3 款)。

(14)联邦法律是否继续有效的争议(《基本法》第 126 条)。

(15)其他依联邦法律规定由联邦宪法法院裁判的案件(《基本法》第 93 条第 3 款)。

第 14 条　审判庭的管辖权

联邦宪法法院第一庭有权审理本法第 13 条第 6 项、第 11 项规定的规范审查案件,即某一规定是否符合基本权利或符合《基本法》第 33 条、第 101 条、第 103 条、第 104 条所规定的权利的案件以及本法第 91 条和《选举法》之外的宪法诉愿案件。州政府依本法第 13 条第 6a 项或第 6b 项提出的规范审查案件(第 13 条第 6 项)亦同。

联邦宪法法院第二庭管辖本法第 13 条第 1 项至第 5 项、第 6a 项至第 9 项,第 11a 项、第 12 项、第 14 项规定的案件,以及不属于第一庭管辖的规范审查与宪法诉愿案件。

本法第 13 条第 10 项和第 13 项规定的案件,依本条第 1 款和第 2 款的规则来确定两庭的管辖权。

联邦宪法法院中的某一庭长期性负担过重时,联邦宪法法院联合庭可以就两庭的管辖权作出与本条第 1 款至第 3 款的规则不同的决议,其效力自下一个事务年度开始。此决议亦适用于尚未进行言词辩论或裁判评议的案件。该决议应刊登在联邦法律公报上。

如果某庭对某个程序的管辖权有疑义,应由院长、副院长及 4 名法官组成的委员会决定;前述 4 名法官每庭各有 2 名,以事务年度为任期。票数相同时,由主席决定。

第 15 条　庭长与出席人数要求

联邦宪法法院院长与副院长分别担任其所在庭的庭长。庭长缺席时,由该庭任职时间最长的法官代理;年资相同时,由最年长的法官代理。

每庭须有 6 名以上法官出庭。如果某庭由于特别的紧急情况无法达到法定人数时,由庭长通过抽签方式从另一庭的法官中决定代理人选,从而达到最低法定人数。两庭的庭长不得被指定为代理人。细节由议事规则规定。

案件评议开始后,不得加入其他法官。如果该庭无法达到最低法定人数,则应在补足人数后重新开始评议。

本法第 13 条第 1 项、第 2 项、第 2a 项、第 4 项和第 9 项规定的案件,须有该庭法官 2/3 以上多数同意,才能作出对相对人不利的裁判。其余情形,如法律无特别规定时,以参与审理法官的过半数决定之。票数相同时,不得确认与《基本法》或其他联邦法不一致。

第 15a 条　分组

两庭可以在事务年度期间各自分成数个合议庭(Kammern)。每个合议庭由 3 位法官组成。各合议庭的组成人员不得超过 3 年未变动。

各庭在事务年度开始前,就该年度依本法第 80 条所提申请与依本法第 90 条、第 91 条所提宪法诉愿分配主办法官,决定组数和各合议庭的组成人员以及各组成员的代理人选。

第 16 条　联合庭的裁判

各庭就某一法律问题拟偏离其他庭的裁判中所包含的法律观点时,应由联邦宪法法院联合庭作出裁判。

各庭须各有2/3的法官出席时,才能作出上述裁判。

第二章　宪法法院程序

第一节　一般程序规定

第17条　公开审理、法庭秩序、表决

本法如无特别规定,关于审理公开、法庭秩序、法庭用语、评议及表决的事项准用《法院组织法》第14章至第16章的规定。

第17a条　录音与录像的容许性

(1)联邦宪法法院的审理包括裁判的宣告是公开的,以公开转播或公开发表其内容为目的所进行的录音、电视与电影的摄录,仅限于下列情况始得为之:

①言词辩论程序,至法院确认当事人到场时为止;

②公开宣告其裁判。

在法院办公室中为了某人、出版社、无线电广播、电视台或者其他的媒体进行报道转播必须获得指示或者经院长批准。

(2)为保障当事人或第三人值得保护的利益,或程序的正常进行,联邦宪法法院可以全部或部分禁止本条第1款第1句的摄录或转播以及本条第1款第3句的转播,或要求其承担一定的条件。

(3)当该案裁判对联邦德国具有突出的历史意义,为了学术和历史的目的,可以对联邦宪法法院的审理和裁判宣告进行录音。但是为了保障当事人或第三人值得保护的利益或者维护程序的正常进行,联邦宪法法院院长可以部分拒绝。记录不需要记入公文,但如果为了保存的目的或者用于其他的程序或学术,可以出版。记录将在程序结束后由法院移交给联邦档案馆,如果法院已经销毁了记录,联邦档案馆将无法接收。本法第25a条第2句不受影响。

(4)各审判庭可以对联邦宪法法院院长的指令提出异议。

第18条　当然回避

(1)联邦宪法法院法官有下列情形的,应当回避:

①法官或其配偶或前配偶、现为或曾为其生活伴侣者、直系血亲或姻亲、三代以内直系血亲或者二代以内姻亲为案件当事人者；

②法官曾依职权或在业务上参与该案件的处理的。

(2)因为家庭状况、职业、出身、所属党派或类似的通常人视角对案件审理结果感兴趣的，不属于前款的案件当事人。

(3)第1款第2项意义上的活动，不包括下列事项：

①曾参与立法程序；

②对于案件有重要意义的法律问题发表学术上的意见的。

第19条　申请法官回避

基于担心联邦宪法法院法官有偏颇之虞而申请其回避时，由联邦宪法法院决定；票数相等时，由院长决定。

申请法官中请回避应附理由。被申请回避的法官应就此表示意见。言词辩论开始后提出的回避申请，不予受理。

未被申请回避的法官自认有偏颇之虞时，准用本条第1款的规定。

联邦宪法法院如果认为法官自行回避或被申请回避有理由时，应以抽签方式决定由另一庭的法官作为代理人。各庭庭长不得被指定为代理人。细节由联邦宪法法院议事规则规定。

第20条　阅览卷宗权

当事人有阅览卷宗的权利。

第21条　团体代表

诉讼由团体提起或针对团体提起时，联邦宪法法院得令由一名或数名代表人(Beauftragte)行使团体的权利，尤其是在审判日出庭的权利。

第22条　由律师或法学教师代理

当事人在诉讼的任何阶段均可授权由律师或者来自欧盟成员国或者承认欧盟成员国高校学历的国家或者欧洲经济区域协议缔约国或瑞士的法学教师，且具有担任法官职务的资格者代理之；代理的方式必须在联邦宪法法院举行言词辩论前决定。立法机关以及在宪法或议事规则中享有独立权利的立法机关的组成部分，可以由其成员代理之。除此之外，联邦、各州及其宪法机关可以由其工作人员代理之，只要他具有担任法官的资格或者按照国家考试的规定有担任高级行政官员的资格即可。联邦宪法法院也可以允许其他人作为当事人的辩护人。

授权必须以书面方式进行。授权必须明确代理哪些程序。

获得授权的代理人，法院的通知必须向其送达。

第 23 条　程序的启动

启动程序的申请必须以书面的方式向联邦宪法法院提出。申请应附理由与必要的证据。

庭长或者依据本法第 93c 条设置的主办法官，应当将申请送给被申请人，并且允许其他的当事人以及依据本法第 27a 条有发表意见权利的第三人，在规定的期限内尽快发表意见。

庭长或主办法官可以通知每一个当事人在规定的期限内，向法院与其他当事人补交必要数量的书状复制件和被指摘的判决书复制件。

第 24 条　简易程序

对于不合法或明显无理由的申请，法院可用一致同意的裁定驳回。如果已经事先对申请的合法性和理由性向当事人进行释明，法院的裁定无须附具理由。

第 25 条　言词辩论

如果没有其他特别规定，联邦宪法法院应基于言词辩论的结果进行裁判，但全体当事人均明确表示放弃言词辩论时，不在此限。

经过了言词辩论作出的裁判为判决（Urteil），未经言词辩论作出的裁判为裁定（Beschluss）。

法院可以作出部分裁判和中间裁判。

联邦宪法法院的裁判都以人民的名义作出。

第 25a 条　作成纪录

言词辩论应作成纪录。此外，应录音存证，细节由议事规则规定。

第 26 条　举证

联邦宪法法院为探求真实可以调取必要的证据。为此，它可以在言词辩论之外，委托法院成员调取或者请求其他法院就特定的事实和人员进行查证。

如果个别证物的使用不符合国家安全，法院经 2/3 投票同意可以中止对其的调取。

第 27 条　司法协助和职务协助

所有的法院和行政机关都要给予联邦宪法法院以司法协助和职务协助。如果联邦宪法法院要求提供先前相关程序的卷宗，上述机关应当直接提供。

第 27a 条　专家意见

联邦宪法法院可以给予具备专门知识的第三人以发表意见的机会。

第 28 条　证人及鉴定人

涉及本法第 13 条第 1 款、第 2 款、第 2a 款、第 4 款、第 9 款的案件，询问证人及鉴定人时准用刑事诉讼法的规定，其他案件准用民事诉讼法的规定。

证人或鉴定人如须经过上级许可始得陈述时，基于联邦或各州的福祉考虑，上级可以拒绝许可。如果联邦宪法法院以 2/3 多数宣告拒绝陈述许可没有理由的，证人或鉴定人不能再以保守秘密的义务为由拒绝作证。

第 29 条　当事人参加证据调查

当事人需要在举证期限内被通知参加证据调查，他可以向证人和鉴定人提问。如果其问题被证人和鉴定人拒绝，由法院决定。

第 30 条　不同意见书

联邦宪法法院应依据言词辩论的内容和证据调查的结果所形成的自由确信，以秘密评议的方式作出裁判。裁判以书面形式撰写，并附理由和参与审理的法官的签名。裁判要在经过了言词辩论后并公开宣告了裁判的主要理由的情况下作出。如果进行了言词辩论，则应当公开宣布作出裁判的主要理由，作出裁判的日期可以在言词辩论的过程中宣布或者在评议后确定。言词辩论终结到裁判宣告最长不超过 3 个月。联邦宪法法院可以裁定延期。

法官在评议中可以为不同意见辩护或者对裁判理由发表不同意见书。不同意见书作为裁判的附件。各审判庭可以在裁判中宣告投票情况。细节由议事规则规定。

所有裁判均应送达当事人。

第 31 条　裁判的拘束力

联邦宪法法院的裁判拘束联邦及各州的宪法机关以及所有法院与官署(Behörden)。

联邦宪法法院就涉及本法第 13 条第 6 款、第 6a 款、第 11 款、第 12 款、第 14 款所作的裁判具有法律效力。联邦宪法法院可以宣告法律与《基本法》一致、不一致或者无效,这对于涉及本法第 13 条第 8a 项的案件也适用。当某一法律被宣告与《基本法》或者其他联邦法一致、不一致或者无效时,联邦司法部可以基于信赖保护在联邦法律公报中公布裁判主文,这对于涉及本法第 13 条第 12 项、第 14 项的案件也适用。

第 32 条　暂时性措施

为了避免重大损害、阻止紧急暴力,或基于其他的公共福祉迫切需要的重要理由,联邦宪法法院可以在诉讼中采取暂时性措施(einstweilige Anordnung)来临时调整某种状态。

未经言词辩论不得作出暂时性措施。情况特别紧急时,联邦宪法法院可以不给予本案当事人、参加人或者有陈述意见权的第三人以陈述意见的机会。

对于准予或不准予暂时性措施的裁定可以提起上诉。但这不适用于宪法诉愿的诉愿人。联邦宪法法院应经言词辩论后对上诉进行裁判,审理期限为上诉理由发生后的 2 周内。

对于暂时性措施的上诉并没有拖延执行的效力,联邦宪法法院能够暂停暂时性措施的执行。

对于暂时性措施或者对其上诉,联邦宪法法院可以不附理由地作出裁判。理由应在裁判后分别通知每位当事人。

暂时性措施的有效期为 6 个月，经 2/3 以上投票同意，暂时性措施可以多次进行。

如果某一审判庭无法达到法定人数，而作出暂时性措施又特别紧急时，应经至少 3 名法官出席并一致作出裁定。该裁定在 1 个月后失效，但经审判庭确认的，该裁定自作出之日起 7 个月后失效。

第 33 条　停止程序

如果其他法院的确认或裁判对于联邦宪法法院的裁判具有意义时，联邦宪法法院可以在其他法院的程序终结前中止本案的审理。

联邦宪法法院的裁判如果是以一个生效判决中所确认的事实为基础，它仍然能够启动职权调查程序。

第 34 条　诉讼费

联邦宪法法院的诉讼不收取费用。

宪法诉愿、滥用《基本法》第 41 条第 2 款规定的选举审查诉愿，或者滥用暂时性措施申请的，联邦宪法法院应让其负担最高 2600 欧元的费用。

关于费用的收取，准用《联邦预算法》第 59 条第 1 款的规定。

第 34a 条　诉讼费的偿还

本法第 13 条第 1 项规定的基本权利丧失、第 13 条第 4 项规定的弹劾联邦总统或者第 13 条第 9 项规定的弹劾法官如果没有理由，应偿还被申请人或者被告必要的费用支出，包括诉讼辩护费用。

宪法诉愿被认为有理由者，应偿还诉愿人必要的费用支出的全部或一部分。

其余情形，联邦宪法法院可以命其偿还费用支出的全部或部分。

第 35 条　执行

联邦宪法法院可以在裁判中规定执行裁判的人员，也可以在个案中规定执行的方式和方法。

第二节　诉讼外的卷宗阅览

第 35a 条　与个人有关的资料

在诉讼外提出申请，请求获得或查阅联邦宪法法院卷宗中的与个人有关的资料，除下述规定另有调整外，适用《联邦数据保护法》。

第35b条　同意阅览卷宗

(1)在获得或查阅联邦宪法法院的卷宗中，需要保护：

①为司法目的所必要的公共部门，或符合《联邦数据保护法》第14条第2款第4项、第6项至第9项所规定的前提者。[1]

②私人和其他非公共部门就此有正当利益者；如系受影响者应受保护的利益所要求者，应拒绝提供数据或不准阅览卷宗，对此，《联邦数据保护法》第16条第3款不适用；[2]提供数据或准予阅览卷宗应于卷宗内附记。

只有在受影响者同意的范围内，提供或阅览卷宗才受保护。

(2)只有当申请阅览卷宗的公部门(本条第1款第1项)附具理由说明，提供数据尚不足以履行其任务，或申请阅览卷宗的私人或其他非公共部门(本条第1款第2项)附具理由说明，提供数据尚不足以维护其正当利益时，或提供数据将产生不成比例的费用时，始得准许其阅览卷宗。

(3)请求调取不属于卷宗组成部分的卷册，只有当申请人证明得到了该卷册作出机关的同意时，才能向其提供；这也适用于卷宗阅览。

(4)联邦宪法法院的卷宗不得寄送。但对于符合本条第2项被准予阅览卷宗的公共部门，可向其寄送。私人因特殊情况应于公共部门处阅

---

〔1〕 德国《联邦数据保护法》第14条第2款第4项、第6项至第9项规定：为了其他目的的存储、修改或者使用个人数据只有在下列情形中才是被允许的：……(4)必须核实数据主体提供的资料，因为有实际迹象表明该资料不正确……(6)为避免公共福祉的重大损害或公共安全的威胁，或者为保护公共福祉的重大利益所必需；(7)为控诉刑事或者行政违法行为、执行德国刑法典第11条第1款第8项所规定的刑罚和措施、实施少年法庭法所界定的感化或者训诫措施或者执行行政处罚决定所必需；(8)为避免严重侵害他人权利所必需；(9)为进行科学研究所必需，实施研究计划的科研利益远超过数据主体拒绝目的改变的利益，并且该研究的目的不能通过其他方式实现，或者要实现只能付出不成比例的代价。参见刘金瑞：《德国联邦数据保护法2017年版译本及历次修改简介》，载方小敏主编：《中德法学论坛》(第14辑·下卷)，法律出版社2018年版，第359页。

〔2〕 《联邦数据保护法》第16条第3款规定，依据本条第1款第2项进行的数据传输，传输方应当告知数据主体这一数据传输。如果能够推断数据主体可以通过其他方式获知，或者告知会损害公共安全或者对于联邦或州不利的，则告知规定不再适用。

览卷宗时,亦同。

(5)联邦宪法法院的卷宗,如果作为联邦档案或者将要送到联邦档案保管,在诉讼程序终结30年后受档案法的调整。对于判决、裁定和决定的蓝本、有关它们的准备和起草工作、投票情况,在60年后受档案法调整。只有为了法院内部和程序上的目的(任何时候和优先追索的权利),联邦宪法法院才能保留应移交联邦档案保管的档材料,为此目的,联邦宪法法院应当立即向追索人寄送。

(6)合议庭裁判的卷宗,确定不需要公开的,包括裁定和决定的蓝本、对其的准备和起草工作、投票情况,都可以在30年后在经联邦档案馆的同意销毁。

(7)一般登记簿上记录的卷宗,如果没有被转载到诉讼登记簿上,经过联邦档案馆的同意,在最后一次利用5年后销毁。

第35c条　联邦宪法法院对与个人有关的资料的利用

联邦宪法法院可以将一个宪法法院程序所形成的卷宗中与个人有关的数据在另一个宪法法院程序中使用。

第三章　个别程序类型

第一节　第13条第1项的程序

第36条　剥夺基本权利的申请

联邦众议院、联邦政府或各州政府可以依照《基本法》第18条第2句提出申请剥夺公民的基本权利。

第37条　对于申请的决定

联邦宪法法院应给予被申请人在特定期限内陈述意见的机会,然后根据申请是否被允许或者是否有充足的理由来决定驳回还是继续审理。

第38条　扣押与搜查

联邦宪法法院可以在收到申请后,依照《刑事诉讼法》的规定,命令扣押或搜查。

联邦宪法法院为准备言词辩论,可以预审(Voruntersuchung)。预审由一名非审理本案的法庭的法官进行。

第 39 条　基本权利丧失的宣告

如果证明申请有理由时,联邦宪法法院应确认,被申请人的何种基本权利应被剥夺,并规定最少 1 年的基本权利丧失的期限。联邦宪法法院也可以明确规定被申请人受到限制的方式和期限,这些限制不能损害未被剥夺的基本权利。此时,行政机关对被申请人的干预不需要进一步的法律依据。

联邦宪法法院可以剥夺被申请人在基本权利丧失期间的选举权、被选举权、担任公职的资格以及命令法人解散。

第 40 条　基本权利丧失的撤销

剥夺基本权利如无期限或期限超过 1 年,自宣告丧失之日起已逾 2 年时,联邦宪法法院可以根据之前申请人或者被申请人的申请,全部或者部分撤销基本权利丧失,或者缩短基本权利丧失的期间。联邦宪法法院最后一次的裁判经过 1 年后,可再提起撤销基本权利丧失的申请。

第 41 条　再申请

联邦宪法法院如已对申请进行了实质裁判,对于同一被申请人的再申请,只有基于新的事实支持的时候才能提出。

第 42 条　(已废止)

第二节　第 13 条第 2 项和第 2a 项的程序

第 43 条　申请宣告政党违宪

申请裁判政党是否违宪(《基本法》第 21 条第 2 款)或者是否排除国家对政党的财政资助(《基本法》第 21 条第 3 款),由联邦众议院、联邦参议院或者联邦政府提出。申请排除国家对政党财政资助只有在申请政党是否违宪时才能附随提出。

州政府对政党违宪的声请,仅限于该州区域内的政党。

第 44 条　政党的代理人

政党的代理人应依法律规定,必要时依章程来确定。有权代理人未能确定或不存在或在联邦宪法法院收到申请后被更换的,即以最后实际领导党务活动以致被申请违宪者,作为代理人。

第 45 条　对于申请的决定

联邦宪法法院应给予代理人(本法第 44 条)在一定期间内陈述意见的机会,然后决定,申请是否合法或者理由不充分需被驳回,或者是否继续审理。

第 46 条　违宪确认

依据《基本法》第 21 条第 2 款,申请被证明有理由时,联邦宪法法院应当确认该政党违宪。

确认被限于该政党在法律上或组织上独立的部分。

确认政党违宪的同时应解散政党或该政党的独立部分,并且禁止设立替代性的组织。此外,联邦宪法法院可以宣布没收政党或其独立部分的财产用于联邦或州的公共福祉。

第 46a 条

依据《基本法》第 21 条第 3 款,申请被证明有理由时,联邦宪法法院应当确认,相关政党在 6 年内将不得依照《政党法》第 18 条获得国家财政资助。该确认也延伸至替代性政党。如果一个政党渴望成为根据第 1 句被排除国家财政资助的政党,就属于进一步谋求或继续其位置的替代性政党,联邦宪法法院要依照第 1 句进行确认。该确认由符合本法第 43 条第 1 款第 1 句的申请人提起。但是第 45 条的程序并不适用。

申请人最晚于期限届满前 6 个月根据第 1 款第 1 句申请延长排除国家财政资助的期限的,政党可以存续到相关裁判作出之前。对此,本法第 45 条的程序并不适用。联邦宪法法院可以不经口头辩论作出裁判。对于该裁判适用第 1 款。再次申请延期也是允许的。

第 47 条　程序规定的准用

本法第 38 条和第 41 条的规定准用之。

第三节　第 13 条第 3 项的程序

第 48 条　选举申诉

对于联邦众议院就选举效力或选举准备或执行过程中的侵权,以及根据《基本法》第 41 条进行的选举资格审查,或者丧失联邦众议院议员资格的决议,该被质疑的议员、有选举资格的人或者其组成的团体在异议被联邦众议院拒绝后,党团或者联邦众议院的少数派,至少要包含其法定成员的 1/10,可以在决议作出之后的 2 个月内向联邦宪法法院提出申诉,申诉应于期限内提出并附理由。

如果认为将无助于程序的进行,联邦宪法法院可以不进行言词辩论。

经过审查发现有选举资格的人或其组成的团体的权利被侵犯的,联邦宪法法院可以确认侵犯,但不宣布选举无效。

第四节　第 13 条第 4 项的程序

第 49 条　对联邦总统的弹劾

对于联邦总统因故意违反基本法或其他联邦法律而提起弹劾时,应向联邦宪法法院递交弹劾状(Anklageschrift)。

根据国会两院之一的决议(《基本法》第 61 条第 1 款),其议长应制作弹劾状并在 1 个月内寄送联邦宪法法院。

弹劾状应指明遭受弹劾的作为或不作为,物证以及所违反的宪法或法律的规定。弹劾状并应确认,提出弹劾的决议经过了联邦众议院以法定人数 2/3 以上或联邦参议院以 2/3 以上票数通过。

第 50 条　提起弹劾的期限

弹劾申请应在有申请权的立法机关于知道提起弹劾的原因事实后 3 个月内提出。

第 51 条　不影响程序进行的事项

弹劾程序的开始与进行不受联邦总统的辞职、辞退或者联邦众议院的解散或任期届满的影响。

第 52 条　弹劾状的撤回

弹劾申请可以在判决宣告前经原申请的立法机关决议后撤回。该决议须得到联邦众议院法定人数过半数或联邦参议院过半数投票的同意。

弹劾申请由提出申请的立法机关议长通过将决议文正本寄送给联邦宪法法院而撤回。

如果联邦总统在1个月内对此提出异议的，撤回申请无效。

第53条　中止联邦总统的职务

联邦宪法法院可以在弹劾申请提出后发出临时命令，中止联邦总统职权之行使。

第54条　预审

联邦宪法法院为准备言词辩论，可以命令预审。如果申请人代表或者联邦总统请求时，联邦宪法法院应当预审。

预审由一名非审理本案法庭的法官进行。

第55条　言词辩论

联邦宪法法院基于言词辩论作出裁判。

审理时应传唤联邦总统。并告知他，如果他未经许可中途退庭或者没有充足的理由而提前离席，将对其缺席审判。

审理中，由提出申请的立法机关的代理人先行陈述。

随后，应给予联邦总统对弹劾案提出说明的机会。

再进行证据调查。

最后，听取申请人代表就弹劾以及联邦总统就辩护的总结。联邦总统有最后发言权。

第56条　判决

联邦宪法法院应在判决中确认，联邦总统是否应负故意违反基本法或其他被明确指出的联邦法律的责任。

联邦宪法法院可以在判决中宣告联邦总统丧失其职位。总统自判决宣告之日起丧失职务。

第57条　判决书的寄送

判决书正本应附理由送达联邦众议院、联邦参议院及联邦总统。

第五节　第13条第9项的程序

第58条　法官的弹劾

联邦众议院依据《基本法》第98条第2款针对联邦法官提出弹劾申

请时,准用本法第49条至第55条的规定,但第49条第3款第2句、第50条及第52条第1款第2句不适用。

对于联邦法官因违反职务而被质疑的,在法院诉讼程序终局确定前,或因同一行为而受正式纪律处分者,联邦众议院不得在上述程序开始前作出弹劾决议。诉讼程序中确认联邦法官因违背职务而有责任时,自诉讼程序终局确定时起,已经过6个月者,不得再提出弹劾申请。

除第2款规定的情形外,如果违反职务行为已经过2年者,不得再依第1款提出弹劾。

联邦众议院应由委托代表向联邦宪法法院提出申请。

第59条　联邦宪法法院的裁判

联邦宪法法院应当按照《基本法》第98条第2款所规定的措施行为[1]或者宣告其无责。

联邦宪法法院宣告将其免职的,法官自判决宣告之日起丧失职务。

宣告将法官调任其他职务或强制退休时,应由处理联邦法官免职事务的机关负责执行。

判决书正本应附理由送达联邦总统、联邦众议院及联邦政府。

第60条　惩戒程序的中止

弹劾案在联邦宪法法院审理期间,对于因同一事实而接受纪律惩戒法院审查的案件应中止。联邦宪法法院宣告法官免职或者命令调任其他职务或者强制退休时,惩戒程序应即终止;在其他情形,惩戒程序继续进行。

第61条　再审程序

再审程序只能有利于被宣判人的利益,并且只能由本人提起,或者在其死亡后由其配偶、生活伴侣或者后代依照《刑事诉讼法》第359条和第364条提起。申请应记载再审的法律理由和证据。判决效力不受再审申请的影响。

---

〔1〕 该措施为调任其他职务、强制退休或者免职。——译者注

联邦宪法法院可以不经言词辩论来裁判是否允许该申请。对此，适用《刑事诉讼法》第368条，第369条第1款、第2款、第4款以及第370条，第371条第1款至第3款。

再审的结果可以是维持原判，也可以是宣告较轻的措施或者宣告无责。

第62条　对州法官的弹劾程序

当州法律对州法官进行类似于《基本法》第98条第2款的调整时，依照《基本法》第98条第5款第2句，如果州宪法没有不同的规定，适用本节规定。

第六节　第13条第5项的程序

第63条　机关诉讼的申请人与被申请人

机关诉讼的申请人或被申请人仅限于联邦总统、联邦众议院、联邦参议院、联邦政府以及依照《基本法》或联邦众议院和联邦参议院的议事规则被赋予权利的联邦众议院或联邦参议院的机关组成部分。

第64条　申请的合法性

只有当申请人主张自己或所属机关，因被申请人的作为或不作为导致《基本法》所赋予它的权利和义务被侵犯或者受到直接威胁时，才能提出申请。

申请必须指明被指摘的被申请人的作为或不作为所违反的《基本法》的规定。

申请应自申请人知道被指摘的作为或不作为之日起6个月内提出。

本法生效时申请期间已经经过者，仍可以于本法生效后3个月内提出申请。

第65条　其他人的参加

本法第63条以外的符合条件的申请人可以在诉讼的任何阶段加入申请人和被申请人，只要该裁判对于划分它的管辖权是重要的。

联邦宪法法院在开始审理时，应通知联邦总统、联邦众议院、联邦参议院和联邦政府。

第 66 条　诉讼的合并与分离

联邦宪法法院可以将相互有联系的诉讼合并审理，也可以将合并的诉讼分开审理。

第 66a 条　不经言词辩论的裁判

在合并审理本法第 13 条第 5 项的诉讼和《调查委员会法》第 2 条第 3 款的案件时，以及在合并审理《调查委员会法》第 18 条第 3 款的诉讼和《调查委员会法》第 19 条和第 23 条第 2 款的案件时，联邦宪法法院可以不经言词辩论作出裁判。这同样适用于合并审理《联邦情报活动国会监督法》第 14 条和本法第 63 条的申请。

第 67 条　联邦宪法法院的裁判

联邦宪法法院应在其裁判中确认，受指摘的被申请人的作为或不作为是否违反《基本法》的规定。该规定必须被指明。联邦宪法法院能够在裁判主文中就基本法规定的解释中重要的法律问题依照本条第 1 句一并进行裁判。

第七节　第 13 条第 7 项的程序

第 68 条　申请人与被申请人

联邦与州之间争议的申请人与被申请人仅限于：

代表联邦的联邦政府；

代表州的州政府。

第 69 条　程序规定的准用

本法第 64 条至第 67 条的规定准用之。

第 70 条　决议的撤销

联邦参议院依据《基本法》第 84 条第 4 款第 1 句[1]所作的决议只能在该决议通过后 1 个月内被撤销。

---

〔1〕《基本法》第 84 条第 4 款第 1 句规定，联邦政府认为各州执行联邦法律有误，但各州未予纠正的，联邦参议院根据联邦政府或各州的申请，作出决议确认该州的行为是否违法。——译者注

第八节　第 13 条第 8 项的程序

第 71 条　申请人与被申请人

(1) 申请人与被申请人仅限于：

①依据《基本法》第 93 条第 1 款第 4 项，发生在联邦和州之间的公法争议，为联邦政府和州政府；

②依据《基本法》第 93 条第 1 款第 4 项，发生在州与州之间的公法争议，为州政府；

③依据《基本法》第 93 条第 1 款第 4 项，发生在州内的公法争议，为州的最高机关、州宪法或者州最高机关的议事规则赋予自身权利的最高机关的一部分，但以该争议对象会直接影响它的权利或权限为限。

(2) 本法第 64 条第 3 款的规定准用之。

第 72 条　裁判类型

(1) 联邦宪法法院需要在其裁判中宣告：

①某项措施为合法或不合法；

②被申请人负有不作出某项措施、撤回、继续完成或容忍的义务；

③负有给付义务。

(2) 在依照本法第 71 条第 1 款第 3 项进行的诉讼中，联邦宪法法院应确认，受指摘的被申请人的作为或不作为是否违反了州宪法的规定。对此，本法第 67 条第 2 句、第 3 句的规定准用之。

第九节　第 13 条第 10 项的程序

第 73 条　当事人

州内的宪法争议只能是州的最高机关与州宪法或州最高机关的议事规则赋予自身权利的最高机关的一部分作为当事人。

如果州法没有其他规定，本法第 64 条第 3 款的规定准用之。

第 74 条　裁判类型

州法没有规定联邦宪法法院的裁判能够有何种内容和何种效力时，本法第 72 条第 2 款的规定准用之。

第 75 条　一般程序规定的准用

本法第二章的一般规定准用之。

第十节　第 13 条第 6 项和第 6a 项的程序

第 76 条　申请的合法性

（1）联邦政府、州政府或联邦众议院 1/4 的议员，认为联邦法或州法有下列情形之一的，可以依据《基本法》第 93 条第 1 款第 2 项提出申请：

①形式上或实质上与《基本法》或其他联邦法不一致而应无效者；

②虽然有效，但法院、行政机关、联邦或州机关曾以该法与《基本法》或其他联邦法不一致而不予适用者。

（2）联邦参议院、州政府或州的民意代表机关，认为联邦法律未能履行《基本法》第 72 条第 2 款所规定的前提条件[1]而无效时，才能依据《基本法》第 93 条第 1 款第 2a 项[2]提出申请；当申请人认为联邦法律未能履行《基本法》第 75 条第 2 款所规定的前提条件[3]而无效时，也可以提出申请。

第 77 条　陈述意见的机会

联邦宪法法院可以：

（1）在涉及本法第 76 条第 1 款的案件中，赋予联邦众议院、联邦参议院、联邦政府在有关联邦法是否有效的争议中，并应赋予州政府在有关州民意代表机关制定的和州政府颁布的州法规范是否有效的争议中，在一定期间内陈述意见的机会；

（2）在涉及本法第 76 条第 2 款的案件中，赋予联邦众议院、联邦参议院、联邦政府以及州民意代表机关和州政府在一定期间内陈述意见的机会。

第 78 条　联邦宪法法院的裁判

联邦宪法法院确信联邦法与《基本法》，或州法与《基本法》或其他

---

〔1〕 德国《基本法》第 72 条第 2 款规定，在本法第 74 条第 1 款第 4 项、第 7 项、第 11 项、第 13 项、第 15 项、第 19a 项、第 20 项、第 22 项、第 25 项、第 26 项的范围内，如果为在联邦境内建立相同水平的生活关系或在全国利益下维护法制和经济的统一而有必要由联邦法律规定时，则联邦享有立法权。——译者注

〔2〕 德国《基本法》第 93 条第 1 款第 2a 项规定，就某项法律是否符合《基本法》第 72 条第 2 款的条件产生意见分歧时，联邦参议院、州政府或州代议机关可以请求联邦宪法法院裁判。——译者注

〔3〕 德国《基本法》第 75 条已被废除。——译者注

联邦法不一致时，应在裁判中宣告该法律无效。同一法律中的其他规定如基于相同理由，与《基本法》或其他联邦法不一致时，联邦宪法法院也可以同时宣告其无效。

第 79 条　联邦宪法法院裁判的效力

对于生效的刑事判决，如果它是基于与《基本法》不一致或者根据本法第 78 条被宣告无效的规范以及对该规范的解释作出的，那么，自联邦宪法法院宣告不一致时起，刑事诉讼的程序允许重新开始。

其他基于本法第 78 条被宣告无效的规范作出的不可撤销的判决，除了本法第 95 条第 2 款规定的情形或者法律另有规定者，不受影响。但是，不得执行案件的判决。如果根据《民事诉讼法》的规定已经进入强制执行的，则可以适用《民事诉讼法》第 767 条提起执行异议之诉，但不能请求不当得利返还。

第十一节　第 13 条第 11 项和第 11a 项的程序

第 80 条　请求联邦宪法法院裁判

具备《基本法》第 100 条第 1 款规定的前提条件[1]时，法院应直接请求联邦宪法法院作出裁判。

理由必须叙明，法院的裁判在何种程度上依赖该法律规定的效力，以及它与何种上级法律规范不一致。这些应附上卷宗。

法院的申请并不取决于诉讼参与人对该法律规定无效的指摘。

第 81 条　裁判的对象

联邦宪法法院只裁判法律问题（Rechtsfrage）。

第 81a 条　申请不合法

合议庭以一致同意的决议确认依本法第 80 条所提的申请为不合法。如果申请是由州宪法法院或者联邦最高等级的法院提出，则应由审

---

〔1〕 德国《基本法》第 100 条第 1 款规定，法院认为案件所依据的法律违反宪法时，应中止审理，如该法律违反州宪法，则应征求有关主管宪法争议的州法院的裁判意见；如该法律违反《基本法》，则应征求联邦宪法法院的裁判意见。这同样适用于州法律违反《基本法》或州法律与联邦法律不一致的情形。——译者注

判庭作出裁判。

第 82 条　其他当事人的参加

本法第 77 条至第 79 条的规定准用之。

本法第 77 条所规定的宪法机关可以在诉讼的任何阶段加入。

联邦宪法法院给予提出申请的法院所审理案件中的当事人以陈述意见的机会；联邦宪法法院应通知其参加言词辩论，并给予在场的诉讼代理人发言权。

联邦宪法法院可以请求联邦最高等级的法院或州最高等级的法院，向其报告该院向来如何以及基于何种考虑在争议问题上解释《基本法》、是否和如何曾在判决中适用过效力发生争议的法律规定、哪一个相关的法律问题需要在裁判中处理。此外，联邦宪法法院还可以请求上述法院，就裁判中重要的法律问题陈述意见。联邦宪法法院通过授予意见表达权以了解情况。

第 82a 条　设立调查委员会的审查程序

本条第 2 款、第 3 款以本法第 80 条至第 82 条为条件，主要用于，根据《调查委员会法》第 36 条第 2 款的提案，审查德国联邦众议院设立调查委员会的决议是否符合《基本法》。

联邦众议院以及依据《基本法》第 44 条第 1 款[1]规定的可以申请设立调查委员会决议的特定少数，有陈述意见的权利。此外，联邦宪法法院授予联邦政府、联邦参议院、联邦众议院、州政府、《调查委员会法》第 18 条第 3 款规定的特定少数和个人陈述意见的权利，只要他们受到该决议的影响即可。

联邦宪法法院可以不经言词辩论就作出裁判。

第十二节　第 13 条第 12 项的程序

第 83 条　裁判类型

联邦宪法法院对依《基本法》第 100 条第 2 款提起的案件，应在裁判

---

〔1〕 德国《基本法》第 44 条第 1 款规定，联邦众议院有权和根据 1/4 议员的申请有义务设立调查委员会，该委员会通过公开审理来调查必要的证据。公开也可以被排除。——译者注

中确认,国际法的某一规则是否为联邦法的组成部分,以及这些规则是否直接创设了个人的权利和义务。

联邦宪法法院在裁判前应给予联邦众议院、联邦参议院及联邦政府在一定期间内陈述意见的机会。上述机关在程序的任何阶段均可加入。

第 84 条　其他程序规定的准用

本法第 80 条和第 82 条第 3 款的规定准用之。

第十三节　第 13 条第 13 项的程序

第 85 条　程序和裁判对象

依《基本法》第 100 条第 3 款第 1 句[1]规定应征求联邦宪法法院的裁判意见时,州宪法法院应在卷宗中叙明其法律见解,并递交联邦宪法法院。

联邦宪法法院应给予联邦参议院、联邦政府以及欲偏离其他州宪法法院的裁判的法院以在一定期间内陈述意见的机会。

联邦宪法法院只裁判法律问题。

第十四节　第 13 条第 14 项的程序

第 86 条　申请人

联邦众议院、联邦参议院、联邦政府和州政府均有申请权。

如果在法院诉讼中对某法律是否作为联邦法而继续有效,产生了争议并且对案件审理具有重要性,法院可以准用本法第 80 条的规定征求联邦宪法法院的裁判意见。

第 87 条　申请的合法性

当联邦机关、联邦官署或州的机关或官署已经作出或即将采取的措施的合法性取决于联邦宪法法院的裁判的,联邦参议院、联邦政府或州政府才能提出申请。

申请理由中必须指明已具备本条第 1 款所规定的前提条件。

---

〔1〕 德国《基本法》第 100 条第 3 款第 1 句规定,如果州宪法法院在解释基本法时欲偏离联邦宪法法院的裁判或者其他州宪法法院的裁判时,它应征求联邦宪法法院的裁判意见。——译者注

第 88 条　其他当事人的参加

本法第 82 条的规定准用之。

第 89 条　联邦宪法法院的宣告

联邦宪法法院宣告，在联邦全境或者部分地区适用的法律的全部或一部分，是否作为联邦法而继续有效。

第十五节　第 13 条第 8a 项的程序

第 90 条　宪法诉愿的提起

当其基本权利或《基本法》第 20 条第 4 款、第 33 条、第 38 条、第 101 条、第 103 条、第 104 条所包含的权利遭受公权力侵犯时，任何人都可以向联邦宪法法院提起宪法诉愿（Verfassungsbeschwerde）。

对于上述侵犯，只有在穷尽法律救济之后，才能提起宪法诉愿。然而，如果具有普遍重要性，或诉愿人如先遵循其他法律救济途径将遭受重大和不可避免的不利时，联邦宪法法院也可以在穷尽法律救济途径前作出宪法诉愿并立即加以裁判。

州宪法所赋予的向州宪法法院提起宪法诉愿的权利不受影响。

第 91 条　乡镇或乡镇联合体提起的宪法诉愿

乡镇或乡镇联合体（Gemeindeverbände）可以在提起宪法诉愿时主张联邦法律或州法律违反了《基本法》第 28 条。[1] 如果宪法诉愿是针对侵犯自治权，但州法规定应向州宪法法院提起的，则不得向联邦宪法法院提起宪法诉愿。

第 91a 条　（已废止）

第 92 条　诉愿理由

诉愿理由中应指明被侵犯的权利，以及诉愿人认为侵犯其权利的机

---

〔1〕 德国《基本法》第 28 条，各州的合宪性秩序必须与基本法意义上的共和国、民主以及社会法治国原则相符合。在州、县和乡镇中，人民必须拥有由普遍、直接、自由、平等且无记名方式选举产生的代表。在县和乡镇的选举中，根据欧共体法律的标准，任何拥有欧共体成员国国籍的人都有选举权和被选举权。在乡镇中，乡镇公民大会可以代替选举团体的地位。应保障乡镇在法律框架内自主管理本地区所有相关事务的权利。在法律规定的任务范围内，根据法律规定，乡镇联合体也享有自治权。自治的保障同样包含了财政上自我负责的基础；乡镇凭借调整与经济相关的税源的税率即属于此类。联邦应保障各州的合宪秩序与基本权利相吻合并符合本条第 1 款和第 2 款的规定。——译者注

关或官署的作为或不作为。

第 93 条　提起宪法诉愿的期限

宪法诉愿应于 1 个月内提起并附理由。该期间自完整的裁判文书送达或非正式地通知诉愿人时起算，且该送达或通知必须依有关程序法的规定由有权机关作出。对于其他情形，该期间自裁判宣告时起算。裁判无须宣告者，自依其他方式通知诉愿人时起算；完整的裁判文书正本未送达诉愿人的，第 1 句的期间中断，诉愿人可以以书面或在律师事务所记录的形式申请向其送达完整的裁判文书。期间中断至完整的裁判文书正本由法院送达诉愿人，或依职权由机关或由参加程序的当事人送达诉愿人时为止。

诉愿人非因自己的责任导致不能遵守上述期限时，应准其申请恢复提起诉愿的权利。申请应于妨碍事由消失后 2 周内提出。申请时或在申请程序中，应证实作为申请理由的事实。申请期间内可以补上被耽误的法律行为。待补正后，可以不用申请恢复原状。自被延误的期间届满 1 年之后，不得申请恢复原状。全权代理人的责任视为诉愿人的责任。

针对穷尽法律救济的法律或其他高权行为提起的宪法诉愿，只能在法律生效或者高权行为作出之日起 1 年内提出。

对于在 1951 年 4 月 1 日前生效的法律，可以在 1952 年 4 月 1 日前提起宪法诉愿。

第 93a 条　受理

(1) 宪法诉愿在裁判前须经受理。

(2) 有下列情形的，宪法诉愿应予受理：

①如其具有重大的宪法意义；

②其将有助于贯彻本法第 90 条第 1 款所提及的权利；如宪法诉愿人将因申请被驳回而遭受特别重大的损害时，亦同。

第 93b 条　拒绝受理

合议庭可以拒绝受理宪法诉愿；对于本法第 93c 条的情形，合议庭也可以直接作出裁判。其余情形，由审判庭决定受理与否。

第 93c 条　合议庭的裁判

如果具备本法第 93a 条第 2 款第 2 项的前提条件,并且联邦宪法法院已经就宪法诉愿中决定性的宪法问题进行过裁判,且此诉愿显然有理由的,合议庭应认为宪法诉愿有理由。合议庭的裁判与审判庭的裁判效力相同。根据本法第 31 条第 2 款,宣告法律与基本法或其他联邦法不一致或无效,只能由审判庭为之。

本法第 94 条第 2 款、第 3 款,第 95 条第 1 款、第 2 款的规定准用于该程序。

第 93d 条　程序

依本法第 93b 条、第 93c 条作出的裁判,可以不经言词辩论程序。该裁判不可撤销,拒绝受理宪法诉愿不须附理由。

只要审判庭未就宪法诉愿的受理进行裁判,合议庭就可以对所有宪法诉愿程序作出相关裁判。全部或部分中止法律效力的暂时性措施只能由审判庭为之;本法第 32 条第 7 款不受影响。审判庭也可以针对本法第 32 条第 3 款的情形进行裁判。

合议庭的裁判应通过一致同意的决议作出。经至少 3 位法官同意,审判庭应裁定受理。

第 94 条　陈述意见的机会

联邦宪法法院应当给予作出被指摘的作为或不作为的联邦或州的宪法机关在一定期间内陈述意见的机会。

作为或不作为系由联邦各部部长或由联邦或州的官署所为时,应给予主管的部长陈述意见的机会。

宪法诉愿系针对法院裁判所为时,联邦宪法法院也应给予该裁判的受益者以陈述意见的机会。

直接或间接针对某项法律提起宪法诉愿时,准用本法第 77 条的规定。

本条第 1 款、第 2 款、第 4 款所规定的宪法机关能够参加诉讼。如果预期言词辩论不能有助于程序的进行,或有权发表意见且参加诉讼的宪法机关放弃言词辩论时,联邦宪法法院可以不举行言词辩论。

第95条　关于宪法诉愿的裁判

宪法诉愿有理由时,应在裁判中确认,《基本法》中哪一个规定被何种作为或不作为所侵犯。联邦宪法法院可以同时宣布,任何重复被指摘的措施均违反基本法。

针对裁判提起的宪法诉愿有理由时,联邦宪法法院应将该裁判撤销。对于本法第90条第2款第1句的情形,联邦宪法法院应将案件发回管辖法院。

针对法律提起的宪法诉愿有理由时,应宣告该法律无效。依本条第2款提起的宪法诉愿有理由时,如果被撤销的裁判是基于违宪的法律作出时,亦同。本法第79条的规定准用之。

第95a条　(已废止)

第十六节　第13条第6b项的程序

第96条　程序

依据《基本法》第93条第2款第1句[1]提起的申请,必须满足《基本法》第93条第2款第3句[2]的前提条件。

联邦宪法法院要给予其他的有权申请人以及联邦众议院和联邦政府在一定期间内陈述意见的机会。

本条第2款规定的有权陈述意见者可以在诉讼的任何阶段加入。

第十七节　第13条第3a项的程序

第96a条

诉愿人可以是团体和政党,但是排除《联邦选举法》第18条第4款规定的有候选人提名权的政党。

---

〔1〕 德国《基本法》第93条第2款第1句规定,在联邦参议院、州政府或州代议机关提出请求的情况下,联邦宪法法院可以对《基本法》第72条第4款中联邦法律规定是否不再具备第72条第2款所指的必要性或第125a条第2款第1句中是否不得再颁布联邦法律进行裁判。——译者注

〔2〕 德国《基本法》第93条第2款第3句规定,仅当依据《基本法》第72条第4款或第125a条第2款第2句制定的法律草案被联邦众议院否决,或1年内未对其进行审议并作出决议,或相应的法律草案被联邦参议院否决时,才允许依据第1句提出请求。——译者注

诉愿应当在联邦选举委员会依据《联邦选举法》第 18 条第 4 款第 2 句作出决定之日起 4 日内提出并附理由。

本法第 32 条不适用。

第 96b 条

联邦选举委员会享有陈述意见的机会。

第 96c 条

联邦宪法法院不能在未经言词辩论的情况下作出裁判。

第 96d 条

联邦宪法法院的裁判应附理由。该理由必须分别送达被诉愿人和联邦选举委员会。

第四章 迟延诉愿

第 97a 条

由于联邦宪法法院审理期限的不恰当使联邦宪法法院的裁判给诉讼当事人或者参加人带来不利的,必须得到妥当的补偿。审理期限的恰当性根据个案环境的同时,考虑联邦宪法法院的任务和地位。

由于联邦宪法法院审理期限过长带来的不利,一般推定为非财产上的不利益。由此导致的赔偿只有在下列情况下才能被主张,即无法根据个案情形用其他方式来补救,尤其是确认诉讼期限是不适当的。赔偿按照每延期 1 年 1200 欧元的标准。如果该数额根据个案情形是不恰当的,联邦宪法法院可以确定一个更高或者更低的数额。

第 97b 条

关于赔偿和补偿由联邦宪法法院在宪法诉愿(迟延诉愿)中裁判。迟延诉愿只有被联邦宪法法院通知了诉讼期限(迟延通知)的人作为诉愿人才可以提起。迟延通知必须书面,并且要阐明诉愿期限不恰当的原因。最早于联邦宪法法院的诉讼开始后 12 个月才能提起。迟延通知不需要答复。

迟延诉愿最早于迟延通知发出后 6 个月才能提起。在联邦宪法法院的裁判宣告或者其他的诉讼终结之后,迟延诉愿才能在 3 个月内提起。它必须书面并且附理由。在迟延诉愿的裁判生效之前,该请求不可以改变。

第 97c 条

迟延诉愿由诉愿审查庭(Beschwerdekammer)[1]进行裁判。该委员会由联邦宪法法院联合庭从每一庭委任两名法官组成。通常的任期是 2 年。

被指摘程序的主办法官如果是诉愿审查庭成员,不得参与迟延诉愿的审理。

上述细节,尤其是诉愿审查庭庭长的确定以及成员被排除后的递补、诉愿审查庭成员的代理,都由议事规则规定。

第 97d 条

被指摘程序的主办法官应当在收到迟延诉愿的理由后 1 个月内发表意见。

诉愿审查庭采用多数决。如果票数相等,迟延诉愿要被驳回。诉愿审查庭不经言词辩论就可以作出裁判。迟延诉愿的裁定不需要附理由。

迟延诉愿的裁判不可撤销。

第 97e 条

本法第 97a 条至第 97d 条适用于至 2011 年 12 月 3 日尚未生效的案件以及在 2011 年 12 月 3 日已经终结并向欧洲人权法院申诉的案件。对于已经终结的诉讼不能适用本法第 97b 条第 1 款第 2 句至第 5 句。适用本法第 97b 条第 2 款的条件是,迟延诉愿马上就要被提起和最晚于 2012 年 3 月 5 日必须被提起。

---

〔1〕 诉愿审查庭参考了吴信华教授的译法,参见[德]克劳斯·施莱希、斯特凡·科里奥特:《德国联邦宪法法院:地位、程序、裁判》,吴信华译,台北,元照出版有限公司 2017 年版,第 34 页。——译者注

第五章　附　　则

第 98 条　退休

联邦宪法法院法官于服务期限届满时(本法第 4 条第 1 款、第 3 款、第 4 款)退休。

联邦宪法法院法官长期欠缺工作能力时,应当离任退休。

联邦宪法法院法官任职 6 年以上,且有下列情形之一者,虽非欠缺工作能力,也可以申请退休:

(1)年满 65 岁。

(2)具有《社会法典》第九编第 2 条所规定的重度残障的情形且年满 60 岁。

本条第 3 款规定的情形仍可准用第 4 条第 4 款。

退休法官领取退休金。退休金以退休法官根据《联邦宪法法院成员职务所得法》所领取的薪资作为计算基础。关于抚恤金的领取亦准用之。

《公务员俸给法》第 70 条准用之。

第 99 条　(已废止)

第 100 条　资遣费

联邦宪法法院法官依本法第 12 条的规定离职且已服务 2 年以上的,可以领取为期 1 年的资遣费,其数额等于依《联邦宪法法院成员职务所得法》应领取的薪金数额。但不适用于依本法第 98 条规定退休者。

领取资遣费的原联邦宪法法院法官死亡时,其家属领取丧葬费,并且按所剩余资遣费月份领取遗孀金和孤儿津贴;丧葬费、遗孀金及孤儿津贴在资遣费外另行计算。

第 101 条　解除原有职务

官员或法官被选任为联邦宪法法院法官,除德国《法官法》第 70 条的规定外,自任命起解除原有职务。在担任联邦宪法法院法官职务期间,基于官员或法官的公务关系所产生的权利及义务均应停止。意外受伤的官员或法官的治疗请求权不受影响。

联邦宪法法院法官的职务终止且未担任其他职务的,该官员或法官自官员或法官的职务关系退休,并且领取依从前职务加上担任联邦宪法法院法官的服务期间合并领取退休金。如果他原来担任的官员或法官职务并非联邦官员或联邦法官的,联邦应向原任职机关偿还退休金和抚恤金。

本条第 1 款和第 2 款的规定不适用于在德国高校担任法学教师的公务员。在担任联邦宪法法院法官职务期间,由原高校教师的职务关系所产生的义务原则上停止。由高校教师职务关系所得的薪金,应将其 2/3 算入其因担任联邦宪法法院法官应领取的薪金内。联邦应偿还高校教师的主管部门因其代理所产生的实际支出,直到评估数额的最高额为止。

第 102 条　退休金请求权的停止、退休金与资遣费的计算

原联邦宪法法院法官如依本法第 101 条有退休金请求权时,该请求权在依本法第 98 条或第 100 条领取退休金或资遣费期间是停止的,直到其薪金的最高额为止。

依本法第 100 条领取资遣费的原联邦宪法法院法官,如再担任公职时,应将担任公职的所得算入资遣费内。

原联邦宪法法院法官如由其在任职宪法法院前或任职期间内,在作为大学教师而成立的职务关系中,领取薪金、退职金或退休金,则除薪金外,其来自法官职务的退休金或资遣费,在总数超过依本法第 101 条第 3 款第 3 句免予并计的数额部分,请求权不得行使;除来自作为高校教师职务关系的退职金或退休金外,来自法官职务的退休金或资遣费可以给付到以整体可以获得退休金的工作期间加上依据本法第 101 条第 3 款第 2 句的免予计入的数额。

本条第 1 款至第 3 款的规定适用于死者家属。《公务员俸给法》第 54 条第 3 款和第 4 款第 2 句准用之。

第 103 条　俸给法规定的适用

如本法第 98 条至第 102 条无特别规定,联邦法官有关俸给、补助的相关规定也适用于联邦宪法法院法官;其履行联邦宪法法院法官职务的工作时间,被视为《公务员俸给法》第 11 条第 1 款第 3 项的时间。涉及俸给法的决定,由联邦宪法法院院长作出。

第 104 条　作为联邦宪法法院法官的律师和公证人

律师被任命为联邦宪法法院法官的,任职期间其执业的权利予以停止。

公证人被任命为联邦宪法法院法官的,本法第 101 条第 1 款第 2 句的规定准用之。

第 105 条　强制退休、免职

(1)联邦宪法法院可以授权联邦总统:

①对于因长期丧失工作能力的联邦宪法法院法官,命其退休;

②对于联邦宪法法院法官因有不名誉行为或被判处 6 个月以上徒刑的,或因重大渎职情节负有责任的,免除其职务。

(2)本条第 1 款程序的启动,由联邦宪法法院联合庭决定。

(3)一般的程序规定以及本法第 54 条第 1 款与第 55 条第 1 款、第 2 款、第 4 款至第 6 款的规定准用之。

(4)依本条第 1 款所为的授权,需要法院 2/3 以上法官同意。

(5)本条第 2 款的程序启动后,联邦宪法法院联合庭可以暂停该法官的职务。法官如果因犯罪行为而被提起公诉的,亦同。暂停职务须经本院 2/3 以上法官同意。

(6)依本条第 1 款第 2 项被免职的法官丧失一切基于法官职务所享有的请求权。

第 106 条　(已废止)

第 107 条　(已废止)

德国联邦宪法法院议事规则

（2014 年 11 月 19 日颁布）

目　录

A 部分:联邦宪法法院的组织和行政规定

第 1 条

联合庭和院长共同工作,履行法院的任务。

联合庭负责审议并决定法院预算的制定、直接影响法院所有成员的地位和工作条件的问题以及必要时决定法院行政的一般原则。

院长履行法律所赋予他的职权,执行联合庭的决定,领导法院的行政。对于原则性的问题,院长应与联合庭商议。

第 2 条

联合庭由院长根据需要召集,至少在每年春季和秋季各召集一次。

当副院长、委员会或至少 3 名法官提出商讨事项的说明,应立即召集联合庭。通知和会议之间至少间隔 4 天。

2/3 的法官出席,联合庭才能作出决议。

通知包括会议议程,需要时,可附上商讨事项的必要书面材料。

院长最晚在会议召开 3 日前将登记的商讨事项列入会议议程。如果没有人反对,联合庭可以将其他商讨事项列入会议议程。由院长、副院长、委员会或至少 3 名法官提出的商讨事项,必须列入会议议程。此外,联合庭可以在开会前决定会议议程。

院长主持会议,会议的过程须作记录,并立即向法院的每一位成员传达。

第 3 条

(1)联合庭设立下列常设委员会:

(a)议事规则委员会;

(b)记录委员会;

(c)预算和人事委员会;

(d)图书馆委员会。

根据需要,也可以设立其他委员会。

(2)常设委员会由每个审判庭的 2 名法官组成,院长和副院长不得参加本条第 1 款第 a 项至第 c 项的委员会。

(3)联合庭委任的委员会成员及其代理人的任期为两个事务年度。

(4)院长可以领导一个委员会并担任主席,其他委员会的主席在其成员中产生。

(5)委员会的每位成员都可以提出商讨事项的说明并申请召集委员会,此时,主席必须马上召集委员会。

(6)当过半数成员出席时,委员会才能作出决议。

(7)常设委员会代表联合庭处理事务,除非联合庭在个别事务上保留裁决权或者常设委员会认为联合庭的裁决是必要的。联合庭可以要求委员会在处理某项事务时遵循其决议。联合庭可以指派某一常设委员会为联合庭对某一事项的审议和决策做准备。

(8)主席每年至少向联合庭报告一次委员会的工作。

第 4 条

在法院内部,院长可由副院长代理,副院长不能出席时由最资深的法官代理,资历相同时由出席的法院成员中最年长者代理。

第 5 条

院长对外代表法院。院长缺位时,由副院长行使院长职权,副院长缺位时由最资深的法官行使,资历相同时由出席的法院成员中最年长者行使。

在联邦总统、联邦众议院、联邦参议院、联邦政府以及委员会面前阐述法院意见和维护法院的利益是院长在与副院长协商后的责任。他能够代表其他法官或得到他们的支持。

第 6 条

院长行使家宅权(Hausrecht),该权利可以通过命令委托给他人。

第 7 条

法院成员要被告知所有重要的、涉及法院事务过程的事项。

针对法院发出的邀请,通常由记录委员会决定是否和由谁来出席。如果院长以其职位决定,应当告知记录委员会。

这同样适用于对法院的参观。

第 8 条

法院成员的资历从宣誓就任联邦宪法法院法官之日起计算。资历相同时，由年龄决定。

第 9 条

只要法律规定由上级、上司或领导的行政决定指派给法院成员行使的事项，该决定都由院长作出。

第 10 条

法官因公出差应告知院长，并获得明确同意。院长如果反对出差，法官不能对此提出异议。法官参加国内的专业会议也视为公务出差。

第 11 条

法官的休假、病假以及较长时间的缺勤，应及时提前一周告知院长或者其所在审判庭的庭长。法官应留下通信地址或者确保可以通知到他。

第 12 条

行政主管和部门领导负责司法行政，各庭庭长处理审判庭的事务。

他们必须具有从事法官职务的资格，在处理审判庭事务时只接受庭长的命令。

第 13 条

学术助理协助被指派的法官的职务活动，并听从其指令。

法官有权选择学术助理，有责任对其履职情况进行评价；审判庭庭长可以附上自己的评价。

第 14 条

行政事务的分配由院长作出。在一般情况下，院长可将特定事务委托给行政主管独立完成。

与法院成员有关的行政决定，如果不是日常行政中的简单事务，由院长亲自作出。

第 15 条

行政主管受院长委托进行行政领导，细节由院长指令规定。

行政人员与立法机构或政府部门进行初步讨论或协商时,应当遵循联合庭或者其所属的委员会事先确定的方针,如果没有相应的方针,则按照院长的指令进行。

第16条

除非另有规定,收到的邮件应交付院长和副院长。那些被称为诉讼邮递的人以及被委任从事一般登记簿上列入的事项的人,必须具备从事法官职务的资格。

第17条

法院的官方信息由新闻处发布。

审判庭向媒体提供官方信息需要经过庭长的同意。

法院的媒体工作由新闻处协调。

第18条

在法院的图书馆中设立档案馆,收集所有涉及法院的资料。

第19条

从联邦宪法法院作为最高合议制宪法机关的地位出发,如果《联邦宪法法院法》、关于联邦宪法法院法官职务薪水的法律、本议事规则以及由法院颁布的特别行政规则在结果上没有不同,则适用最高联邦官署制定的一般行政规则。

B部分:对程序的补充性规定

第一节 一般性程序

第20条

审判庭应当在一个事务年度开始前,决定从该事务年度开始,根据哪一个原则来分配法院成员包括庭长的担任主办法官的申请。在事务年度内,只有当某位法官负担过重或长时间不能履行职务时,在必要情况下,才能违反这些原则。

庭长确定主办法官。如果有疑问,应在分配前听取审判庭有关成员的意见。如果有不同意见,原则上由审判庭决定。庭长可以与审判庭达成一致后，考虑到案件的重要意义，确定一名成员担任共同主办法官。

第 21 条

审判庭决定他们在哪个工作日定期开会进行评议。特别开会须经审判庭作出决议；在紧急情况下庭长可以召集特别会议。

庭长和审判庭协商决定会议议程。议程应至少提前 10 日告知审判庭成员。

第 22 条

依据《联邦宪法法院法》第 24 条和第 81a 条作出的裁判，可以在不需要送达申请的情况下作出。宪法诉愿被拒绝受理（《联邦宪法法院法》第 93a 条、第 93b 条），同样不需要送达。

庭长（《联邦宪法法院法》第 23 条第 2 款）要基于审判庭主办法官的建议来作出送达的决定。

程序的进一步推动，尤其是事务上的指令，是审判庭主办法官的责任，并经过与庭长协商后进行。

庭长应根据审判庭主办法官或审判庭的提议，向联邦或州的最高法院提出请求（《联邦宪法法院法》第 82 条第 4 款）。相应的请求也可以在除具体法规审查程序（《联邦宪法法院法》第 13 条第 11 项）外的其他情况下提出。

依主办法官的建议或审判庭的决议，庭长请求在某一领域具有专门知识的人员就一些对裁判具有重大意义的问题发表鉴定意见。

所有与程序有关的措施都应记录在案。

第 23 条

在审判庭裁判的每一个案件中，审判庭主办法官提交书面意见。同时将案卷送达审判庭成员，包括所有对程序和裁判具有重要意义的文书。将包括所有对程序和决定起重要作用的书证在内的案卷交付审判庭成员。在简单案件中该意见可以被一个附理由的裁判草案所代替。

在分配书面意见和评议或者言词辩论之间至少间隔 10 日。

第 24 条

审判庭决定是否进行言词辩论。审判庭可以对言词辩论和裁判宣告颁布补充《联邦宪法法院法》第 17a 条的规定。

通常,言词辩论按照评议过程中批准的提纲为基础进行,该提纲应在言词辩论开始前及时送交诉讼各方。

言词辩论的录音(《联邦宪法法院法》第 25a 条第 2 句),只能由法官和诉讼各方在法院内听取。转录和私下传播是不允许的。

当法院为了使用而制作副本时,诉讼各方可以获得复印件。

当权衡了出版的公共利益和诉讼各方的诉求之后,如果说明人有道理,可以将意见副本在学术出版物或诉讼文件中公开和评价。如果副本中含有私人信息,则基于学术研究的目的而使用该信息适用《联邦数据保护法》的规定。

事先审阅副本中的意见应被允许,从而使说明人获得确保副本正确性的机会。它也可以在不改变内涵的情况下促进修辞的完善。事先审阅的决定由庭长作出。反对意见要记入卷宗。如果听取说明的成本过高,可以不用听取。

在言词辩论开始时应指明《联邦宪法法院法》第 25a 条。

第 25 条

在评议期间,只有参与了裁判的法官才能在场。

第 26 条

参与裁判的法官,如果想改变其投票,可以在裁判宣告前或者为了送达的文书签发前要求继续评议;要求继续评议的理由是,该观点迄今没有讨论过或者给出了不同意见的原因。

非基于言词辩论作出的裁决,要包含它最终作决定的日期。

第 27 条

审判庭决定评议的过程。如果包含了多个法律问题,通常要在主文作出前逐个进行表决。

第 28 条

参与裁判的法官的姓名应该用红色并且按照资历顺序列在庭长姓名之后。

如果参与裁判的法官因故不能签名，庭长应将情况记录在案。

第 29 条

在联邦法律公报中公布的裁判，应当由行政主管送交主管部门。如果该裁决在宣告或送达 3 个月后仍未在联邦法律公报上公布，行政主管应当提醒庭长和审判庭的主办法官。

第 30 条

裁判告知宪法机关的诉讼代理人的，应同时直接送交该宪法机关。

第 31 条

联合庭和审判庭依据《联邦宪法法院法》第 16 条第 1 款作出的裁判，经法院授权出版联邦宪法法院判例集，法院成员要对出版的内容自负其责。

联合庭或审判庭可以拒绝在判例集中公开其作出的裁判。此决定应记录在案。

如果对合议庭依据《联邦宪法法院法》第 81a 条、第 93b 条或第 93c 条作出的决定特别感兴趣的，审判庭可以根据其建议推动其在判例集中公开。

参与裁判的法官的姓名应记录在判例集中。

个人姓名、组织名称以及地名在判例集中原则上以首字母为简称。

如果由法院授权出版联邦宪法法院判例集存在盈余，应将其用于联邦宪法法院成员组成的法官职业协会的工作或用于慈善目的。

第 32 条

有关裁判的官方信息需要审判庭主办法官和庭长的批准才可以被首次公开，如果同意，该裁判应被送达诉讼各方当事人。

本条也适用于合议庭的裁定。

第 33 条

联邦宪法法院设立文献资料馆，整理和记录宪法法院的裁判以及其他重要资料。法院成员参与文献资料的选择和评估。这些文献资料被存储在一个跨法院的可以普遍访问的数据库中。文献资料馆同时也负责存档以及将联邦宪法法院的裁判公布到互联网上。

第 34 条

判决书、裁定和命令的草案，其准备工作以及涉及投票的公文不是诉讼卷宗的组成部分，这些文件用特殊封皮，与程序案卷一起存放在特殊的信封中，并与卷宗保存在一起。虽然《联邦宪法法院法》第 35b 条第 5 款第 2 句有规定，但它们不在卷宗阅览之列。

第 35 条

庭长与审判庭的主办法官协商决定卷宗阅览。涉及本规则第 63 条第 2 款第 c 项的情形，由院长决定。根据第 63 条第 1 款，已经记录在一般登记簿上的案件在诉讼中的卷宗阅览由本规则第 65 条规定的部门决定。

在诉讼结束后，当事人(《联邦宪法法院法》第 20 条)依据《联邦宪法法院法》第 35b 条第 1 款第 1 句和第 2 句阅览卷宗应受保护。

关于个人数据传输的规定适用《联邦数据保护法》。

第 36 条

联邦宪法法院的裁判在送达给官署、法院或第三方私人之前应当匿名。具体由院长指示。

第 37 条

关于审判庭裁判的诉讼文件，包括本规则第 34 条提到的文件，在 10 年后移交联邦档案馆。

诉讼文件和本规则第 34 条提到的文件，在 30 年后允许销毁，但不包括法院已经决定出版的文件。

第二节　《联邦宪法法院法》第 15 条第 2 款第 2 句和第 19 条第 4 款规定的代表案件的程序

第 38 条

在《联邦宪法法院法》第 15 条第 2 款第 2 句和第 19 条第 4 款规定的情形下，由审判庭庭长安排抽签程序。

另一审判庭的庭长主持抽签程序。两审判庭成员应被告知抽签日期,法庭书记官也参与。关于抽签过程的记录存入诉讼卷宗。抽签的结果应告知法院全体成员。

关于抽签程序的安排与实施适用《联邦宪法法院法》第 15 条第 1 款第 2 句。

第三节 《联邦宪法法院法》第 81a 条、第 93b 条至第 93d 条规定的合议庭程序

第 39 条

合议庭中如果有院长或副院长,则由其主持。其余情形由最资深的法官主持,资历相同时由出席的最年长的法官主持。

第 40 条

合议庭通常基于书面投票在其职权范围内委派一名成员作为主办法官。如果一名法官同时属于多个合议庭,由审判庭依据《联邦宪法法院法》第 15a 条第 2 款决定,如何给合议庭分配程序管辖权。

如果合议庭不能作出一致意见的裁定,审判庭应就《联邦宪法法院法》第 93d 条第 2 款规定的情形进行裁判。

如果合议庭拒绝受理宪法诉愿,在这种情况下,没有必要申请发布暂时性措施。

第 41 条

主办法官可以在合议庭作出是否受理规范审查申请或宪法诉愿(《联邦宪法法院法》第 81a 条、第 93b 条)的裁判之前,征求有权陈述意见的各方(《联邦宪法法院法》第 82 条并第 77 条、第 94 条)或第三人的意见以及向《联邦宪法法院法》第 82 条第 4 款指定的法院提出请求。

第 42 条

在以不予受理裁定终结的宪法诉愿程序中,应调取宪法诉愿所针对的裁判的法院卷宗。在归还法院卷宗的同时应寄送 1 份裁定的副本。当宪法机关或官署被请求对宪法诉愿发表意见或者当宪法诉愿针对的是联邦最高等级法院的裁判时,同样适用之。

第四节　《联邦宪法法院法》第 14 条第 5 款规定的委员会程序

第 43 条

依据《联邦宪法法院法》第 14 条第 5 款设立的委员会，由每一个审判庭在一个事务年度内选出 2 名法官及其代理者。院长席位可由副院长代理；副院长不能代理时，由最资深的法官代理；资历相同时，由委员会中最年长的法官代理。

第 44 条

审判庭所有启动程序的申请应告知庭长。由此，他可以对涉及审判庭管辖权的问题提出疑问。必要时，他可以召集审判庭进行讨论。

如果两个审判庭的庭长和主办法官的意见一致，案件可交由另一审判庭审理。

法院的每个成员都可以申请召开委员会。委员会应立即召开，因为一般有 14 天的通知期。但审判庭已经开始对案件进行评议的，不适用本条。

第 45 条

院长可以从委员会成员中为每个审判庭各指定一名主办法官。这 2 名主办法官可以在开会前共同或分别对管辖权问题提出书面意见。

第 46 条

委员会的裁定由主席记入备忘录。委员会的裁定不用附理由。它将被告知法院所有成员，并载入案卷。

第五节　《联邦宪法法院法》第 16 条规定的联合庭程序

第 47 条

审判庭如果对裁判中的某一法律问题与另一审判庭或联合庭所持的法律观点不一致，应当通过审判庭决议来召集联合庭。

如果申请召集联合庭的审判庭不再坚持它的法律观点，则联合庭不再召开。

第 48 条

各审判庭庭长可以指定一名主办法官为联合庭的裁判做准备。主办法官应当至少在联合庭召开10日前提交意见。

联合庭的裁定应附理由。该裁定视同于审判庭的裁判。

第六节 《联邦宪法法院法》第105条规定的联合庭程序

第49条

申请启动《联邦宪法法院法》第105条第1款的程序,应至少由6名法院成员提出,如果属于《联邦宪法法院法》第105条第1款第1项规定的情形可以由院长和副院长共同提出。

申请及其理由应以秘密形式通知法院全体成员,不用签收确认函。

第50条

受理该申请的法院成员有机会以书面和口头形式在联合庭上发表对该申请的意见。

第51条

裁定启动程序至少须经8名法官同意。联合庭应在当事人不在场的情况下进行评议和裁定。该裁定不附理由,由参与作出裁定的法官签名,随后向当事人公布。

第52条

联合庭在程序启动后从其成员中指定一名成员领导调查工作。听取当事人的意见并进行必要的调查;当事人负有举证责任。关于调查结果,该成员应以书面形式和在言词辩论中向联合庭报告。报告中应提出他对裁判的建议,但评议和通过裁定时该成员不参加。

第53条

言词辩论以不公开的方式进行。但基于当事人的申请可以公开。

第54条

当申请针对的法官依据《联邦宪法法院法》第12条被免职或任职期满或申请退休(《联邦宪法法院法》第98条第1款、第2款第2项)时,依据《联邦宪法法院法》第105条第1款所提起的申请程序终止。

当申请在依据《联邦宪法法院法》第105条第4款作出裁定前被撤回,申请程序也终止,除非联合庭决定启动或继续该程序。

第七节 《联邦宪法法院法》第30条第2款规定的提交不同意见的程序

第55条

审判庭成员在评议针对裁判或其理由中替代被偏离意见的不同意见必须在裁判形成后3周内提交审判庭庭长。审判庭可以延长此期限。

一旦启动评议,有意提交不同意见的法官就可以将其意见告知审判庭。

不同意见针对判决作出的,庭长在宣判时予以公布。随后,法官可以被告知不同意见的主要内容。

不同意见与裁判一同公布。

不同意见在联邦宪法法院判例集中与裁判在同一个名称下公开。

针对联合庭的裁判的不同意见适用上述规定。

第八节 《联邦宪法法院法》第7a条规定的联合庭程序

第56条

每位法院成员都可以对联合庭依据《联邦宪法法院法》第7a条作出的决议提出建议。其建议最晚在联合庭召开1周前提交并说明理由,并被告知该建议与提名是否在联合庭上获得同意。如果所有出席的法官同意,则可不遵守提交建议的期限。

第57条

关于候选人的建议在谈话结束后进行秘密表决。当选条件适用《联邦宪法法院法》第7a条第2款第3句及第16条第2款的规定。

第一轮选举使用投票方式,按照候选人的首字母顺序排列。每一位法院成员都有投票权。获得出席法官的过半数同意就可以当选,顺序按照得票数量排列。

如果第一轮选举完全或部分没有结果,则按照得票多少进行分别选举。每个有投票权的人只能投给一个人。选举可以进行多次,直到某个建议获得出席票数的过半数为止;在每次重复进行选举时,淘汰上一轮投票中得票最少的人。

第 58 条

如果依据本规则第 57 条进行的选举中,关于候选人的建议未能获得足够的票数,则在新的选举中进一步推荐。新的选举应在上一次选举结束后的第 2 周进行。为此可以提名新的人选或再一次提名先前推荐的候选人;本规则第 56 条第 2 句规定的期限缩短为 3 天。联合庭可以决定新的选举只能依据本规则第 57 条第 3 款的标准进行表决。

在第 1 款第 1 句规定的情况下,在会议上提出新的选举的建议,由所有出席的法院成员投票决定,新的选举应立即进行。如果只提名先前推荐的人,则要由所有出席的法院成员的 2/3 多数作出决定。

第九节　《联邦宪法法院法》第 97c 条规定的诉愿审查庭程序

第 59 条

联合庭每年从每个审判庭任命一名法院成员作为诉愿审查庭代表,任期 2 年。不允许连选连任。院长或副院长不得参加诉愿审查庭。

在 2012 年开始的第一个任期中,联合庭应从每个审判庭任命一名法院成员,其在诉愿审查庭的任期为 3 年;这也适用于已经作为代表的 2 名法院成员。

第 60 条

如果合议庭成员依据《联邦宪法法院法》第 97c 条第 2 款被排除参与,或因其他原因无法参加,其职位由联合庭指定法院成员代理之。否则,由审判庭中最资深的成员代理,他同时也是合议庭成员。如果诉愿审查庭成员从法院离职的,这也适用于其剩余的任期。

第 61 条

诉愿审查庭庭长由最资深的法官担任。

第 62 条

依据《联邦宪法法院法》第 97d 条第 1 款的发表意见,通常根据作为诉愿审查庭成员的主办法官的要求提出。除根据本规则第 34 条排除卷宗阅览的情况外,主办法官可以调取已经终结的诉讼的卷宗。

诉愿审查庭庭长与主办法官一致决定当事人的卷宗阅览。

第十节　联邦宪法法院的一般登记簿

第 63 条

(1)递交联邦宪法法院的申请书,如果既与法院的行政事务无关,也与法律规定允许联邦宪法法院从事的事务无关,则登记在一般登记簿中作为司法行政事务处理。特别是:

(a)有关联邦宪法法院判决以及未决或已决程序的询问。

(b)虽然属于联邦宪法法院的管辖范围,但既没有具体的请求也没有关切的事务的申请书。

(2)一般登记簿可以记录:

(a)那些因为明显不合法或者考虑到联邦宪法法院的判决明显不可能成功从而没有被受理的宪法诉愿(《联邦宪法法院法》第 93a 条)。

(b)其他明显不合法的诉讼请求。

(c)是否属于审判庭的管辖权不能马上确定的程序。

第 64 条

每个审判庭的庭长决定某一事项是否记录于一般登记簿中。庭长通常可以将决定权委托给根据本规则第 16 条任命的诉讼邮递(Postauszeichnung)。

在被告知法官裁判的法律状态后,可以请求将依据本规则第 63 条第 2 款第 a 项记录于一般登记簿中的事项转载到诉讼登记簿中。

记录于一般登记簿的事项被转载到诉讼登记簿,应将其转交给一般登记簿的负责人。

在一般登记簿中与诉讼有关的卷宗,如未转载到诉讼登记簿,应依据《联邦宪法法院法》第 35b 条第 7 款的标准,应在最后一次被利用的 5 年后销毁。在本规定生效前登记的事项,原则上应在收到 10 年后销毁。

第 65 条

一般登记簿由法院任命的司法行政的部门领导负责处理。他必须具备担任法官职务的资格,并可以授权主办法官在一般登记簿上签字。

第十一节　附　　则

第 66 条

本议事规则中所谓的法院成员是指处于任职期间并继续履行职务的法官(《联邦宪法法院法》第 4 条第 4 款)。

第 67 条

法官在言词辩论中要穿带帽的法袍。

第 68 条

联邦宪法法院的事务年度为日历年度。

第 69 条

联邦宪法法院的工作要进行统计。

法院的工作负担每月进行统计,并在事务年度结束时进行整体统计。

第 70 条

在不损害本规则第 19 条的情况下,法院建筑在言词辩论和判决宣告期间以及依院长的特别指令悬挂旗帜。

第 71 条

法院的每位成员都可以申请修改议事规则。申请应书面提出。申请必须包含起草的修改文本和理由。

申请与作出决议之间应至少间隔 1 个月的时间。

在防卫状态下(《基本法》第 115a 条第 1 款、第 115g 条),如果对于维持法院工作能力是必要的,可以由出席法官的过半数修改议事规则。

女性院长、副院长或主任就职时,议事规则应在语言上作相应调整。

第 72 条

议事规则公布于联邦法律公报。

第 73 条

本议事规则自颁布之日起生效,1986 年 12 月 15 日颁布的《联邦宪法法院议事规则》同时失效。

法　国

法国宪法委员会组织条例

Ordonnance n°58 – 1067 du 7 novembre 1958

Portant LOI ORGANIQUE SUR LE CONSEIL CONSTITUTIONNEL

经 1959 年 2 月 4 日 n°59 – 223 法令，

1974 年 12 月 26 日 n°74 – 101 组织法，

1990 年 5 月 10 日 n°90 – 383 组织法，

1995 年 1 月 19 日 n°95 – 63 组织法，

2007 年 2 月 21 日 n°2007 – 223 组织法，

2008 年 7 月 15 日 n°2008 – 695 组织法，

2009 年 4 月 15 日 n°2009 – 403 组织法，

2009 年 12 月 10 日 n°2009 – 1523 组织法，

2010 年 7 月 22 日 n°2010 – 830 组织法，

2011 年 3 月 29 日 n°2011 – 333 组织法，

2011 年 4 月 14 日 n°2011 – 410 组织法，

2013 年 10 月 11 日 n°2013 – 906 组织法，

2013 年 12 月 6 日 n°2013 – 1114 组织法修正*

---

* 此法律文件的翻译依据的是最新的版本，载法国宪法委员会官方网：https://www.conseil-constitutionnel.fr/fondements-textuels/ordonnance-n-58-1067-du-7-novembre-1958-portant-loi-organique-sur-le-conseil-constitutionnel.，2020 年 5 月 25 日最后访问。——译者注

目　　录

第一章　宪法委员会之组织

第 1 条

宪法委员会委员由共和国总统、国民议会议长及参议院议长提名，法定委员除外。

宪法委员会主席由共和国总统决定提名。宪法委员会主席从宪法委员会的法定委员和提名产生的委员中选任。

上述决定公布于政府公报。

第2条

第一届宪法委员会中有3名委员任期3年,3名委员任期6年,3名委员任期9年。共和国总统、国民议会议长及参议院议长各任命3类委员中的1名。

第3条

被提名的宪法委员会委员在就职前需在共和国总统面前宣誓。

宪法委员会的委员应宣誓忠于职守,恪遵宪法,完全独立行使职权,保守评议和裁决的秘密,不采取任何公开立场,对有关委员会的权限问题不发表任何咨询意见。

宪法委员会委员完成宣誓程序之后应制作相关文件。

第4条

宪法委员会委员不得兼任政府成员、国会议员或经济和社会、环境委员会委员和权利保护人,也不得兼任所有的选举产生的职务。

政府成员,经济和社会、环境委员会委员,权利保护人或选举产生的职务,经提名为宪法委员会委员,在提名公布后8日之内未作反对的意思表示,视为其同意担任宪法委员会委员。

宪法委员会委员经提名担任政府职务或权利保护人,经任命为经济和社会、环境委员会委员,或获得选举产生的职务,其职务由他人接替。

宪法委员会委员的职务的行使与所有公共职务的行使,以及所有其他的职业行为和有薪金的工作不兼容。

宪法委员会委员可以从事科学、文学或艺术工作。

宪法委员会委员的职务与律师职业不兼容。

第5条

宪法委员会委员在任期内不得接受提名担任任何公职,如果其原为公务人员,也不得接受提拔。

第6条

宪法委员会主席及委员之津贴,各自比照国家职位系列中两类最高等级的待遇予以发放。

第7条

国务会议根据宪法委员会的提案,制定命令规定宪法委员会委员的义务,以保障其职务的独立与尊严。此义务应该特别包括禁止宪法委员会委员在任期之内对已处理的问题采取公开立场,或对于以宪法委员会名义的裁决,或就同样的问题发表咨询意见。

第8条

宪法委员会委员的替换,最迟应该在其任期届满8日之前进行。

第9条

宪法委员会委员得向宪法委员会提出辞呈,接任委员的提名最迟应该在辞职提出后1个月内完成。辞职于接任委员任命完成之时起生效。

第10条

宪法委员会委员从事的活动、接受的职务或因选举而获得的职务与其作为宪法委员会委员的身份不兼容的,或其丧失公民的民事权利和政治权利,如果有必要,宪法委员会应该确认该委员的强制辞职。

在此情况下,接任工作应于8日内完成。

第11条

上述第10条的规定也适用于宪法委员会委员因身体原因而永久无法履行其职权的情况。

第12条

宪法委员会委员的职权通常在任期届满之时终止,接任的宪法委员会委员的任期至前任委员正常任期届满之时为止。在任期届满之后,如果该宪法委员会委员担任接任的职位未超过3年,则可以再次被提名为宪法委员会委员。

第二章　宪法委员会之职权

第一节　一般规定

第13条

宪法委员会会议由宪法委员会主席召集,主席因故缺席时,由最年长的委员召集。

第 14 条

宪法委员会的裁决和意见应当至少由 7 名委员作出，但依法定程序记录在案的不可抗力的情况除外。

第 15 条

宪法委员会秘书处的组织架构由国务会议根据宪法委员会的建议以命令的方式予以规定。

第 16 条

宪法委员会的经费由总预算予以保障。宪法委员会主席负责各项支出的审核。

第二节　合宪与否的宣告

第 17 条

议会通过的组织法由总理提交宪法委员会予以审查，必要时可以在移交的函件中指明有紧急情况。

国民议会或参议院通过的议事规程或议事规程的修正，由该院议长提交宪法委员会予以审查。

第 18 条

由议员提交宪法委员会进行合宪性审查的，应当以 1 封或多封包含至少 60 名国民议会议员或 60 名参议院议员签名的方式提交。

宪法委员会接受根据《宪法》第 54 条或第 61 条第 2 款提交的审查，应立即通知共和国总统、总理、国民议会和参议院议长，并由两院议长通知两院议员。

第 19 条

合宪性判断应在《宪法》第 61 条第 3 款所规定的期间内根据一名宪法委员会委员的报告作出。

第 20 条

宪法委员会作出的宣告应说明理由。该宣告应在政府公报予以公布。

第 21 条

宪法委员会关于确认法律条文不违宪的宣告之后，暂时中止的公布法律的期间继续计算。

第 22 条

宪法委员会宣告所提交审查的法律中包含违宪的条文，且该条文与法律文本整体不可分割，则整部法律不得公布。

第 23 条

宪法委员会宣告所提交审查的法律中包含违反宪法的条文，但并没有同时确认该条文与法律文本整体不可分割，则共和国总统可以公布除了该违宪条文之外的法律，也可以要求议会重新进行审议。

宪法委员会宣告所提交的议会议事规程包含违宪的条文时，则制定该议事规程的议院不得实施之。

第二节（之一） 合宪性先诉审查

第一小节 最高行政法院与最高法院管辖范围内适用的条文

第 23-1 条

当事人在最高行政法院或最高法院管辖范围内，以法律规定侵犯宪法保障的权利和自由为理由提出的合宪性先诉审查，应附上理由并以单独的书面形式提出声请。在上诉过程中，也可以就合宪性先诉审查提出声请。法院不得主动提出合宪性先诉审查的声请。

当事人在最高法院管辖范围内提出的合宪性先诉审查，如果检察官不是诉讼当事方时，合宪性先诉审查的申请一旦提出应立即送达检察官，以便检察官得就该声请发表法律意见。

如果是在刑事侦查阶段提出合宪性先诉审查的声请，则应由初审法院受理该声请。

合宪性先诉审查的声请不得在刑事重罪的诉讼程序中提出。当事人不服刑事重罪法庭作出的一审判决，得以书面形式同时向上诉法院提出合宪性先诉审查，该合宪性先诉审查的声请书应立即送达最高法院。

第 23－2 条

受理合宪性先诉审查的法院应毫不拖延地作出附理由之决定，将合宪性先诉审查的声请移送给最高行政法院或最高法院。受理合宪性先诉审查的法院移送合宪性先诉审查之声请应符合下列要件：

(1) 存在争议的法律规定适用于法律争议或法律程序，或构成诉讼的依据；

(2) 存在争议的法律规定从未被宪法委员会在其裁决的主文与理由书中宣告为合宪，但是有情势变更情形的除外；

(3) 合宪性先诉审查的问题具有严重性。

无论在任何情况下，当法院受理法律规定与宪法保障的权利与自由的合宪性争议，以及法律规定与法国承认的国际条约冲突的争议，应该优先就移送最高行政法院和最高法院的合宪性先诉审查作出决定。

向最高行政法院和最高法院移送合宪性先诉审查的决定，应该在法院作出该决定后 8 日内连同案件当事人的陈述备忘录或意见结论一并移送。对于合宪性先诉审查的决定不得提出上诉。拒绝向最高行政法院和最高法院移送合宪性先诉审查的决定不得被质疑，除非出现针对涉及案件全部或部分当事人判决的上诉。

第 23－3 条

当合宪性先诉审查提出后，受理法院应暂停相关案件的审理，直到收到最高行政法院和最高法院的决定为止。宪法委员会受理合宪性先诉审查的声请后，受理法院应暂停相关案件之审理，直到收到宪法委员会的裁决为止。初审法院的调查程序不因此而暂停，法院得采取暂时措施或必要的保全措施。

但是，当事人因为正在进行的法律程序而被剥夺自由，或者当事人诉讼目的恰恰是要中止剥夺自由的法律措施，受理法院不应暂停案件的审理。

如果法律或条例规定法院应在规定期限内或在紧急情况下作出判决，受理法院可以不必暂停案件的审理等待合宪性先诉审查裁决而作出判决。如果一审法院未等待合宪性先诉审查裁决而作出判决,当事人对于该判决提出上诉,则上诉法院应暂停案件的审理。但是,如果法律规定法院须在规定期限内或在紧急情况下作出裁决,则法院可以不必暂停诉讼。

此外,如果暂停诉讼可能给当事人的权利带来不可逆的后果或者明显过大的损害,则受理法院在作出移送合宪性先诉审查的决定的同时,仍然得针对需要立即处理的问题作出裁决。

如果受理法院在未暂停诉讼等待最高行政法院和最高法院作出决定的情况下作出判决,或者在未暂停诉讼等待宪法委员会受理合宪性先诉审查的声请而作出裁决的情况下作出判决,其判决被提起上诉,则在宪法委员会作出合宪性先诉审查裁决之前,该上诉应予以暂停。除非发生当事人的自由遭到剥夺的情况,且法律规定最高法院应在规定的期限内作出判决的,可以不受此限制。

第二小节　最高行政法院和最高法院适用的规定

第 23 –4 条

根据本条例第 23 –2 条或第 23 –1 条最后一项的规定,最高行政法院或最高法院在接受移送的合宪性先诉审查声请之日起 3 个月内决定是否将合宪性先诉审查提请宪法委员会。向宪法委员会提请合宪性先诉审查须满足本条例第 23 –2 条第 1 项和第 2 项规定的条件。此外,该合宪性先诉审查声请此前未曾被提出过或具有严重性。

第 23 –5 条

当事人认为法律规定侵犯宪法保障的权利和自由,得向最高行政法院或最高法院提出合宪性先诉审查声请,包括第一次在最高法院提出上诉的过程中声请。合宪性先诉审查声请须以书面附理由的形式提出,否则不予受理。最高行政法院或最高法院不得自行提出合宪性先诉审查声请。

在任何情况下,最高行政法院或最高法院在受理法律规定是否符合宪法保障的权利和自由的质疑,或者是否符合法国承认的国际条约的质疑,应立即优先审理是否向宪法委员会提交合宪性先诉审查声请。

最高行政法院或最高法院应自受理合宪性先诉审查声请之时起3个月内,作出是否将合宪性先诉审查移送宪法委员会的决定。宪法委员会被提请合宪性先诉审查须满足本条例第23－2条第1项和第2项规定的条件。此外,该合宪性先诉审查声请此前未曾被提出过或具有严重性。

宪法委员会受理最高行政法院或最高法院移送的合宪性先诉审查之后,最高行政法院或最高法院应在宪法委员会宣布其裁决之前暂停案件的审理。但是,当事人的自由已被剥夺,法律规定最高法院应该在规定的期限内作出判决的可以不受此限制。最高行政法院或最高法院在紧急情况下得立即裁判,其诉讼程序可以不予以暂停。

第23－6条　(已废除)

第23－7条

最高行政法院或最高法院决定将合宪性先诉审查移送宪法委员会,应将其附理由的决定连同案件当事人的陈述备忘录或意见结论一并移送。最高行政法院或最高法院决定不将合宪性先诉审查移送宪法委员会,应将其附理由的决定的副本一并送达宪法委员会。如果最高行政法院或最高法院未能在本条例第23－4条和第23－5条规定的期限内作出是否移送合宪性先诉审查的决定,则宪法委员会受理该合宪性先诉审查的声请。

最高行政法院或最高法院决定将合宪性先诉审查声请移送宪法委员会,应在其宣告之时起8日内将此附理由的决定通知最高行政法院或最高法院管辖权下的法院,并通知相关当事人。

第三小节　宪法委员会适用的规定

第23－8条

宪法委员会根据本章的规定受理合宪性先诉审查的声请,应立即将相关情况通知总统、总理、国民议会和参议院议长。总统、总理、国民议会和参议院议长得向宪法委员会就合宪性先诉审查问题向宪法委员会发表各自的观点意见。

当新喀里多尼亚地方自治的法律规定成为合宪性先诉审查的主题时，宪法委员会还应立即将相关情况通知新喀里多尼地方自治政府主席、新喀里多尼议会议长和各省议会议长。

第 23 –9 条

宪法委员会受理合宪性先诉审查问题后，无论出于何种原因，提出合宪性先诉审查声请的法院诉讼的终止对宪法委员会合宪性先诉审查的审理不产生任何影响。

第 23 –10 条

宪法委员会应该在受理合宪性先诉审查后 3 个月内作出裁决。双方当事人应同时到庭对立答辩，陈述自己的理由与意见。宪法委员会对于合宪性先诉审查问题的言词辩论应该对外公开，但遇到宪法委员会内部规则所规定的例外情形，可以不受此限制。

第 23 –11 条

宪法委员会关于合宪性先诉审查的裁决应附带理由。宪法委员会的裁决应送达当事人并通知最高行政法院和最高法院，必要时还应一并通知提出该合宪性先诉审查问题的法院。

宪法委员会还将其裁决通知总统、总理、国民议会议长和参议院议长，以及根据本条例第 23 –8 条最后一款的规定通知相关之机构。

宪法委员会合宪性先诉审查的裁决应在政府公报予以公开，必要时也应在新喀里多尼亚政府公报上予以公开。

第 23 –12 条

宪法委员会受理合宪性先诉审查问题时，国家应根据命令所规定的方式对于以法律援助名义为该合宪性先诉审查提供法律服务的司法援助者增加法律援助的费用。

第三节　对于以议会立法形式通过的法案的审查

第 24 条

总理在出现《宪法》第 37 条第 2 款的情况时应向宪法委员会提请

审查。

第 25 条

宪法委员会应在 1 个月内公布其审查的结果,如果政府认为情况紧急,则宪法委员会应在 8 日内予以公布。

第 26 条

宪法委员会应该确认提交审查的条文具备议会立法的属性或行政立法的属性,其判断的理由应一并予以公布。

第三节（之一） 对于法律草案是否符合组织法所规定要件的审查

第 26 –1 条

宪法委员会根据《宪法》第 39 条第 4 项的规定接受审查提请,受理审查者应立即通报总理、国民议会议长和参议院议长。

宪法委员会的裁决应附理由并通报国民议会议长、参议院议长和总理,该裁决在政府公告上予以公布。

第四节 政府不予接受的法律案的审查

第 27 条

《宪法》第 41 条第 2 项所规定的情况出现时,对于政府提出不予接受的法律或修正案的讨论应立即停止。

向宪法委员会提出申请的机关应立即通知《宪法》第 41 条所规定的拥有此权限的其他机关。

第 28 条

宪法委员会应于 8 日内宣告其裁决并附理由。

第 29 条

宪法委员会所作的宣告应通报相关议院的议长及总理。

第五节 宪法委员会关于共和国总统选举的职权

第 30 条

宪法委员会关于共和国总统选举的职权,应当由相关的选举组织法来规定。

第 31 条

政府根据《宪法》第 7 条的规定向宪法委员会提请确认共和国总统无法履行其职权，宪法委员会应当以全体成员的绝对多数作出有效确认。

第六节　国民议会议员及参议员选举的诉讼

第 32 条

内政部长及海外领土部长应当及时向相关议院通知经公告当选议员的姓名。

负责选举投票的委员会应和省长协作将候当选人及候补者的出生证明及犯罪记录 n°2 报告单的副本附在人口普查委员会的会议记录上。该会议记录应于 10 日内供登记注册的选民及候选人使用。

上述 10 日期限届满后，会议记录及其附件应当存放在各省或海外领地的档案馆中，只有根据宪法委员会的要求由宪法委员会予以查阅。

第 33 条

国民议会议员或参议员的选举得在宣布投票结果后不迟于 10 日的 18：00之前向宪法委员会提出异议。

所有登记在选举名单或举行选举的选区选举名单中的选民以及曾经参加选举的候选人都有权对选举提出异议。

第 34 条

向宪法委员会提起诉讼应以书面形式向宪法委员会秘书处或省长提出。

省长应以电子通信方式通知宪法委员会秘书处，并保证移送其所接受的诉讼要求。

宪法委员会秘书处应立即将其所接收到的提请或通知，通报相关的议会。

第 35 条

申请应当包含申请人的姓名、资格，有争议的当选者的姓名和宣告无效的理由。

申请人应附带提交支持其理由的文件。宪法委员会可以给予申请人专门的期限来补充提交部分文件。

申请本身不产生任何暂停的法律效力。申请享受邮寄和登记免费的待遇。

第36条

宪法委员会内部分为3个小组,每个小组由3名经抽签产生的委员组成。小组的3名委员分别从共和国总统提名的委员中抽出1人、参议院议长提名的委员中提出1人,及国民议会议长提名的委员抽出1人。

每年10月的上半月,宪法委员会决定10名助理报告员(rapporteur adjoint)的名单。助理报告员从最高行政法院的审查员(maîtres des requêtes du Conseil d'Etat)和审计院的审计官(conseillers référendaires à la Cour des comptes)中选出。助理报告员无表决权。

第37条

宪法委员会在收到诉讼请求后,由宪法委员会主席将该申请交由1个小组审查,并从助理报告员中选出指定1名报告人。

第38条

宪法委员会内部的小组对所负责的案件进行初审,并将该案件向宪法委员会全体会议进行报告。

但是,宪法委员会可以在不举行对抗性的预审的情况下,以附理由裁决的形式,拒绝不予受理的申请或明显的不影响选举结果的申诉。宪法委员会的裁决应当立即通知相关的议院。

第39条

在其他情况下,宪法委员会应当通知选举争议所涉议员,必要时一并通知候补人。宪法委员会的小组给予其一定的期限,以便他们到秘书处核实申请和材料并提交书面意见。

第40条

宪法委员会的小组在收到书面意见之后,或在规定的准备期限届满之时,向宪法委员会报告该案件,由宪法委员会作出附理由的裁决。宪法委员会的裁决应当立即通知相关的议院。

第 41 条

宪法委员会在根据申请进行审查后,可以根据情况,宣告产生争议的选举无效,或改变负责选举投票的委员会所作的宣告,并宣告合法当选的候选人。

第 41 - 1 条

宪法委员会如果在初审中发现候选人有《选举法》第 128 条第 2 款所规定的情况之一的,应当宣告该候选人无当选资格;如果候选人已经被宣告当选,则宣告其当选无效。

第 42 条

宪法委员会及其小组,在必要情况下,可以进行调查,并调阅所有与选举相关的文件及报告,尤其是相关候选人竞选活动的账目,以及根据《选举法》第 52 - 14 条所设置的委员会整理或制作的文件、报告和决定。

第 43 条

宪法委员会及其小组可以委托一名委员或一名助理报告员到现场进行其他的预审措施。

第 44 条

宪法委员会在裁决其受理的选举诉讼时,可以审查所有与申请相关的问题以及针对问题的抗辩。在此情况下,宪法委员会的裁决仅对被提交的诉讼产生效力。

第 45 条

当选人或其候补人的选举资格是否合法问题于当选后出现,宪法委员会应对当选人及其候补人的选举合法性一并作出裁决。

第六节（之一） 对于根据《宪法》第 11 条第 3 款而产生的法律条款的审查

第 45 - 1 条

如果一个议会的议长向宪法委员会提交了一项法案,要求根据《宪法》第 11 条第 4 款进行审查,宪法委员会应立即通知共和国总统、总理和另一个议会的议长。

第 45 –2 条

宪法委员会应在提交法案后 1 个月内核查：

(1) 该法案由至少 1/5 的议会议员提出，第 1/5 的议员是根据在宪法委员会登记时实际填补的席位数计算的，四舍五入，如果出现分数，则立即增加。

(2) 其目的符合《宪法》第 11 条第 3 款和第 6 款规定的条件，其中规定的时限应在宪法委员会登记申请之日确定。

(3) 而且法案中没有任何条款与《宪法》相抵触。

第 45 –3 条

宪法委员会作出决定时应说明理由，并在《政府公报》上公布。如果提交人宣称该法案符合第 45 条第 2 款的规定，则应在公布该项决定的同时公布拟收集的选民支持的数目。

第 45 –4 条

宪法委员会应确保为一项法案收集支持的合法性。

小组对所有索赔进行最后审查并作出决定。任何选民均可在选民登记期间或在选举结束后 10 日内将案件提交总统。

普通法院或行政法院申诉应由宪法委员会根据宪法委员会主席的提议，从法官(包括名誉成员)中任命 3 名成员组成的 1 个小组进行审查，任期 5 年。

在接到培训决定通知后 10 日内，索赔人可向议会提出质疑。

如果理事会在接到前面一段所述的质疑时或在接到通知后，认定在处理过程中存在不合规定之处，则理事会有责任根据这些不合规定之处的性质和严重性，评估这些不合规定之处，这些交易要么继续进行，要么全部或部分撤销。

第 45 –5 条

宪法委员会可下令进行任何调查，并可获得与收集对法案的支持有关的任何文件。内政部长应根据宪法委员会的要求提供所收集的选民支持名单。

宪法委员会在行使职能时可以向国家主管部门求助。

最高行政法院,即宪法委员会可从最高行政法院的主审法官和审计法院书记官中指定助理报告员,助理报告员无表决权。

宪法委员会可从普通法院法官或行政法院法官中指定代表(包括名誉成员),以及专家,以协助其履行职责。

宪法委员会可指定其一名或多名官员接受证人的宣誓证词,或在当地采取其他调查措施。

第 45 -6 条

宪法委员会宣布,该法案是否得到登记选民中至少 1/10 的支持。其决定在《政府公报》上公布。

第七节　监督公民投票和宣布其结果

第 46 条

政府应向宪法委员会咨询实施公民投票的组织问题,并应及时向宪法委员会报告其所采取的所有措施。

第 47 条

宪法委员会可以对被授权使用官方资源进行宣传的组织名单提出意见。

第 48 条

宪法委员会得在主管部长同意的情况下,从普通法院或行政法院法官中选择代表来负责监督公民投票现场的操作。

第 49 条

宪法委员会应直接监督公民投票的总计票工作。

第 50 条

宪法委员会应审查并处理公民投票过程中所有的申诉。

宪法委员会如果确认公民投票程序的操作过程中有违法的行为,应当根据这些违法行为的性质和严重程度,判断是否有必要维持公民投票的操作,或宣告公民投票全部或部分无效。

第 51 条

宪法委员会宣告公民投票的结果，此结果应当在公布人民公投通过的法律的总统命令中予以明确。

第八节　宪法委员会在特殊情况下提供的咨询

第 52 条

总统根据《宪法》第 16 条第 1 款的规定向宪法委员会请求咨询意见时，宪法委员会应当立即召集会议讨论。

第 53 条

宪法委员会根据前述条款的规定召开会议并表达意见，该意见应附理由予以公布。

第 54 条

总统应告知宪法委员会其拟采取的措施。

宪法委员会应及时向总统提供相关咨询意见。

第三章　其他条款与过渡条款

第 55 条

本条例的施行细则可以由国务会议在咨询宪法委员会及最高行政法院后以命令的方式加以规定。

第 56 条

宪法委员会得以内部规则来补充本条例第二章所规定的程序。宪法委员会应特别地规定本条例第 42 条、第 43 条和第 45 – 5 条所规定的报告员实施的预审和调查的措施。

第 57 条

《宪法》第 91 条第 7 款规定的委员会(commission)[1]行使的职权，至宪法委员会成立时为止。该委员会依照 1958 年 11 月 7 日总统选举

---

[1] 《宪法》第 91 条第 7 款规定："本宪法第 58 条及第 59 条所赋予宪法委员会的职权，在该委员会成立前，由最高行政法院副院长、最高法院院长及审计院院长所组成的委员会(commission)行使。由最高行政法院副院长担任委员会主席。"——译者注

组织法的规定行使《宪法》第58条授予宪法委员会的权限;并依本条例第二章的规定行使《宪法》第59条授予该委员会的权限,委员会内部设置小组的条文不受此限。

第58条

文化遗产法典第L.211-3条、第L.212-1条、第L.212-2条、第L.212-3条、第L.212-4条、第L.213-3条、第L.214-1条、第L.214-3条、第L.214-4条、第L.214-5条、第L.214-9条和第L.214-10条关于宪法委员会活动的档案,应予以适用。在该法第L.213-2条第1款第1项所规定的期限届满后,宪法委员会的这些档案可以自由地查阅。

第59条

宪法委员会委员就职之时,本条例第57条所规定委员会(commission)将其受理的尚未裁决的案件档案移送至宪法委员会。

第60条

《宪法》第41条与第61条为宪法委员会设定的期限应当自所有成员就职半个月之后开始计算。

第61条

本条例将公布于法兰西共和国公报并予以实施。本条例具有组织法的地位。

意 大 利

意大利宪法法院组织法与程序法汇编

目　　录

六、2003 年 6 月 5 日第 131 号法律:根据 2001 年 10 月 18 日第 3 号宪法性法律调整共和国制度的规定

七、1962 年 1 月 25 日第 20 号法律:控诉程序和判决规则

八、1970 年 5 月 25 日第 352 号法律:关于宪法规定的全民公决以及人民立法动议的规定

第一章　《宪法》第 138 条规定的全民公决

第二章　《宪法》第 75 条规定的全民公决

九、2008 年 10 月 7 日关于宪法法院审判的补充规范

第一节　普通审判中的合宪性问题

第二节　以独立形式提起的合宪性质疑

第三节　管辖权争议

第四节　最终规定

十、1966 年 1 月 20 日宪法法院总章程及后续修改

第一节　宪法法院和法官

第二节　院长、院长办公室和委员会的职责

第三节　最终规定

一、意大利《宪法》第 123 条、第 127 条、第 134 条、第 135 条、第 136 条、第 137 条

(1947 年 12 月 27 日第 298 增刊)

第二部分　共和国制度

第五章　大区、省和市

第 123 条

每一大区,在符合宪法的基础上,有一部规定政府组成形式,政府组织和运行基本原则的条例。该条例规范有关大区法律和行政措施的立法提案权和公决请求权的行使,规定大区法律和规章的公布。

大区条例,由大区议会以其成员的绝对多数以法律形式予以通过和修改,须经连续两次的决议,且其间隔期不得少于 2 个月。该法律无须

政府特派员的签署。共和国政府在大区条例公开发表后30日内,可就该条例的合宪性问题向宪法法院提起诉讼。[1]

大区条例,在其公开发表后3个月内,若有大区选民的1/50或大区议员的1/5提出要求,应对其进行全民公决。若该条例在全民公决中未获有效选票的多数通过,不得被颁布。[2]

每一大区条例都应规定设立地方自治理事会,该组织在大区和地方团体之间起协调作用。[3]

第127条[4]

当共和国政府认为某一大区法律超越了其职权时,可在其公布后60日内向宪法法院提起合宪性诉讼。

若大区认为国家或另一大区的法律或某项具有法律效力的规范性文件侵犯了其职权,可在该法律或具有法律效力的规范性文件公布后60日内向宪法法院提起合宪性诉讼。[5]

---

〔1〕 对于第2款的授权,参见2003年6月5日第131号法律第9条,1953年3月11日第87号法律第31条第1款,2008年10月7日所通过的宪法法院审判补充规范的第二节。

〔2〕 本款由1999年11月22日第1号宪法性法律第3条所替代。在之前的第123条中,规定:"每一个大区,与宪法和共和国法律相协调,有其自己的条例,规定大区内部组织的相关规范。该条例规范针对大区法律和行政措施的立法提案权和公决请求权,以及大区法律和规章的公布。大区条例由大区议会成员以其绝对多数作出决议,以共和国法律的形式通过。"

〔3〕 本款由2001年10月18日第3号宪法性法律第7条所补充。

〔4〕 本条为2001年10月18日第3号宪法性法律第8条所替代。原第127条规定如下:"大区议会通过的每一部法律,除非在中央政府反对的情况下,应通知中央政府大区特派员,该特派员应在收到通知之日起30日内签署之。在特派员签署之日起10日后,大区法律颁布,并且在其公布15日后生效。如果大区议会认为某个法律为紧急性的,共和国中央政府同意的话,其签署和生效不适用上述期限规定共和国中央政府,如果认为某大区议会通过的法律超越了大区职权,或者与国家利益或者其他大区的利益相冲突,在规定的时间内发回给大区议会以获取特派员的签署。如果大区议会以其成员的绝对多数重新通过了该大区法律,共和国政府可以在收到通知之日起15日内,向宪法法院提起合宪性审查的请求,或者向议会提出违反其利益的合理性审查请求。在存疑的情况下,由宪法法院决定谁有该职权。"

〔5〕 对于第127条的实施,参见2003年6月5日第131号法律第9条,1948年2月9日第1号宪法性法律第2条,1953年3月11日第87号法律第31条、第32条、第33条,2008年10月7日所通过的关于宪法法院审判的补充性规范的第二节。

第六章 宪法保障

第一节 宪法法院

第 134 条

对国家和大区的有关法律及拥有法律效力的规范性文件的合宪性争议；

国家机关之间，国家和大区之间以及地区之间的权限分配相关冲突；

根据宪法规定提出对共和国总统的弹劾。[1]

第 135 条[2]

宪法法院由 15 名法官组成，其中 1/3 由共和国总统任命，1/3 由议会联席会议任命，1/3 由普通的和行政的最高司法机构任命。[3]

宪法法院法官在高级普通法官和行政法官（即使其已经退休），大学的法学专业正教授和执业 20 年以上的律师中进行选拔。

宪法法院法官的任期为 9 年，从各自宣誓之日起算，不得连任。

宪法法院法官在任期届满时，退职并终止执行其职务。

根据法律规定的准则，宪法法院在其成员中选举 1 名院长，院长任期 3 年，可连选连任，但若其法官的任期届满则应终止院长职务的

---

〔1〕 最后一个段落为 1989 年 1 月 16 日第 1 号宪法性法律第 2 条第 1 款。原文规定如下："根据宪法，对共和国总统和部长提起的诉讼。"参见 1953 年 3 月 11 日第 1 号宪法性法律第 12 条、第 13 条、第 15 条，1962 年 1 月 25 日第 20 号法律，以及 1962 年 11 月 27 日所通过的宪法法院审判补充规范。

〔2〕 本条由 1967 年 11 月 22 日第 2 号宪法性法律第 1 条所替代，后续，最后一个段落，由 1989 年 1 月 16 日第 1 号宪法性法律第 2 条第 2 款所修改。原第 135 条规定如下："宪法法院由 15 名法官组成，其中 1/3 由共和国总统任命，1/3 由议会联席会议任命，1/3 由普通和行政的最高司法机关任命。宪法法院法官在高级普通法官和行政法官（即使其已经退休），以及大学的法学专业正教授和执业 20 年以上的律师中进行选拔。宪法法院在其成员中选举一位任院长。宪法法院法官的任期为 12 年，根据法律规定的准则，部分更新，且不得连任。宪法法院法官一职与议会成员，大区议会成员，执业律师及法律所指出的任何一种职业与职务都是不可兼任的。在弹劾共和国总统和部长的审判中，除了宪法法院的正式法官参与审判外，另外还从 1 份符合被选为参议员资格的公民名单中以抽签方式选出 16 名成员参加审判。"

〔3〕 参见 1967 年 11 月 22 日第 2 号宪法性法律第 3 条、第 4 条，1953 年 3 月 11 日第 87 号法律第 1 条、第 2 条、第 3 条、第 4 条。

履行。[1]

宪法法院法官不得兼任国家议会成员、大区议会成员、执业律师及法律所规定的其他任何职业与职务。[2]

在对共和国总统的弹劾程序中,除宪法法院的正式法官参与审判外,议会还从1份符合参议员当选资格的公民候选名单中,以提名正式法官同样的方式,抽签选出16名增补法官,以参加审判,议会每9年一次,重新编制该公民候选名单。[3]

第136条

当宪法法院宣布某项法律规范或具有法律效力的规范性文件规范违宪时,从该决定公布之日起,该规范即丧失法律效力。

宪法法院的决定公布并送交议会两院及有关的大区议会,如果他们认为有必要,则可依宪法程序处理。[4]

第137条

由一部宪法性法律规定合宪性审判的条件、形式和期限,并保障宪法法院法官的独立。[5]

关于宪法法院的组成和功能的其他必要规范,可由普通法律予以规定。[6]

对于宪法法院的决定,不能提出上诉。

---

〔1〕 参见1953年3月11日第87号法律第6条,1966年1月20日宪法法院总章程及其他。

〔2〕 参见1953年3月11日第87号法律第7条、第8条。

〔3〕 参见1962年1月25日第20号法律第21条。

〔4〕 参见1953年3月11日第87号法律第27条、第29条、第30条,

〔5〕 参见1948年2月9日第1号宪法性法律、1953年3月1日第1号宪法性法律、1967年11月22日第2号宪法性法律。

〔6〕 参见1953年3月11日第87号法律。

二、1948 年 2 月 9 日第 1 号宪法性法律：关于合宪性审判以及保障宪法法院独立性的规范

（1948 年 2 月 20 日第 43 号政府公报）

第 1 条

在普通审判中，法官可以主动提出，或者当案件当事人一方提出且法官认为并非明显无根据的，可以向宪法法院提起有关法律或者具有法律效力的规范性文件的合宪性审查请求。[1]

第 2 条

如果大区认为共和国法律或者某个具有法律效力的规范性文件侵犯了宪法赋予该大区的权限的，经大区政府决议，可以在该法律或者该具有法律效力的规范性文件颁布之日起 30 日内，以大区政府决议的形式向宪法法院提起合宪性审查请求。

除在《宪法》第 127 条以及本条前款规定的情形下且以本条前款所规定的形式之外，如果大区认为另一个大区的法律侵犯了其权限的，可以向宪法法院提起针对该大区法律的合宪性审查请求。大区以大区政府决议的形式，在另一个大区法律颁布之日起 60 日内提起诉讼。[2]

第 3 条[3]

宪法法院法官，除非由于突然出现的身体残疾或丧失民事行为能力，或者履行职务时发生严重不当行为，并由宪法法院决定，不得被免职或者暂停履行职务。[4]

宪法法院法官在任职期间享有《宪法》第 68 条第 2 款赋予两院议员

---

〔1〕 参见 1953 年 3 月 11 日第 87 号法律第二章第二节，以及 2008 年 10 月 7 日有关宪法法院审判的补充规范第一节。

〔2〕 参见 1953 年 3 月 11 日第 87 号法律第二章第二节，2008 年 10 月 7 日所通过的关于宪法法院审判的补充规范第二节。

〔3〕 本款由 1967 年 11 月 22 日第 2 号宪法性法律第 7 条第 1 款所废除，原条文第 1 款规定如下："宪法法院是唯一有权审判宪法法院成员资格有效性的主体。"参见 1967 年第 2 号宪法性法律第 2 条。

〔4〕 参见 1953 年 3 月 11 日第 1 号宪法性法律第 7 条。

的豁免权。由宪法法院对宪法法院法官进行《宪法》第68条第2款所规定的授权。[1]

第4条

本宪法性法律自其刊登在共和国政府公报之日的次日起生效。

三、1953年3月11日第1号宪法性法律:关于宪法法院之宪法规定的补充规范

(1953年3月14日第62号政府公报)

第1条

在宪法文本、1948年2月9日第1号宪法性法律,以及为了初步实施上述宪法性规范而颁布的普通法律所规定的形式、范围和条件下,宪法法院履行其职能。[2]

第2条

根据《宪法》第75条第2款的规定,宪法法院审查根据该条所提起的废止性全民公决的可接受性。

由规范全民公决的法律规定这种审判的方式。[3]

第3条　(已废除)[4]

第4条　(已废除)[5]

---

〔1〕 参见1953年3月11日第1号宪法性法律第5条、1953年3月11日第87号法律第9条,以及1966年1月20日宪法法院总章程第15条、第16条及以下。

〔2〕 参见1953年3月11日第87号法律、1962年1月25日第20号法律。

〔3〕 参见1970年5月25日第352号法律第二章。

〔4〕 此条为1967年11月22日第2号宪法性法律第7条第1款所废除。原条文如下:"宪法法院,根据宪法第135条最后一款的规定,以其成员的绝对多数,审查其成员以及由议会选举的公民的录取资格。"参见1967年11月22日第2号法律第2条。

〔5〕 此条为1967年11月22日第2号法律第2条法律第7条第1款所废除。原条文规定如下:"宪法法院法官任职期限为12年。被任命的在职期限为12年的法官,在宪法法院首次成立9年之后,以抽签方式对两名共和国总统任命的法官,两名议会任命的法官,以及两名由普通和行政最高法院任命的法官进行更新。由宪法法院在上述的9年任期届满前3个月决定应更新的法官。再经过3年后,更新余下的法官。随后,每9年更新一次任职期限为12年的法官。由于12年任期届满或者其他原因而发生的职位空缺,应自1个月内确定继任。"参见1967年11月22日第2号宪法性法律第6条。

第 5 条

宪法法院法官不得因其在履职中所表达的观点和投票受到审查和追究。[1]

第 6 条

根据法律规定，宪法法院法官享有不低于普通司法最高法官的月薪。[2]

第 7 条

依据 1948 年 2 月 9 日第 1 号宪法性法律第 2 条[3]的规定，并以参加会议的 2/3 成员多数通过决议，宪法法院法官才能被免职或停职。

第 8 条

如果 6 个月没有履职，宪法法院法官则丧失其职务。[4]

第 9 条

宪法法院院长如果认为必要，可以附有情况说明的决议将程序期限缩减一半。

第 10 条　(已废除)[5]

第 11 条

第 5 条和第 6 条的规定也适用于议会根据宪法第 135 条最后一款选举的公民(仅限于他们在宪法法院履职期间)。

第 12 条[6]

(1)在议会两院联席会议上，议会根据共和国参众两院主管成员组

---

〔1〕 参见 1948 年 2 月 9 日第 1 号宪法性法律第 3 条第 3 款。

〔2〕 参见 1953 年 3 月 11 日第 87 号法律第 12 条。

〔3〕 更正为第 3 条。

〔4〕 参见 1953 年 3 月 11 日第 87 号法律第 16 条。

〔5〕 本条为 1967 年 11 月 22 日第 2 号宪法性法律第 7 条第 1 款所废除。该条款原文规定如下："议会，以任命宪法法院法官的同样方式，每 12 年编制 1 份人员名单，必要时，从其中抽签选取必须参与针对共和国总统、内阁总理和内阁大臣弹劾案的增补法官"。参见《宪法》第 135 条最后一款。

〔6〕 本原文为 1989 年 1 月 16 日第 1 号宪法性法律第 3 条所替代。原第 12 条规定如下："议会，根据委员会的报告，在联席会议上作出对共和国总统，内阁总理和大臣提起的弹劾案，该委员会由两院选举的 10 个参议员和 10 个众议员组成，这些成员，根据两院规章，以多数决议形式进行更新。当出现票数相等情况时，委员会主席的投票胜出。在委员会内部选举出主席。"

成的委员会依据各自规章作出授权报告,提出对共和国总统有关严重叛国和违反宪法的控诉。

(2)前款规定的委员会由轮值主持立法会的共和国参议院议长或者众议院议长主持。

(3)本条第1款的规定也适用于内阁总理、内阁各部部长以及其他一些主体实施了《宪法》第90条规定罪行的情形。

(4)如果决定对共和国总统提起控诉,宪法法院可以要求其暂停履职。[1]

第13条

议会两院联席会议,在提出对共和国总统的弹劾案时,也可以在其成员中,选举一名或者多名委员以支持该指控。[2]

这些委员在宪法法院的审判中履行检察官的职能,有权采取一切调查行为。[3]

第14条　(已废除)[4]

第15条

对于共和国总统的叛国罪和严重违反宪法的行径,宪法法院在有罪宣判中,应在违法行为发生时现行法律所规定的最高刑罚范围内确定刑事制裁措施,以及与违法事实相适应的宪法、行政和民事制裁措施。

(已废除)[5]

---

〔1〕 参见1962年1月25日第20号法律第17条。

〔2〕 该条款根据1989年1月16日第1号宪法性法律第12条修改。原条文第1款规定如下:“联席会议主席,在控诉共和国总统、内阁总理和内阁大臣的弹劾案中,在其成员中,选举一名或多名成员以支持该指控。”(问题见正文批注)参见1962年1月25日第20号法律第18条。

〔3〕 参见1962年1月25日第20号法律第18条。

〔4〕 本条文由1989年1月16日第1号宪法性法律第12条废除。原条文规定如下:“针对共和国总统、内阁总理和内阁大臣提出弹劾,则意味着具备暂停其职务的权利(权力?)。”参见1989年第1号宪法性法律第10条第4款。

〔5〕 本款为1989年1月16日第1号宪法性法律第12条所废除。原条文第2款规定如下:“对于内阁总理和内阁大臣进行弹劾的审判中,关于其行为的可惩处性和可起诉性,适用与犯罪行为相关的刑事法律规范,但宪法法院,如果认为罪行特别严重的,可以将所规定的刑罚措施提高1/3。此外,宪法法院可以作出与犯罪事实相适应的宪法、行政制裁。”参见1989年第1号宪法性法律第4条。

过渡规定：

本法第12条所规定的委员会首次选举在本法生效之日起2个月内举行。

四、1967年11月22日第2号宪法性法律：对《宪法》第135条的修改以及关于宪法法院的规定

（1967年11月25日第294号政府公报）

第1条[1]　**（略）**

第2条

宪法法院有权根据《宪法》第135条最后一款的规定，以成员的绝对多数审核其成员以及由议会选举公民的录用资格。[2]

第3条

议会两院联席会议，采取无记名投票的形式，以大会成员2/3多数通过决议，任命宪法法院法官。第3次投票之后，仅需大会成员3/5多数通过即可。

第4条

普通最高法院和行政最高法院，根据法律规定的条件，只要获得其成员绝对多数的支持，即可宣布对宪法法院法官的任命。

如果在首轮投票中未达到前款所规定的绝对多数，则应在次日，根据首轮投票时得票多少的顺序，按照两倍的比例，确定候选人名单，进行决选投票；在决选投票中获得相对多数的，即宣告当选。

如果出现票数相同的情况，则较年长者当选或进入决选投票。[3]

第5条

宪法法院院长，因任期届满之外的其他原因而导致停职时，应立即通知有权选举继任者的组织。

---

[1] 本条替代《宪法》第135条。

[2] 参见1966年1月20日宪法法院总章程第11条和第12条以及后续条款。

[3] 参见1953年3月11日第87号法律第2条。

不论何种原因导致的职位空缺,继任者应在空缺后1个月内到任。

第6条

本法生效前就职的宪法法院法官,任期为12年,自宣誓日起计算,且不得被重新任命。

适用《宪法》第135条第4款的规定。

第7条

宪法临时规定第7条最后一款,1948年2月9日第1号宪法性法律第3条第1款被废除;1953年3月11日第87号法律第3条第1款和第2款、第6条第4款被撤销。

任何与本法相悖或者不相符的规定,也一并被废除。

五、1953年3月11日第87号法律:关于宪法法院建构和运行的规范(1953年3月14日第62号政府公报)以及后续修订[1]

第一章　宪法法院的组建

第1条

宪法法院由按照先后次序任命的15名法官组成。其中,5名由普通和行政的最高司法机关任命,5名由议会两院联席会议任命,5名由共和国总统任命。

第2条

由普通和行政的最高司法机关任命的法官中:

(1)3名法官由1个小组选举产生,该小组由普通最高法院的院长、总检察长、普通最高法院各部门首脑、总辩护律师、普通最高法院顾问和副总检察长组成。普通最高法院院长主持该小组工作。

(2)1名法官由1个小组选举产生,该小组由最高行政法院院长、最

---

[1] 尤其要注意,1958年3月18日第265号法律和第311号法律,1962年1月25日第20号法律,1967年11月22日第2号宪法性法律,2002年12月27日第289号法律和2003年6月5日第131号法律。

高行政法院各部门首脑以及最高行政法院顾问组成。最高行政法院院长主持该小组工作。

(3)1 名法官由 1 个小组选举产生,该小组由审计法院院长、审计法院各部门首脑、审计法院委员、审计法院总检察长和副检察长组成。审计法院院长主持工作。

每个小组的成员可以选举出一些候选人,候选人的数目等于该小组必须选出的法官的数目。超过该数目的候选人视为未注册。

选举出的人选应该由各小组组长立即通报宪法法院院长、议会两院议长以及共和国总统。

第 3 条

(本条第 1 款和第 2 款由 1967 年 11 月 22 日第 2 号宪法性法律第 7 条所废除。)

在每一次选举投票后,前款规定的各候选人中获得多数票的即视为当选。

议会所选举出来的法官,应立即由众议院议长通报给共和国总统和宪法法院院长。

第 4 条

共和国总统以总统令的形式任命由其选举的宪法法院法官。

该总统令由内阁总理副署。

第 5 条

宪法法院法官在就职前,应在议会两院议长面前,向共和国总统宣誓遵守宪法和法律。

第 6 条

宪法法院以其成员的多数选举产生院长。如果在首轮投票中无人获得过半数多数,则进行新一轮投票,在该轮投票后,如果有必要,在得票数最多的候选人中进行决选投票,获得相对多数票的候选人即当选。

如果出现票数相等的情形,则资历较长者当选;如果资历相当,则较年长者当选。

院长当选后,则立即通知共和国总统、两院议长以及内阁总理。

(本款由 1967 年 11 月 22 日第 2 号宪法性法律第 7 条所废除)。

宪法法院院长就职后,应立即指定一名法官,以便于在宪法法院院长不能履职时替代其履行院长之职。

第 7 条

宪法法院法官不能担任或者保留其他公共或者私人的职务或者工作,也不得在营利性公司内从事任何专业的、商业的、工业性活动,以及管理或者审计活动。

原任职法官或者大学教授,在入职宪法法院后,不得再继续履其原职。

宪法法院法官在其整个任职期间,都不得履其原职,直至其达到退休年龄。

原大学教授在其宪法法院职务任期届满后,若其原教职已经被占用,以编外身份重新入职。在其以大学教学人员身份重新入职后 3 个月内,可以由同一大学的其他系部或者其他大学以编外身份任命。在任何情况下,获得利害关系人的同意,根据 1933 年 8 月 31 日第 1592 号皇谕所通过的高等教育法规汇编,系部可以要求这些教学人员讲授其他的课程。在此情况下,公共教育部应听取高等教育最高委员会第一部的意见。[1]

宪法法院法官在职期间不得担任竞赛选拔委员会的成员,不得承担大学教职,也不能成为行政或者政治选举的候选人。

第 8 条

宪法法院法官不得开展与政党或者政治团体有关的活动。

第 9 条

有关机关通过司法部向宪法法院提出对宪法法院法官适用刑事诉讼程序或者执行逮捕的要求。

---

〔1〕 本款由 1958 年 3 月 18 日第 311 号法律第 27 条替代。

第 10 条

议会根据《宪法》第 135 条最后一款选举出的宪法法院增补法官,如果其在当选后丧失了当选资格或者出现不适合任职的情形的,宪法法院仅在正式法官的介入下,宣布其当选失效。

第 11 条

宪法法院对正式法官和增补法官采取的所有措施,都必须由其成员以多数议决的方式在议事室内作出。这些决定根据本法第 19 条的规定进行论证和公开。

第 12 条

宪法法院法官,均比照最高普通司法系统中法官薪酬体系的最高等级,且在该基础上另增加一半的数额,同等享有薪资。宪法法院院长另外享有薪酬的 1/5 作为院长津贴。[1]

该工资待遇替代或者吸收这些当选法官在入职宪法法院之前作为国家公职人员或其他公共组织工作人员(当值的或者退休的)所享有的工资待遇。

根据《宪法》第 135 条最后一款选举产生的法官,享有正式法官月薪的 1/30 作为日薪。

第 13 条

宪法法院有权听取证人证言,甚至可以在违背其他法律的禁止性规定情况下,召回某些法令或者文件。

第 14 条[2]

宪法法院以其成员多数通过的章程,规范法院的运行。该章程公布在政府公报上。

在议会专门法律所规定的拨款范围内,宪法法院进行费用、服务和办公室管理,并在特定的组织架构中,规定每一个办公室职员的数目、资质、津贴及其职责、权利和义务。

---

〔1〕 本款为 2002 年 12 月 27 日第 289 号法律第 37 条所替代。
〔2〕 本条为 1958 年 3 月 18 日第 265 号法律第 4 条所替代。

宪法法院有权独立地审理有关对其职员的控诉。

宪法法院有权在其自身规章制度范围内，根据有关国家公共行政管理的现行法律规定，确定院长办公室和法官秘书处的组成，也可以在院长办公室和法官秘书处中接纳一些来自国家公共行政管理体系的人员。

第二章 宪法法院的运行

第一节 一般程序

第15条

宪法法院公开审判。但当公开审判会影响国家安全、公共秩序或道德秩序，或者公众的表现会干扰法庭的宁静时，宪法法院院长可以决定不公开审理。

第16条

非因法律规定的禁止事由，宪法法院成员有义务参与开庭审讯。

宪法法院至少有11名法官才能开庭。

宪法法院所有参与开庭审讯的法官以其绝对多数的投票，在议事室内作出决议。除本法第49条第2款规定的情形外，在出现票数相等情形时，由宪法法院院长投出决定票。[1]

第17条

书记员参与宪法法院的庭审，并在院长的指导下完成庭审记录。

庭审记录由主持庭审的法官和书记员签名；除非明确要求，对该庭审记录不予释读。

第18条

宪法法院以判决作出终审决定。宪法法院职权范围内所有其他决定以裁定作出。

宪法法院院长的决定以院长令的形式作出。

判决以意大利人民的名义颁布，在判决中需要说明事实和法律理由、处置措施、判决日期，并附上法官和书记员的签名。

---

[1] 第49条为1962年1月25日第20号法律所废除。

宪法法院的裁定也应扼要论证。

第 19 条

宪法法院的决定应当存放于法院文书室,任何人都能查阅并可以获取复印件。

第 20 条

在宪法法院的审理程序中,当事人只能授权有资格在最高法院从事辩护工作的律师作为代理人和辩护人。

国家机关和大区有权出席审判。

政府以及授权代表政府的内阁总理或者内阁大臣,由国家总检察长或其代理人进行代表辩护。

第 21 条

宪法法院所有的程序行为,免除任何形式的税款。

第 22 条

在宪法法院的审判程序中,除本法第 43 条及后续规定的控诉外,[1]也可以适用最高行政法院司法审判程序的规章制度。

宪法法院可以在其规章中规定补充规范。

第二节　合宪性问题

第 23 条

在司法机关进行审判过程中,一方当事人或者检察官可以提出有关合宪性问题的特别申请,并在其中指明:

(1)国家或者大区的某个法律或者具有法律效力的规范性文件具有合宪性瑕疵;

(2)所违反的相关宪法规定或者宪法性法律的规定。

该司法机关认为,就该合宪性审查申请所涉及的范围和理由,如果不解决该合宪性问题,则无法作出判决,或者认为该合宪性质疑并非明显无根据的,可以作出决定,暂停诉讼程序,并立即将该合宪性审查申请

〔1〕 所指出的条文被 1962 年 1 月 25 日第 20 号法律废除。

提交给宪法法院。

司法机构也可以主动就其审理的诉讼案件提出合宪性审查申请，该申请中包含本条第1款第1项、第2项所规定的内容，以及前款的规定。

司法机关在向宪法法院提交合宪性审查申请时，要求由文书处负责，如果未在公开辩论中释读该合宪性审查申请的，应向诉讼当事人送达合宪性审查申请书副本，当需要检察官介入时，还应向检察官送达合宪性审查申请书副本，根据所提出合宪性质疑的是一部国家法律或具有法律效力的规范性文件，还是一部大区法律或具有法律效力的规范性文件，分别向内阁总理或相关大区政府首脑送达合宪性审查申请书副本。书记员还要将该合宪性审查申请通知议会两院议长或者相关大区议会主席。

第24条

当司法机关认为所提出的违宪质疑与本案无关或者无根据时，应以适当论证的裁定驳回该违宪质疑。

在诉讼程序中，法院可以在每一个程序阶段开始时重新提出该合宪性异议。

第25条

宪法法院院长在收到司法机构提出的要求启动合宪性审查的请求后，决定将之公布在政府公报上；如果有必要，也可以一并公布在相关大区的办公简报中。

自收到合宪性审查申请之日起20日内，根据本法第23条，当事人可以查询存放在书记处的文件并提交答辩。

在同样的期限内，内阁总理和大区政府首脑可以参与审判并提交他们的答辩。

第26条

经过前条所规定的期限后，宪法法院院长任命一名法官负责预审和报告，并在随后的20日内召集宪法法院法官会议以进行讨论。

如果出现某些当事人不出庭的情况，或者该合宪性质疑属于明显无根据的，宪法法院可以在议事室作出决定。

宪法法院必须自作出判决后20日内将判决存放于法院文书室。

第27条

如果收到一个有关于某个法律或具有法律效力规范性文件的合宪性审查的申请或者起诉时，宪法法院有权在起诉所涉及范围内，宣布哪些立法属于违宪立法。此外，宪法法院还有权宣布，其他立法由于此次所作出的违宪性宣判，也认定违宪。

第28条

宪法法院对某项法律或者具有法律效力的规范性文件的合宪性审查，排除任何的政治评价以及对议会立法裁量权的审查。

第29条

宪法法院对某项法律或者具有法律效力的规范性文件的合宪性问题所作出的判决，或者对合宪性质疑所作出的明显无根据的裁定，自其交存于文书室2日内，由宪法法院书记员，连同被提起控诉的规范性文件一起，送达提起该诉讼的司法机构。

第30条

对国家或者大区某个法律或某个具有法律效力的规范性文件的违宪性宣判，自其交存于文书室2日内，宪法法院依职权送达给司法部或者大区政府首脑，以便于其立即实施；或者在10日内，将该处置决定以公开违宪性判决的形式予以公布。

此外，该判决自交存于文书室2日内，通知议会以及相关大区议会，以便于其在必要时采取其职权范围内的措施。

自判决公布次日起，被宣布违宪的规范不得再被适用。

如果因适用被宣布违宪的法律而作出了不可撤销的定罪判决，应停止执行该判决并终止其所有刑事效力。

第31条[1]

(1)根据《宪法》第123条第2款的规定，在大区章程公布后30日

---

〔1〕 本条为2003年6月5日第131号法律第9条第1款所替代。

内,可以针对该章程提出合宪性审查的请求。

(2)西西里大区特别章程所规定的法律监督特殊形式继续有效。[1]如果中央政府认为某个大区的法律超过了其职权范围,可以根据《宪法》第127条第1款的规定,自该大区法律颁布后的60日内,向宪法法院提出对该大区法律进行合宪性审查的申请。

(3)内阁总理,根据国家-市、地方自治体协会的提议,经内阁决议,直接向宪法法院提出审查申请,并在本条所规定的期限内,通知相关大区政府。

(4)自通知后10日内,必须将该审查申请交存于宪法法院文书室。

第32条

大区如果认为国家的某个法律或者具有法律效力的规范性文件侵犯了其由宪法和宪法性法律所赋予的职权范围的,可以提出合宪性审查的诉讼请求。

自该法律或者具有法律效力的规范性文件公布之日起60日内,大区政府首脑,根据大区政府的决议以及地方自治委员会的建议,直接向宪法法院提起合宪性审查的申请,并通知内阁总理。[2]

第33条

根据《宪法》第127条第2款的规定,某个大区如果认为其他大区的法律或者具有法律效力的规范性文件侵犯了其自身职权范围的,可以提起合宪性审查请求。[3]

大区政府首脑在该法律公布之日起60日内,根据大区政府的决议,可以直接提起合宪性审查的请求,并通知被诉法律所涉大区政府首脑以及内阁总理。

自通知给涉事大区政府首脑及内阁总理之日起10日内,大区必须将该诉讼请求交存于宪法法院文书室。

---

[1] 宪法法院通过2014年11月13日第255号判决,指出这一条款在字面上存在违宪性。

[2] 本款由2003年6月5日第131号法律第9条第2款所替代。适用前一条的最后一款。

[3] 本款为2003年6月5日第131号法律第9条第3款所修改。

第34条

根据本法第31条、第32条和第33条提起合宪性审查的申请,必须包含第23条第1款所规定的内容。

在适用时,应遵守第23条、第25条和第26条的规定。

第35条[1]

根据本法第31条、第32条和第33条提出的合宪性审查请求,宪法法院自收到该审查请求之日起90日内,确定开庭审理日期。如果宪法法院认为继续施行被诉法律或者部分适用被诉法律,会对公共利益或者共和国的法律秩序造成不可弥补的影响的,或者对于公民权利会带来严重且无可修复的损害风险的,经过本法第25条规定的期限后,宪法法院可以主动作出第40条所规定的措施。在此情况下,在随后的30日内确定讨论听证会日期,讨论听证会后15日内将判决交存于文书室。

第36条

本节的规定以及本法第20条的规定,也适用于1948年2月28日第5号宪法性法律第82条和第83条规定的、涉及特兰蒂诺-阿尔托·阿迪杰大区特别章程的情形。

当涉及特兰蒂诺-阿尔托·阿迪杰大区内部的两个自治省,即特兰托和波尔察诺自治省时,有关大区及其组织机构的规定,也同样适用于该省及其组织机构。

第三章 职权争议

第一节 国家权力配置的冲突

第37条

如果在有权明确宣布其所属权力意愿的机构之间出现国家权力配置冲突的,宪法法院有权根据宪法对各国家权力配置所涉及规范划定职权归属。

现行有关管辖权问题的规范继续有效。

---

〔1〕 本条为2003年6月5日第131号法律第9条第4款所替代。

宪法法院在议事室以裁定的形式确定合宪性控诉的可接受性。

如果宪法法院认为解决有关职责权限的冲突属于其职权范围的，宣布该诉求的可接受性，并通知相关机构。

在可适用的情况下，遵守本法第23条、第25条和第26条的规定。

除本法第20条最后一款所规定的情形外，相关机构如果没有亲自出庭的话，可以授权有权在高级司法机关中执业的自由职业者代理和辩护。

第38条

宪法法院经审查，裁判有争议的权限归属，解决权限争议。若相关机关超越职权颁布规范性文件的，则撤销该规范性文件。

第二节　国家和大区以及大区之间的权限争议

第39条

如果某一大区颁布规范性文件，侵犯了宪法赋予国家或其他大区的职权范围的，国家以及相关大区可以向宪法法院提起对职责权限进行监督的诉讼。同样地，如果宪法所赋予大区的职权范围由于某个国家规范性文件而被侵犯的，也可以提起类似诉讼。

此类诉讼的起诉期间为60日，自接到通知或者规范性文件公开或者得知该被诉行为之日起计算。

此类诉讼，由内阁总理或者其所授权的某个内阁大臣代表国家提起；就大区而言，由大区政府首脑根据大区政府的决议提起。

要求宪法法院对职责权限进行监督的诉求，必须指明此权限冲突是如何产生的，并指出侵犯了其职权范围的规范性文件，以及认为被违反的宪法或者宪法性法律条款。

第40条

宪法法院，可以附理由的裁定的形式，在作出正式判决之前，基于事态严重的理由决定中止引起国家与大区之间以及不同大区之间权限冲突的规范性文件的继续实施。

第41条

前述条文所指出的要求对职责权限进行监督的诉求，在可以适用的情况下，遵守本法第23条、第25条、第26条和第38条的规定。

第42条

本章涉及大区以及大区机构的规定，还适用于特兰蒂诺－阿尔托·阿迪杰大区内的两个自治省。

第三节 对共和国总统、内阁总理和大臣的弹劾案审理

第43～53条

本部分为1962年1月25日第20号法律第35条所废除。

临时规定（略）

六、2003年6月5日第131号法律：根据2001年10月18日第3号宪法性法律调整共和国制度的规定

（2003年6月10日第132号政府公报）

第9条

实施宪法第123条第2款和第127条，关于向宪法法院提起的诉讼。

（1）1953年3月11日第87号法律第31条被下列内容所替代：

"第31条

①根据宪法第123条第2款的规定，在大区章程公布之后30日内，可以对其提起合宪性审查的申请。

②西西里大区的特别章程所规定的特别法律监督形式继续有效，当中央政府认为某个大区法律超越了其职权时，可以根据宪法第127条第1款的规定，自该大区法律公布之日起60日内，向宪法法院提起合宪性审查的申请。

③内阁总理在事先取得内阁的决议的情况下，可以根据国家－城市和自治体大会的建议，直接向宪法法院提起合宪性审查申请，并在本条所规定的期间内，通知大区政府首脑。

④自通知大区政府首脑之日起10日内，必须将该起诉书交存于宪

法法院文书室。"[1]

(2)1953年3月11日第87号法律第32条第2款由以下内容所替代:

"自该法律或者具有法律效力的规范性文件公布之日起60日内,大区政府首脑根据大区政府的决议以及地方自治委员会的建议,直接向宪法法院提起合宪性审查的申请,并通知内阁总理。"[2]

(3)1953年3月11日第87号法律第33条第1款,"1948年2月9日第1号宪法性法律第2条第2款"由以下内容所替代"《宪法》第127条第2款"。

(4)1953年3月11日第87号法律第35条由以下所替代:

"如果根据本法第31条、第32条和第33条提出了合宪性审查请求,宪法法院自收到该审查请求之日起90日内,确定开庭审理日期。如果宪法法院认为,继续施行被诉法律或者部分地适用被诉法律,会对公共利益或者共和国的法律秩序造成不可弥补的影响的,或者对于公民权利会带来严重且无可修复的损害风险的,经过本法第25条规定的期限后,宪法法院可以主动采取本法第40条所规定的措施。在此情况下,在随后的30日内确定庭审讨论日期,自庭审讨论后15日内应将判决交存。"[3]

(5)各大区应确保可随时获取官方公布的章程和大区法律的文本。

(6)在2001年11月8日之前所提起的、根据1953年3月11日第

---

[1] 原1953年3月11日第87号法律第31条规定如下:"根据《宪法》第127条最后一款,内阁总理,收到大区政府首脑关于大区法律已经由大区议会第二次通过的通知后15日内,可以就该大区法律提出合宪性审查的请求。内阁总理在事先经内阁决议的情况下,可直接向宪法法院提起合宪性审查申请,并在前款规定的期间内,通报涉事大区政府首脑。自通报之日起10日内,必须将起诉书递交宪法法院文书室。"

[2] 原1953年3月11日第87号法律第32条第2款规定如下:"大区政府首脑,事先经大区政府决议,自被诉法律或者规范性文件公开颁布之日起30日内,可直接向宪法法院提起合宪性审查的请求,并通报内阁总理。"

[3] 原1953年3月11日第87号法律第35条规定如下:"当中央政府认为某大区议会通过的法律违背了国家利益或者其他大区利益,而向议会提出抗议时,相关大区,可以自中央政府向议会提出抗议之日起15日内,直接向宪法法院提起有关《宪法》第127条规定的职权冲突之诉,并通知内阁总理及两院议长。如果可以适用的话,遵守第32条的规定。"

87 号法律第 39 条和第 42 条规定的国家和大区之间以及大区之间的权限冲突诉讼中，起诉方在收到宪法法院文书所发布的程序未决通知后的 4 个月内，可以直接向宪法法院提起申请，并通知相关当事人，要求处理该诉讼案件；如果没有该申请，则视为放弃该案件，并以院长令宣布诉讼终结。

七、1962 年 1 月 25 日第 20 号法律：控诉程序和判决规则

（1962 年 2 月 13 日第 39 号政府公报）

第 1 条至第 16 条[1] **（略）**

第 17 条　提起公诉的决定

议会根据《宪法》第 90 条，以无记名投票方式，作出 1953 年 3 月 11 日第 1 号宪法性法律第 12 条规定的提起公诉的决定。

起诉书必须包括指控的说明，以及指控所依据的证据。

众议院议长应在议会作出提起公诉的决定后两日内，将起诉书送至宪法法院院长。

宪法法院院长收到起诉书 2 日内，应将该起诉书通知被告。

第 18 条　检控委员会的组成，委派专员

为进行 1953 年 3 月 11 日第 1 号宪法性法律第 13 条所规定的控诉，议会选举出来的委员超过两名时，在这些委员当选之后，应立即组建一个检控委员会，并在其中选出主席。

检控委员会可以在其成员中任命一个或者多个委派专员，负责在辩论中发言，并根据检控委员会的决定和起诉书提出请求。

第 19 条　更换检控委员，中止诉讼

如果出现所有检控委员会委员终止任职或者履职障碍的情况，宪法法院应中止审判，直至议会确定其替代者。

---

〔1〕 这些条文为 1978 年 5 月 10 日第 170 号法律第 9 条所废除。

议会应在10日内开会作出决定。

第20条　检控委员终止任职

检控委员在判决交存于法院文书处后即终止任职。

第21条　增补法官的抽签和宣誓

宪法法院在收到起诉书后，应在检控委员的参与下，于公开听讯程序中，着手任命1953年3月11日第1号宪法性法律第10条所规定的增补法官。[1]

以1953年3月11日第87号法律第5条规定的形式，所选取的增补法官要在宪法法院院长前宣誓。

如果在之前的案件中已经宣誓的，则无须再次宣誓。

第22条　调查行为[2]

宪法法院院长直接或者授权宪法法院的法官进行必要的调查行为，包括对被告的讯问以及进行报告；如果被告没有委托其信任的辩护人，则应为其任命一个官方辩护人。

第23条[3]　宪法法院的权力

宪法法院可以依职权主动采取其认为适当的预防和强制措施，包括人身性的或者财产性的措施。此外，正如由1989年1月16日第1号宪法性法律第3条所作修改，宪法法院还可以撤销或者修改1953年3月11日第1号宪法法律第12条所规定的委员会作出的预防和强制措施。

---

〔1〕 1953年3月11日第1号宪法性法律第10条由1967年11月22日第2号宪法性法律第7条第1款所废除。参见《宪法》第135条最后一款。

〔2〕 本条为1989年6月5日第219号法律第13条所替代。原文中的第22条，标题是"任命报告法官和辩护人"，规定如下，"宪法法院院长，任命一位法官以进行调查并开展必要的调查活动，并进行报告；此外，如果该被告没有一位可信任的辩护人，则还为其任命一位官方辩护人。如果在共和国总统被弹劾的情形下，宪法法院院长个人亲自进行讯问，开展必要的调查活动并进行报告"。

〔3〕 本条被1989年6月5日第219号法律第14条所替代。原文的第23条规定如下："宪法法院可以，包括主动依职权，采取其认为适当的措施，包括预防性的和强制性的，人身性的或财产性的。同时享有第3条第3款、第4款规定的权力，并可以撤销或者修改调查委员会根据第3条第4款规定所颁布的被监管人规定。在1953年3月11日第1号宪法性法律第14条没有规定的情形下，规定暂停履行职务。"

第 24 条　确定辩论日期

调查结束后,宪法法院院长在 20 日内确定辩论日期,并召集正式法官和增补法官在辩论日集合开会。并将辩论日期通知被控诉人以及其辩护人。

第 25 条　法官的弃权和回避

在开庭审理前,正式法官和增补法官可以提交附理由的回避请求;被控告人及其辩护人或者检控委员,也可以附理由的请求,要求法官回避。

宪法法院,可以在主动申请或者被申请回避的法官不在场的情形下,立即对此回避申请作出决定。

第 26 条　审判组织的构成

宪法法院法官(包括正式法官和增补法官),只要没有法律禁止的情形,均应参与宪法法院的所有审讯。

在任何情况下,审判组织必须由至少 21 名法官组成,其中增补法官必须占多数。

没有参加庭讯的法官不得参与后续的审判。

辩论结束后,在所有参与了正在进行中的案件庭讯的正式法官和增补法官的参与下,宪法法院在议事室进行无间断的会议。

组成审判组织的正式法官和增补法官履行该职务直至审判结束,即使其任期届满。

第 27 条　宪法法院的关联审判,起诉行为,关联罪行

宪法法院仅能够认定起诉书中的罪行。

此外,宪法法院如果认为必要的话,还可以将《刑法》第 61 条第 2 项所规定罪行,与《宪法》第 90 条规定的罪行之一相关联。在此情况下,如果上述有关刑法第 61 条第 2 项所涉及罪行正处于普通司法或者军事司法审判机关的审理之中,宪法法院可以要求该普通司法机关或者军事司法机关立即无迟延地移交相关文件。[1]

---

〔1〕 本款为 1989 年 6 月 5 日第 219 号法律第 15 条第 1 款所替代。最初的第 2 款规定如下:"在《刑事诉讼法》第 45 条所设想的假设中,宪法法院,如果认为有必要的话,可以审查起诉书中未包含的《宪法》第 90 条和第 96 条未规定的关联罪行。"

此外，宪法法院对于在起诉书中没有涉及的《宪法》第 90 条规定的某个罪行，也可以宣告存在关联性，并通知众议院议长。在此情况下，宪法法院中止审判，直至议会对关联罪行作出决定。〔1〕

基于便利性考虑，宪法法院可以在任何时候决定将关联案件分开审判。〔2〕

（已撤销）〔3〕

第 28 条　判决的作出和公布

宪法法院院长分别就每一个被告和每一项罪状作出事实和法律意见的阐述；然后就该阐述报告进行讨论和投票；如果需要的话，还应提出要适用的刑罚，并对该刑罚措施进行讨论并投票。在投票时，院长从较年轻的法官开始收取选票，直至最后一个法官。所有投票者不得阐述其投票理由，且不得弃权。

如果出现投票僵持的情况，有利于被告的意见胜出。

院长在公开审判中宣读判决处置措施。

判决存放于文书处，传达给司法部部长，并在共和国政府公报上刊载。

第 29 条　判决的不可撤销性和复审

宪法法院的判决是不可撤销的。但在判决宣判后，如果出现了或者发现了新的事实或者新的证据，而这些新的事实情况或者证据能够单独地或者与之前在审判程序中已经认定过的证据一起，明显说明某些事实不存在或者被告并没有实施某些违法行为的，宪法法院可以通过裁定对之进行复审。

---

〔1〕 本款被 1989 年 6 月 5 日第 219 条第 15 条第 2 款所修改。原文第 3 款规定如下："此外还可以宣布起诉书中没有包含的、《宪法》第 90 条、第 96 条规定的罪行为关联罪行，并通知众议院议长。在此情况下，宪法法院审判中止，直至议会对相关联罪行作出决定。"

〔2〕 宪法法院，通过 1977 年第 125 号判决认为，根据《宪法》第 90 条、第 96 条和第 134 条所提出的，涉及《宪法》第 3 条第 1 款，第 25 条第 1 款和第 102 条第 1 款、第 2 款的，关于第 16 条（如今已经被撤销了）以及第 27 条（在其最初的表述中）的合宪性质疑是无根据的。

〔3〕 本款由 1989 年 6 月 5 日第 219 号法律第 15 条第 3 款所撤销。最初的第 5 款规定如下："对于关联罪行的审理程序，适用第 1 条的规定。"

刑事诉讼法赋予检察官提出复审的权力,并由根据1953年3月11日第1号宪法性法律第12条组建的委员会予以实施,该条已被1989年1月16日第1号宪法性法律第3条所修改。[1]

宪法法院有关复审的裁定应通传众议院议长。议会随即应召开联席会议选举检控委员。

第30条[2] 民事审判或行政审判

只有当宪法法院没有根据1953年3月11日第1号宪法性法律第15条第1款作出返还或者赔偿性制裁措施的前提下,才可以对实施了《宪法》第90条规定的罪犯提起民事诉讼或者行政诉讼以要求其恢复原状或者赔偿损失。

第31条 刑事制裁的权力

《刑法》第144条所规定的权力[3]由罗马上诉法院院长实施。《刑法》以及《刑事诉讼法》赋予检察官刑事制裁的权力由罗马上诉法院内的总检察官行使。

第32条 大赦和赦免、平反

宪法法院适用大赦和特赦,并裁定与量刑判决有关的平反申请。

第33条 进行复审、裁定大赦和特赦以及平反审判的组织构成

宪法法院以本法第26条所规定的组织结构,审查复审申请,进行大赦、特赦和平反案件的审理。

在调查委员会的代表委员的参与下,宪法法院在公开会议中进行增补法官的抽签。[4]

对于本条第1款的审理决定,适用本法第28条最后一款的规定。

---

〔1〕 本款为1989年6月5日第219号法律第16条所替代。原文第2款规定如下:“申请复审的权力,由刑事诉讼法第556条赋予检察官,由调查委员会实施。”

〔2〕 本条为1989年6月5日第219号法律第17条所替代。原第30条标题为“民事诉讼”,规定如下:“源于检控审判事实的民事诉讼,在宪法法院对该案件作出裁判后,由普通司法机构对之进行审理。”

〔3〕 本条为1975年7月26日第354号法律第89条所废除。

〔4〕 在此处的“调查委员会”,原文为“1953年3月11日第1号宪法性法律第12条所规定的委员会,后为1989年1月16日第1号宪法性法律第3条所修改”。

第 34 条　刑法和刑事诉讼法的可适用性

本法所规定的检控和审判,如无特别规定,适用《刑法》以及《刑事诉讼法》的规定。

第 35 条　之前规定的废除

1953 年 3 月 11 日第 87 号法律第二章第四节被废除。

八、1970 年 5 月 25 日第 352 号法律:关于宪法规定的全民公决以及人民立法动议的规定

(1970 年 6 月 15 日第 147 号政府公报)

第一章　《宪法》第 138 条规定的全民公决

第 1 条至第 11 条　(略)

第 12 条

在最高法院内部成立一个全民公决中央办公室,其成员中包括,最高法院各部中最年长的 3 名部长,以及每一个部内较年长的 3 名委员。最年长的部长中年纪最大的主持办公室工作,另外 2 名部长担任副主任。[1]

全民公决中央办公室要审核全民公决的请求是否符合宪法第 138 条和相关法律的规定。

全民公决中央办公室自全民公决申请呈交之日起 30 日内,裁定全民公决申请的合法性。在此期间,该办公室也就全民公决申请呈交人的违规行为提出异议。如果呈交人在 5 日内改正了该违规行为的,全民公决中央办公室如认为全民公决申请合法的,就接受之。同样,在 5 日内,全民公决申请的呈交人也可以向中央办公室说明其打算修改其被质疑的违规行为,但必须在中央办公室作出裁定之日起 20 日内作出改正。在随后的 48 小时内,中央办公室就该全民公决申请的合法性作出最终裁决。

---

〔1〕 本款由 1975 年 7 月 1 日第 264 号立法性法令第 1 条所替代,该立法性法令转化为 1975 年 7 月 25 日第 351 号法律。

全民公决中央办公室的有效运作，只需要主席或副主席以及至少16位委员的加入即可。[1]

第13条

全民公决中央办公室对全民公决申请合法性的裁决要立刻报送给共和国总统、议会议长、内阁总理以及宪法法院院长。并且，在5日内，该中央办公室必须通过司法官员，将该裁决分别反馈给提出要求的3位议员代表，或者提出要求的50万选民的申请书呈交人，或者5个大区政府的代表。

第14条至第31条　（略）

第二章　《宪法》第75条规定的全民公决

第32条

除前条所规定的外，全民公决的申请必须在每年的1月1日至9月30日之间进行注册。9月30日后，最高法院内部成立的全民公决中央办公室根据本法第12条审查所登记备案的全民公决申请，以审核其是否符合法律规定，并根据《宪法》第75条第2款，审核该全民公决是否不属于该款所规定的可接受性情形，全民公决中央办公室的决定根据本法第33条移交给宪法法院。在10月31日前，全民公决中央办公室作出裁定，指出单个全民公决申请的不当之处，如果可能的话，向全民公决申请代表或者呈交人指定一个期限，该期限到期日不得迟于11月20日，便于其改正其违规行为，也便于其他主体呈交质疑全民公决申请的简报。

同样，全民公决中央办公室也可以以该裁定，在所登记的不同申请中，合并那些题材相同或者类似的申请。

全民公决中央办公室必须以本法第13条所规定的方式和期限通知给全民公决申请的代表或者呈交人。

在全民公决中央办公室的裁定所确定期间内，根据本法第19条所

---

〔1〕 本款由1975年7月1日第264号立法性法令第2条所替代，该立法性法令转化为1975年7月25日第351号法律。

任命的各政党、政治团体以及全民公决推动者的代表，有权以书面形式呈交其辩护意见。

在裁定所确定期限届满且在12月15日之前，全民公决中央办公室以终局性裁定，对所有登记的全民公决申请的合法性作出判断，对题材相同或者类似的申请进行合并；而其他不具有同样特征的申请，单独作出决定。必须根据本法第13条通传和转送该裁定。

此外，全民公决中央办公室在听取全民公决发起人意见后，还要在投票表中确定该全民公决申请的名称，以确定全民公决的对象。[1]

第33条

宪法法院院长，收到全民公决中央办公室就一个或者多个全民公决申请所作出的合法性裁决后，在该裁决颁布后的次年1月20日前，在议事室内确定作出决议的日期，并任命报告法官。

确定决议日期后，宪法法院将该决议通知全民公决申请的代表或者呈交人以及内阁总理。

在确定的决议日期3日前，全民公决申请的代表以及呈交人、政府可以向宪法法院提交有关全民公决合宪性的辩护文件。

宪法法院根据1953年3月11日第1号宪法性法律第2条，在2月10日之前，以判决的形式确定哪些全民公决申请是可以接受的，而哪些因为违反了《宪法》第75条第2款的规定而驳回。

宪法法院就全民公决申请所作出的可接受或者驳回的判决，自该判决颁布之日起5日内，应主动依职权送达共和国总统、两院议长、内阁总理、最高法院内设的全民公决中央办公室，以及全民公决申请的代表或者呈交人。在该期间内，还应将该判决刊载在共和国政府公报上。

---

〔1〕 本款由1995年5月17日第173号法律第1条所补充。

九、2008 年 10 月 7 日关于宪法法院审判的补充规范

(2008 年 11 月 7 日第 261 号政府公报)[1]

第一节　普通审判中的合宪性问题

第 1 条　合宪性审查申请的提起

审理普通案件的法官暂停其审理中的诉讼程序，以裁定形式，单独或者集体地提出合宪性审查请求时，必须与相关文件和证据，以及根据 1953 年 3 月 11 日第 87 号法律第 23 条的规定，已经完成相关法律文书送达的证明，一并提交宪法法院。

第 2 条　合宪性审查申请的公布和登记

(1) 宪法法院院长在收到该合宪性审查申请的请求后，首先由书记员根据文书室章程进行核查，验证该申请和相关通知的合规性，随后指示将该合宪性审查请求在共和国政府公报上予以公布。必要时，在大区政府办公简报上一并予以刊载。

(2) 此外，宪法法院院长应按照前款所规定的方式，核实原审法院否根据 1953 年 3 月 11 日第 87 号法律第 23 条，将该合宪性审查申请通报了议会两院议长。

(3) 前述法律第 23 条所要求的此类合宪性审查申请，在送达宪法法院后，由法院文书在总登记册中的特定栏目内予以注明，并标注收到该申请的日期，以及在共和国政府公报和相关大区政府公报上公开刊载的日期。

第 3 条　案件当事人

自合宪性审查申请在政府公报上刊载之日起 20 日内，通过向宪法法院文书室呈交特别授权书，明确其诉讼期间的文件接收地址，并向宪法法院提交其就该法律或具有法律效力的规范性文件是否违宪的综合

[1] 原补充规范的原文于 1956 年 3 月 16 日通过并刊载在 1956 年 3 月 24 日第 71 号政府公报专刊上。

陈述，确定宪法法院审判的当事人。授权委托书可以在当事人陈述原文的页面底部或者边缘由当事人签章，并由辩护人亲笔签名证明。在同一期间内，可以制作有关该合宪性审判的其他新文件。

第 4 条　参与审判〔1〕

(1)内阁总理可以通过提交一份就该律或具有法律效力的规范性文件是否违宪的综合陈述参与审判，该综合陈述由国家总检察长或其代理人签署。

(2)大区政府首脑可以参与审判，应提交的材料包括其就该法律或具有法律效力的规范性文件是否违宪的综合陈述，以及根据本法第 3 条所作出的特别委托授权书，该特别委托授权书中应包括诉讼期间的文件接受地址。

(3)其他各方主体在不影响宪法法院有权决定是否接受其诉讼参与的司法管辖权的前提下，必须以前款规定的方式参与诉讼。

(4)上述款项所规定的文件，必须自合宪性审查申请在政府公报上刊载之日起 20 日内提交。

(5)法院文书将各种主体参与诉讼的情形通知诉讼当事人。

(6)宪法法院决定是否接受上述各类主体的参与。

(7)在以附带方式提起的合宪性审查诉讼中，直接或者间接与原审案件相关的合法利益主体可以参与诉讼。

第 4 – bis 条　诉讼参与者获取诉讼文书〔2〕

(1)本法第 4 条第 3 款至第 7 款所规定的诉讼参与者，如欲查阅或者获取诉讼文书副本的，在提出参与审判请求的同时，也应声明其要求获取诉讼文书的特别请求，以便法院提前且独立地就是否准予该请求作出判断。

---

〔1〕 本条为 2020 年 1 月 8 日宪法法院非司法决议第 1 条所替代(2020 年 1 月 22 日第 17 号政府公报)。

〔2〕 本条为 2020 年 1 月 8 日宪法法院非司法决议第 2 条所引入(2020 年 1 月 22 日第 17 号政府公报)。

(2)宪法法院院长在听取报告法官的汇报后,以院长令决定在议事室就是否准予特定主体参与审判作出决定。

(3)法院文书即刻将审议诉讼参与请求的院长令通知给案件当事人,案件当事人在收到该通知后10日内,有权就是否应该接受该诉讼参与请求向宪法法院提交简短备忘录。

(4)宪法法院就是否接受特定主体参与诉讼的请求作出决定,并根据第31条的规定进行公布。

第4-ter条　法院的朋友[1]

(1)自将相关合宪性问题交付审判的决定在政府公报上公布之日起20日内,与该合宪性问题相关的非营利社会组织和机构团体以及集体或者普遍利益的代表者,可以向宪法法院提交书面意见。

(2)该书面意见的长度,包括空格,不得超过25,000个字符,通过电子邮件发送至宪法法院文书室,文书室以电子邮件回复收讫。

(3)宪法法院院长听取报告法官的意见,以院长令的形式,由于案件情况的复杂性,接受某些主体提供的书面意见,这些意见为了解和评估案件情况提供了有用的要素。

(4)由宪法法院文书室负责,将第3款的院长令,通过电子邮件的形式,在公开庭审或者议事室会议30日前,通知给案件当事人,并在宪法法院网站上公布。

(5)其书面意见为第3款院长令所接纳的社会组织和机构团体并不具有宪法审判当事人的资格,不能获得案件诉讼材料的副本,也不能参与公开庭审。

第5条　法律文书送达和通传

(1)法律文书送达由书记员负责,并由宪法法院所指派的法警实施。

(2)通传由书记员实施。可以向被通知人发放一张卡片,被通知人

---

〔1〕 本条为2020年1月8日宪法法院非司法决议第2条所引入(2020年1月22日第17号政府公报)。

必须出具收条;或者向被通知人在罗马的文件接收地址寄送挂号信,并附上送达收据。

如果当事人要求,在遵循有关电视转播和电子文件规范的前提下,可以向申请人所指明的地址寄发传真或者电子邮件。在此情况下,不要求接收者在罗马有接收诉讼文件的地址。

第6条　程序文件的存放

(1)每一个当事人有关于合宪性审判的记录和文件,都必须以在公文纸上制作的副本形式、以当事人所需要的数目存放于文书室。

(2)文书室对有关于合宪性审判的记录和文件,应清楚书写,并核实当事人必要的副本数目后,才可以接受。

第7条　任命预审和报告法官

(1)经过第3条规定的期间后,宪法法院院长任命1~2名预审和报告法官,法院文书立即将有关案由的档案转交给预审和报告法官,并注明提交时间。

(2)宪法法院院长根据相关报告法官的建议,作出特定决议,要求案件所获得的所有资料都存放在文书室。

(3)在本法第8条第2款所规定的期间内,法院文书向当事人通报案件材料提交情况。

第8条　法院召集公开开庭审理

(1)宪法法院以院长令确定开庭日期以及召开法院会议的日期。

(2)在确定的公开庭审日30日前,由法院文书将宪法法院院长令的决定副本送达当事人。

第9条　宪法法院在议事室召开法院会议

(1)如果审判中没有任何当事人出庭,宪法法院院长可以以院长令决定在议事室召开会议。

(2)宪法法院院长在听取预审法官的意见后,如果认为可能出现明显无根据,明显不能受理的情形,以及取消即驳回提出合宪性审查请求的法官申请情形的,同样可以在议事室召开法院会议。

(3)由文书负责,在确定的议事室会议日期前30日内,将宪法法院院长令传达给案件当事人。在本法第10条规定的备忘录中,各方当事人都可以陈述其认为在庭审中应该讨论的案由。

(4)宪法法院如果认为不应该在议事室讨论的案件,可以要求在公开庭审中讨论。

第10条　提交备忘录

(1)以当事人所必需的副本数目,在确定的庭审或者理事室会议日期20日前,各方当事人应将解说性的备忘录交存于宪法法院文书室。

(2)如果在前款规定的最后期限才交存相关文件的,法院文书在进行第11条的传达前,将该情形记录在文件上。

第11条　向法官传送文件

书记员在庭审或者议事室会议10日前,向每一个法官派送宪法法院即将审理案件的介绍性文件副本以及所有后续相关程序文件副本。

第12条　证据

宪法法院以裁定的形式,确定其认为适当的证据手段,并确定这些证据能得以采用而必须遵守的期限和方式。

第13条　取证

(1)预审法官在整理记录的书记员的协助下,进行取证。

(2)书记员在取证日10日前通知当事人各方。

(3)取证费用由宪法法院财政承担。

第14条　预审终结以及宪法法院会议的再次召开

(1)取证结束后,相关文件要交存于文书室。

(2)书记员在下一次庭审或下一次理事室会议30日前,向当事人通报文件交存情况。

第14-bis条　专家意见[1]

(1)宪法法院如果认为有必要获取与特定学科有关的信息的,可以

---

〔1〕 本条为2020年1月8日宪法法院非司法决议第3条所引入(2020年1月22日第17号政府公报)。

作出决定，在宪法法院召开特定的议事室会议，听取知名专家的意见，案件当事人可以参与此特定会议。经院长授权，当事人可以向专家提问。

(2)宪法法院书记员在此特定的议事室会议日期10日前通知当事人。

第15条　程序合并

(1)宪法法院院长依职权或者根据当事人要求，有权决定由于存在议题上的关联性而把两个或者多个案由并入同一庭审，或者纳入同一个议事室会议议程。

(2)在公开庭审讨论或者在议事室会议讨论后，宪法法院决定是否需要以及哪些案件在一个判决中宣判。

(3)如果认为适当，为了与另一个关联案件结合讨论或者涉及解决类似问题的，宪法法院院长可以将一个案件与另一个新的庭审或者新的议事室会议案件合并审理。

第16条　庭审

(1)在庭审中，报告法官综合性地展示案件相关问题。

(2)在报告法官陈述后，当事人的辩护人(通常每个当事人不超过2名辩护人)简要讨论其得出结论的原因。[1]

(3)宪法法院院长引导辩论，可以指明辩论要点，并确定辩论时间。

(4)庭审必须遵守1953年3月11日第87号法律第15条、第16条和第17条，以及《民事诉讼法》第128条第2款和第129条。

第17条　裁定和判决的审议

(1)案件的判决和裁定应在议事室内以明确的形式投票表决之。

直至案件讨论结束为止，参加过所有庭审的法官，必须参与判决和裁定的审议。

(2)宪法法院院长在报告法官陈述后，引导辩论并组织对相关问题进行投票。

---

〔1〕 本款为2020年1月8日宪法法院非司法决议第4条所替代(2020年1月22日第17号政府公报)。

(3)报告法官第一个投票;其他法官从较年轻者开始,依次投票;院长最后一个投票。在出现投票平局的情况下,院长的投出决定票。

(4)在投票后,由报告法官负责编写判决和裁定;如报告法官不能完成或其他原因,则由院长指定其他一位或多位法官编写。

(5)本条第3款的投票通过时间,即为判决和裁定的作出日期。

(6)在议事室集体投票通过的判决和裁定的文本内容,由院长和报告法官签名。

第18条　程序的暂停、中断和终结

原审程序的暂停、中断和终结,对宪法法院内进行的审理活动不产生效力。

第二节　以独立形式提起的合宪性质疑

第19条　合宪性审查申请

(1)在1953年3月11日第87号法律第31条、第32条和第33条所规定的情形下,合宪性审查申请中必须指出被认为违反的宪法规范,并陈述相关质疑。已经根据上述法律作了报告的相关文件和记录,应与该合宪性审查申请同时提交。此外,在有关大区参加的合宪性审查诉讼中,还应提交包含诉讼期间文件寄送地址的特别委托书。

(2)前款规定也适用于1972年8月31日第670号共和国总统令(特兰蒂诺-阿尔托·阿迪杰特别章程第56条、第97条和第98条所规定的诉讼),对根据《宪法》第123条第2款通过了大区章程的大区法律提出合宪性质疑的诉讼,以及根据相应的条例对采用特殊章程的大区的章程授权法律提出的合宪性审查诉讼申请。

(3)自规定的起诉期限届满后30日内,被告方向法院文书室提交包含结论及有关论证的辩护书。

第20条　公布

宪法法院院长在法院书记员根据文书室规范进行审核的基础上,核查有关文件和报告的合规性。由法院文书负责,将该诉讼记录按照时间顺序记载于专门的登记册中,并安排将诉讼刊登在共和国政府公报上。

如果涉及某个大区或者某个自治省的规范性文件，还要安排刊登在大区政府简报上。

第 21 条　休庭申请

如果根据 1953 年 3 月 11 日第 87 号法律第 35 条提出了休庭申请，宪法法院院长在听取报告法官意见后，如果认为有休庭的必要，则在议事室召集宪法法院会议。院长还可以以该院长令的形式，授权当事人的代理人参与听证及采取适当的调查活动。法院书记员应立即将议事室作出的决定和听证授权通知当事人。

第 22 条　程序的分立和合并

宪法法院院长可以将同一诉讼中的不同类问题，进行拆分处置。如果在其他诉讼中提出了类似问题，可以合并在同一庭审中讨论该问题或者在同一次议事室会议中讨论之，也可以将之合并至需要解决类似问题的其他案件中。

第 23 条　诉讼程序规范〔1〕

本节所规定的诉讼，适用本法第 4 条第 1 款至第 6 款，第 4 – bis 条，第 4 – ter 条，第 5 条，第 6 条，第 7 条，第 8 条和第 9 条第 2 款、第 3 款、第 4 款以及第 10 条至第 17 条的规定。如果到庭的当事人均表示放弃诉讼，则程序终止。

第三节　管辖权争议

第 24 条　国家权力配置冲突诉讼

（1）1953 年 3 月 11 日第 87 号法律第 37 条所规定的起诉，必须说明冲突理由，并指出规范该事项的宪法条款。该起诉书经签章后，交存于法院文书处，由书记员根据时间顺序登记。

（2）宪法法院院长得知该起诉后，根据上述法律第 37 条第 3 款，在议事室召开法院会议。

（3）宪法法院经审查认为可以受理的起诉，经确认实施了上述法律

〔1〕 本条为 2020 年 1 月 8 日宪法法院非司法决议第 5 条所替代（2020 年 1 月 22 日第 17 号政府公报）。

第37条第4款规定的通知后,在最后一个通知发出后30日内,交存于宪法法院文书室。

(4)前款所规定期间届满后20日内,通知当事人到案。该程序的后续行为,适用本法第3条,第4条第1款至第6款,第4-bis条,第4-ter条,第5条,第6条,第7条,第8条和第9条第2款、第3款、第4款以及第10条至第17条的规定。[1]

(5)对于在诉讼中的代理和辩护,适用1953年3月11日第87号法律第37条最后一款的规定。

(6)如果所有当事人都表示放弃诉讼的话,则程序终止。

第25条　关于国家和大区之间以及大区相互之间的权限冲突诉讼

(1)1953年3月11日第87号法律第39条和第42条规定的诉讼,必须通知内阁总理,除非内阁总理为起诉人。

(2)此外,如果诉讼涉及中央政府或者中央政府相关机构以外的其他机构的,该诉讼还应通知颁布该规范性文件的机构。

(3)自最后一次通知后20日内,必须将该起诉书交存于宪法法院文书室。如果需要的话,还应提交一份特别委托书。

(4)自前款规定的期间届满后20日内,当事人应到案。后续的诉讼行为适用本法第3条,第4条第1款至第6款,第4-bis条,第4-ter条,第5条,第6条,第7条,第8条和第9条第2款、第3款、第4款以及第10条至第17条的规定。[2]

(5)任何时候,如果所有当事人均同意放弃诉讼,则诉讼程序终结。

第26条　休庭决定

(1)相关主体可以在权限冲突审判的任何时刻提出申请,要求中止1953年3月11日第87号法律第40条涉及的规范性文件的实施。

---

〔1〕 本款为2020年1月8日宪法法院非司法决议第6条所替代(2020年1月22日第17号政府公报)。

〔2〕 本款为2020年1月8日宪法法院非司法决议第7条所替代(2020年1月22日第17号政府公报)。

(2)宪法法院院长如果认为有必要,在听取了报告法官意见后,可以作出决定,召开议事室会议。同时,法院院长也可以在该决定中授权当事人代表参与听证并采取适当的调查活动。文书室应立即将议事室会议的决定以及听证授权通知当事人。

(3)当事人可以提交文件和辩护书。

(4)该请求也可以在讨论听证会上提出。

第 27 条　公布

(1)本节的有关起诉应公布在政府公报上;如果涉及某大区或某自治省的规范性文件的,还应公布在地方政府工作简报上。

(2)本法第 24 条所规定的起诉,可以统一公布在确定该案件是否可以受理的裁定中。

第四节　最 终 规 定

第 28 条　起诉的提出

(1)仅本法第 19 条、第 24 条和第 25 条规定的起诉可以采用邮寄方式提出。

(2)采用邮寄方式提出,为遵守起诉期间的规定,以邮局寄出日期为准。

第 29 条　法官的弃权和回避

在本补充规范涉及的案件中,不适用法官的弃权和回避。

第 30 条　诉讼费用

在宪法法院内的审判不需要缴纳诉讼费用。

第 31 条　判决和裁定的公布

(1)所有宪法法院的决定都要完整公布在共和国政府公报上。

(2)如果宪法法院的决定针对某个大区或者省的法律,宪法法院院长还应安排将之公布在地方政府工作简报上。

第 32 条　纠正判决和裁定的文字遗漏或者错误

(1)宪法法院也可以依职权采取措施,在议事室内作出决定,事先通知双方当事人后,纠正判决和裁定的文字遗漏和错误。

(2)纠正决定应标注于被纠正的、原始版本的判决和裁定文本上。

(3)如果涉及宣布某法律或者具有法律效力的规范性文件违宪的判决,纠错决定适用1953年3月11日第87号法律第30条第1款和第2款的规定。

第33条　宪法法院判决和裁定的官方汇编

宪法法院的判决和裁定仅采用一个年度累积编号,并在宪法法院所指派法官的监督下,定期完整地公布在“宪法法院判决和裁定的官方汇编”上。

第34条　补充规范的生效

本补充规范,自在共和国政府公报上刊登之日起30日后生效,也适用于自该日期后向宪法法院文书室递交宪法审判请求的案件。

十、1966年1月20日宪法法院总章程及后续修改

(政府公报1955年2月19日第45号,特别版)[1]

第一节　宪法法院和法官

第1条

宪法法院驻地位于罗马的咨政大厦内。

在该大厦内,宪法法院保留所有的治安权。

宪法法院驻地还包括宪法法院使用的所有其他地点和空间。

第2条

宪法法院院长通过宪法法院的职员行使治安权。宪法法院院长可以与主管机关就任何警察服务活动达成协议。

如无宪法法院院长的同意,任何公共力量不得进入宪法法院。

第3条

如果在宪法法院所在地内,发生了某种犯罪事实,这种事实可能是针对法院或者其成员构成犯罪,或者由于其职权行使而构成犯罪的,宪

[1] 此处指由宪法法院2009年7月14日(政府公报2009年7月29日第174号)决议所带来的修订。

法法院可以对犯罪行为人立即实施逮捕并将其送交有权机关。

第4条

在公开会议的大厅内,应为两院议长、内阁总理以及大区政务首脑保留位置。

第5条

除紧急情况外,宪法法院院长召开非司法性会议的,应在会议日期5日前发布命令。

有关规章制度的提案,以清晰的方式编写,并附有研究和规章委员会的意见,至少在会议日期8日前报送给法官。

宪法法院院长宣布会议开始和结束,并规范引导讨论。宪法法院任命的法官负责起草并保管会议记录。该记录中仅记录所作出的决定,每一个法官都可以要求在该记录中记载其表达的异议观点。

宪法法院可以邀请其认为合适听取会议内容的人来参与法院会议。

第5–bis条

与宪法法院自治权有关的权力以及保障其成员的权力,由宪法法院集体行使,或者由宪法法院内部机构根据法律和规章行使。

关于服务、办公人员、财产和人事管理,宪法法院集体履行下列职能:

(1)通过规章;

(2)通过预算和决算案;

(3)通过总方针,指出宪法法院在财政和行政管理中要追求的目标;

(4)赋予总干事和副总干事以职责;

(5)任命会计专家委员会成员;

(6)规章明确赋予法院的其他行为决议。

宪法法院的决议可立即执行,并存放于总干事处。

第6条

当不存在法律上的障碍时,法官有义务参加法院会议。

宪法法院非司法性的会议，必须有至少 9 名法官参加，并以参会者的多数通过，才能生效。对于涉及章程规范的决议，必须达到 8 名法官同意的法定多数。

第 6 – bis 条

宪法法院院长履行法律和宪法法院规章赋予的权力，并签署需要法院或者法院院长办公室作出的文件。

第 7 条

宪法法院院长的选举，由资历较长的法官主持，无记名投票选出。

当院长的法官任期届满时，法院必须在接任法官宣誓就职之日后 10 日内召集会议。如果接替者未能到任，则必须在 1967 年 11 月 22 日第 2 号宪法性法律第 5 条第 2 款规定的届满期限后的 10 日内召开会议。

由较年轻的两位法官担任点票员。

宣布院长选举结果之后，点票员即销毁选票。

第 8 条

将任期届满的院长法官之情形报告给任命该法官的组织。

在任何情况下，也应将该任期届满的情形通报给共和国总统和两院议长。

第 9 条、第 10 条　(已撤销)〔1〕

第 11 条

宪法法院就法官的任职资格条件所作的决定要存放在文书室。

在宪法法院内进行的刑事审判的诉讼程序规则中，包含根据《宪法》第 135 条以及 1953 年 3 月 11 日第 1 号宪法性法律第 10 条，审核受提名的公民的主体录取资格条件和抽签方式的规范。

第 12 条

法院查证法官的录用资格条件后，宪法法院院长将该情形通知给新

---

〔1〕 宪法法院以 1969 年 7 月 7 日(政府公报 1969 年 7 月 9 日，第 172 号，特别版)决议撤销了这两条。

任命法官的来源组织机构首长。同时,也要通知给共和国总统和两院议长。

随后,法官可以进行宣誓。

第 13 条

自宣誓之日起,法官开始履行其职能并开始计算任职年限。

在同日宣誓就职的法官中,较年长者视为资历较深。

第 14 条

宪法法院有权对法官是否适任作出最终决定。

第 15 条

如果法院收到了根据 1948 年 2 月 9 日第 1 号宪法性法律第 3 条最后一款规定的授权请求的,宪法法院院长任命一个由 3 位法官组成的委员会承担报告任务,并在收到申请之日起 30 日内召开法院会议。

有关申请和召开会议的决定要通知给各位法官,法官可以查阅存放于院长办公室的各种文件。

法官可以提供书面意见,当提出要求时,有权要求宪法法院听取其意见。

法院的决定,以无记名投票作出,并存档于文书室。

第 16 条

如果依据 1948 年 2 月 9 日第 1 号宪法性法律第 3 条,1953 年 3 月 11 日第 1 号宪法性法律第 7 条和第 8 条规定,必须对法官进行停职、免职或者宣布其作出的判决无效时,经院长办公会决议,由宪法法院院长召集法院会议。

适用第 15 条的规定。

第 17 条

法官的辞呈必须呈交法院。

法院同意法官辞职的决议要存档于文书室。

第 18 条

如果法院收到要求授权实施刑法第 313 条关于藐视宪法法院罪的

规定,则宪法法院院长应在20日内任命报告法官并确定法院会议。

在会议召开前10日,文书室应将有关申请以及会议召集的情况通知所有法官。

宪法法院依据1953年3月11日第87号法律第16条第2款所规定的组织结构作出决定。

该决议存档于总干事办公室,由其负责通知给申请机关。

第19条

由法院财政负责法官的工资和津贴。

第20条

在职4年以上的离职法官,享有荣誉法官的称号。

第21条

荣誉法官,根据法院院长的安排,可以从事以下活动:

(1)可以担任宪法法院雇员竞争和晋升委员会成员;

(2)可以参与根据与其他法院的合作协议而召开的会议;

(3)可以成为在意大利以及在国外的宪法法院代表团的一员;

(4)当在职法官无法参与时,可以被任命为宪法法院的代表;

(5)可以接受任命,对宪法法院的判决进行研究,以及开展其他非司法性的活动。

此外,荣誉法官还可以:

(1)参加宪法法院组织的研讨会;

(2)合作进行文献更新。

荣誉法官有权光顾专属于法官使用的宪法法院图书馆并使用咨政大厦内的诊疗所,其家人也有权获得卫生保健。此外,在有关行政规章规定的范围内,荣誉法官还可以使用其他供宪法法院在职法官使用的服务。

第二节 院长、院长办公室和委员会的职责

第22条

宪法法院院长代表宪法法院,召集并主持会议,监督各委员会的活

动，并行使法律和规章赋予其的其他权力。

第 22 – bis 条

宪法法院院长根据 1953 年 3 月 11 日第 87 号法律第 6 条最后一款的规定，任命一位法官担任副院长。

第 23 条

当宪法法院院长和副院长缺席时，由最年长的法官主持法院工作。根据宪法法院院长的建议，宪法法院可以赋予其副院长的头衔。

第 24 条

受宪法法院院长指派的副院长或者法官，在官方正式仪式中替代法院出席，其行为享有院长职务的所有效力。

第 25 条

院长办公室由院长（当院长无法履职时，经由其授权，根据 1953 年 3 月 11 日第 87 号法律第 6 条最后一款，由指定的副院长），以及由宪法法院通过抽签授权的两位法官组建。除宪法法院院长和副院长外，前一次中签成为院长办公室成员的法官，不能再次参与抽签，增补法官除外。

如果院长办公室中的成员出现了无法履职的情形，则由宪法法院通过抽签任命一位增补法官。

抽签任命的院长办公室成员任期 3 年。

如果院长办公室成员中有一位或者多位任期届满，则进行更换。

宪法法院秘书长，参与院长办公室会议、编写会议记录，但没有投票权。

院长办公室就单项事务，可以邀请主管委员会主席或者被授予特定职务的法官参与会议，他们享有咨询性投票权。

任何非院长办公室成员的宪法法院法官都可以列席院长办公室会议，但不享有决策投票权。

院长办公室会议日期必须通知所有法官。

如果宪法法院法官在收到院长办公室会议记录后 5 日内提出申请，则院长应将该院长办公室决议提交宪法法院会议审核。

前款所规定的期限届满后,如没有任何人提出复核申请,则该院长办公室决议应付诸实施。在紧急情况下,院长办公室可以决定将决议立刻付诸实施。

所有院长办公室会议的决议,以及宪法法院根据第 8 款所作出的决议,都应交存总干事处。

第 26 条

院长办公室履行下列职能:

(1)审议并提出宪法法院的预算案、资产负债表,以及财政管理和行政管理的总方针,送交法院通过;

(2)根据法院确定的方针指导财政和行政管理;

(3)在会计规则规定的情形下,在资产负债表所指出的各科目间进行款项转移,以及从储备金中为意外开销提取费用;

(4)批准法院大楼以及相关设施和服务的改造和调试方案;

(5)提名和任命法院办公室和各项服务的主要领导;

(6)作出填补法院人事空缺的决定,通过公告,任命裁判委员会;

(7)委任服务和人事规章所规定的职务,以及在规章所规定的情形下,要求调动、派遣或者安置公共行政人事编制以外的人;

(8)在现行法律规定的情形下,授权那些在宪法法院内部从事服务工作的人员,在宪法法院的活动中担任外部工作的职务;

(9)对宪法法院规章所明确赋予院长办公室的其他行为作出决策。

宪法法院院长办公室可以授权单个法官或者法官委员会,包括一些外部的专家,就特定事项进行调查;此外,还可以任命具有技术性特色的委员会承担咨询任务。

第 27 条

研究和规章委员会由 3 名法官组成,从未担任院长办公室成员的法官中抽签选取,由年长者担任主席。

图书馆委员会由 3 名法官组成,从未担任院长办公室、研究和规章委员会的法官中抽签选取,由年长者担任主席。

上述两个委员会的成员任期均为3年。

上述两个委员会的成员中有任期届满的，通过抽签重新确定其继任者。

在院长办公室组建之后，根据前述规范，抽签选取研究和规章委员会和图书馆委员会成员。在抽签中，已经担任过上述两个委员会成员的法官不得参与。

法官不得在本条所规定的一个以上组织中担任职务。

如果当选法官宣布弃权的，则进行新一轮抽签。

负责各相关事务的主任担任委员会干事。

第28条

研究和规章委员会指导研究室；追踪规章的实施并提出适当的修改意见；根据法院或者院长办公室的要求，拟订程序或者行政管理的计划草案；对有关管理规章解释的需求；监督"宪法法院判决和裁定的正式汇编"的编纂工作；定期对法院活动作出报告。

第29条

图书馆委员会管理图书馆，管理历史档案，安排相关规章方案。

第29 – bis条

宪法法院的行政办公室，由总干事、副总干事，以及根据本法第31条所通过的规范组建的科、室组成，实施所有未被宪法法院、宪法法院院长办公室或者宪法法院院长所保留的行政和管理行为。

经院长办公室的事先授权，总干事可以将其所享有的特定管理任务授予给指定的科室，由这些科室承担责任。

第三节　最终规定

第30条

合宪性审判规范、职权冲突规范、宪法法院内的刑事诉讼规范、对宪法法院职员的排他性审判规定，均由宪法法院作出决定并公布在共和国政府公报上。

第31条

办公规则、关于宪法法院工作人员的经济和法律地位规范、相关组织机构规范,以及所有其他行政规章,均应由宪法法院根据院长办公室的建议通过,并听取相关委员会意见。

第 32 条

本规章替代 1958 年 4 月 22 日通过,并公布在 1958 年 5 月 3 日第 107 号政府公报特刊上的文件,并在公布 15 日后生效。

俄 罗 斯

俄罗斯联邦宪法法院法

（1994 年 7 月 21 日颁布，2018 年 7 月 29 日修订）

目　　录

第一编　俄罗斯联邦宪法法院组织和法官地位

第一章　总　　则

第 1 条　俄罗斯联邦宪法法院是实施宪法监督的司法机关

俄罗斯联邦宪法法院是实施宪法监督的司法机关,依据宪法诉讼程序独立自主行使审判权。

第 2 条　俄罗斯联邦宪法法院有关立法

俄罗斯联邦宪法法院的职权、创立程序与活动由俄罗斯联邦宪法和本联邦宪法性法律予以确定。

第 3 条　俄罗斯联邦宪法法院的权限

为了捍卫宪法制度根基,保护个人和公民的基本权利与自由,保障俄罗斯联邦宪法在俄罗斯联邦全境内的最高地位和直接效力,俄罗斯联邦宪法法院拥有下列职权:

(1)审理下列文件是否符合俄罗斯联邦宪法:

①俄罗斯联邦总统、联邦委员会、国家杜马、俄罗斯联邦政府颁布的联邦法律和规范性文件;

②共和国宪法、宪章,俄罗斯各联邦主体就属于联邦国家权力机关管辖以及联邦国家权力机关与联邦各主体国家权力机关共同管辖的问题所颁布的法律和其他规范性文件;

③联邦国家权力机关和联邦各主体国家权力机关之间的条约,联邦各主体国家权力机关之间的条约;

④尚未生效的俄罗斯联邦国际条约。

(2)审理下列机关之间的权限争议：

①联邦国家权力机关之间的权限争议；

②俄罗斯联邦国家权力机关与联邦各主体国家权力机关之间的权限争议；

③俄罗斯各联邦主体最高国家机关之间的权限争议。

(3)就侵犯公民宪法权利与自由的申诉，审查具体案件中所适用法律的合宪性问题。

(3-1)根据法官的请求，审查法官在审理具体案件中所应适用法律的合宪性。

(3-2)根据捍卫俄罗斯国家利益的联邦执行机关的请求，审查国际人权机构依据国际条约就以俄罗斯为被告的案件作出的裁决是否可能执行。

(4)解释《俄罗斯联邦宪法》。

(5)作出关于对俄罗斯联邦总统犯有叛国罪或者其他重罪的指控是否符合规定程序的结论。

(5-1)审查依据俄罗斯联邦宪法性法律进行的俄罗斯联邦全民公决是否符合宪法。

(6)就管辖范围内的问题提出立法动议。

(7)行使由俄罗斯联邦宪法、联邦条约和其他联邦宪法性法律赋予的其他职权；在不违反法律原则以及不与作为宪法监督的司法机关使命相矛盾的情况下，可以行使由俄罗斯联邦国家权力机关和联邦各主体国家权力机关依据《俄罗斯联邦宪法》第11条签订的划分管辖权的条约所赋予联邦宪法法院的权力。

本条规定的俄罗斯联邦宪法法院职权，非根据本联邦宪法性法律规定的办法不得修订。

俄罗斯联邦宪法法院只解决法律问题。

俄罗斯联邦宪法法院在进行宪法诉讼中，应避免对属于其他法院或者其他机关职权范围内的事项进行认定与分析。

俄罗斯联邦宪法法院就自己内部活动问题制定俄罗斯联邦宪法法院规章。

第4条　俄罗斯联邦宪法法院的组成、创立程序与职权期限

俄罗斯联邦宪法法院由联邦委员会根据俄罗斯联邦总统的提名而任命的19名法官组成。

俄罗斯联邦宪法法院有权在2/3法官履职的情况下开展活动。

俄罗斯联邦宪法法院的职权没有期限的限制。

第5条　俄罗斯联邦宪法法院活动的基本原则

独立、合议、公开、辩论和平等是俄罗斯联邦宪法法院活动的基本原则。

第6条　俄罗斯联邦宪法法院判决的强制性

俄罗斯联邦宪法法院的判决对俄罗斯联邦境内所有掌管国家权力的代议机关、执行机关与司法机关以及地方自治机关，各企业、机关、组织、公职人员、公民及其协会都具有约束力。

第7条　俄罗斯联邦宪法法院活动的保障

俄罗斯联邦宪法法院在组织、财政和物质技术方面独立于其他任何机关。联邦宪法法院的经费由联邦预算提供，并且应能保障其充分独立地实现宪法诉讼程序。

为保障俄罗斯联邦宪法法院的活动，联邦预算每年应单独预留出供俄罗斯联邦宪法法院独自使用的资金。俄罗斯联邦宪法法院的支出预算不能少于上一财政年度。

俄罗斯联邦宪法法院独立自主地为自己的活动提供信息和人力方面的保障。

俄罗斯联邦宪法法院开展活动及其运作管理所必需的财产属于联邦所有。联邦宪法法院可以将该财产的运作管理权分配给其各附属部门。

禁止对本联邦宪法性法律规定的与俄罗斯联邦宪法法院活动有关

的权力、组织、财政、信息、物质技术、人员以及其他条件加以任何限制。

第二章　俄罗斯联邦宪法法院法官的地位

第 8 条　俄罗斯联邦宪法法院法官候选人的条件

品行端正、受过高等法律教育、有 15 年以上法律工作经验、具有法学高级专业技术职称、年龄在 40 岁以上的俄罗斯联邦公民均可被提名为俄罗斯联邦宪法法院法官。

第 9 条　任命俄罗斯联邦宪法法院法官的程序

联邦委员会代表和国家杜马议员、俄罗斯各联邦主体的立法(代议)机关、最高审判机关和联邦法律主管部门、全俄法律联合会、法律科研与教学部门均有权向俄罗斯联邦总统提出有关俄罗斯联邦宪法法院法官候选人的建议。

在接到总统关于俄罗斯联邦宪法法院法官提名的 14 日内,联邦委员会对此进行审议。

每一个俄罗斯联邦宪法法院法官的任命均采取一人一票与秘密投票的表决方式。获得联邦委员会全体成员(代表)多数选票的候选人即被任命为俄罗斯联邦宪法法院法官。

若法官从俄罗斯联邦宪法法院离任,导致宪法法院法官人数少于法官总人数 2/3 的,俄罗斯联邦总统应在宪法法院缺员之日起 1 个月内,向联邦委员会提出接替该空缺职位的人选。

第 10 条　俄罗斯联邦宪法法院法官的誓词

按照联邦委员会制定的程序,由联邦委员会主席带领被任命的俄罗斯联邦宪法法院法官进行宣誓。

俄罗斯联邦宪法法院法官宣誓的誓词如下:“我宣誓,要忠诚、自愿地履行俄罗斯联邦宪法法院法官职责,为此只服从俄罗斯联邦宪法,绝不屈从其他任何人或事物。”

第 11 条　与俄罗斯联邦宪法法院法官的职责不相符的行为与活动

俄罗斯联邦宪法法院法官不得兼任联邦委员会、国家杜马及其他代议机关的议员;不得担任或者保留其他国家机关或者社会职务;不得进行私人执业；不得从事企业经营活动或者其他营利性活动；此外，在不影响履行俄罗斯联邦宪法法院法官职责的情况下，可以从事教学、科研及其他创作活动，但未经俄罗斯联邦宪法法院许可不得以此为由随意缺席庭审。

俄罗斯联邦宪法法院法官不能在法院、仲裁法院或者其他机关中担任除法定代表人之外的辩护人或代理人的职务，不能在获得权利与免除义务方面获得袒护。

俄罗斯联邦宪法法院法官不得参加任何政党与运动，以及给他们提供物质上的帮助；不得参与政治运动，进行政治鼓动与政治宣传；不得参加国家政权机关和地方自治机关的选举派别；不得出席政党和政治运动的代表大会与会议；不得从事其他政治活动，也不得进入任何社会团体的领导集团，即使这些团体并不带有政治目的。

俄罗斯联邦宪法法院法官无权在报刊及其他大众传媒上，或者当众发表讲话时，对有可能将在俄罗斯联邦宪法法院进行审理、正在审查却还未作出裁决的问题公开发表自己的看法。

本章中的所有内容不能被视为对俄罗斯联邦宪法法院法官自由表达公民个人意愿权利的限制，也不能被视为对其在选举和全民公决中作为选民进行投票权利的限制。

第 12 条　俄罗斯联邦宪法法院法官的任期

俄罗斯联邦宪法法院法官任期没有限制。法官任职的最高年龄为 70 岁。俄罗斯联邦宪法法院法官的任期从其宣誓就职之时起算。其年满 70 岁当月的最后一天为该法官卸任之日。俄罗斯联邦宪法法院法官达到卸任年龄后，在其经手的案件审理终结之前，该法官将继续履行自己的职责。

若俄罗斯联邦宪法法院法官依据现行联邦宪法法院法第 18 条第 1 款第 2 项、第 3 项理由离任，使宪法法院法官人数少于法官总人数 2/3 的，在新法官任命之前将继续履行自己的职责。

本条规定及其他宪法性法律和联邦法规所规定的法官任职的最大

年龄并不适用于联邦宪法法院的院长。

俄罗斯联邦宪法法院副院长的最高任职年龄为76岁。

第13条　俄罗斯联邦宪法法院法官独立性的保障

为保障俄罗斯联邦宪法法院法官的独立性，法官在任职期间不得被撤销职务；法官不受侵犯；本法关于中止及终止法官职权的规定对所有法官平等适用；享有退休权；拥有宪法诉讼中规定的职权；禁止任何扰乱审判活动的行为；向法官提供物质方面、社会方面以及与其崇高地位相符合的安全保障。

俄罗斯联邦宪法法院法官享有劳动报酬这一独立性的物质保障，安排法官年假、提供法官社会保障、住房保障与社会生活设施、国家义务性人身与健康保险，以及俄罗斯联邦立法为其他高级联邦法院法官规定的对法官本人及其家人财产的保障。如果另有法律文件规定给予俄罗斯联邦宪法法院法官更高的法律保护与社会物质保障的，则适用该法律文件规定。

第13-1条　联邦宪法法院法官被授予资格等级的程序

由俄罗斯联邦宪法法院院长提议，俄罗斯联邦宪法法院法官在其上任后的6个月内，由俄罗斯联邦总统授予其法官最高资格等级。

第14条　俄罗斯联邦宪法法院法官任职终身制

俄罗斯联邦宪法法院法官实行任职终身制。

俄罗斯联邦宪法法院法官的职权只能按照本联邦宪法性法律规定的程序和理由被终止或中止。

第15条　俄罗斯联邦宪法法院法官不受侵犯

俄罗斯联邦宪法法院法官不受侵犯，由本联邦宪法性法律和联邦法官地位法予以保障。

俄罗斯联邦宪法法院法官任期内及其职权终止后对在审理案件过程中发表的意见不应承担任何责任，除非法院生效判决确定该法官犯有滥用职权罪。

因纪律过失（违反本联邦宪法性法律、联邦法官地位法以及全俄法官代表大会制定的法官道德法典规定),俄罗斯联邦宪法法院可以对其作出下列纪律处分:警告、终止法官职权。

第16条　俄罗斯联邦宪法法院法官享有平等权

俄罗斯联邦宪法法院法官享有平等权。

俄罗斯联邦宪法法院法官对宪法法院审理的问题均享有表决权。

俄罗斯联邦宪法法院院长、副院长的职权由本联邦宪法性法律予以规定。

第17条　俄罗斯联邦宪法法院法官职务的中止

俄罗斯联邦宪法法院法官在下列情况下,职务中止:

(1)法官被刑事起诉或者作为其他刑事案件的被告人;

(2)由于健康状况该法官已无力履行自己的职责。

俄罗斯联邦宪法法院法官的职务中止须依据俄罗斯联邦宪法法院的决定执行,该决定应在自宣布中止理由后的1个月内作出。

被停职的俄罗斯联邦宪法法院法官无权参加俄罗斯联邦宪法法院庭审,无权向国家权力机关与组织、社会团体、各负责人和公民发放正式的文件,以及无权从这些机关和个人手中索取任何文件和其他资料。

俄罗斯联邦宪法法院在法官职务中止理由消除后恢复其职务。除本条第1款第2项规定的情况外,恢复被停职法官的职务应由俄罗斯联邦宪法法院作出决定。俄罗斯联邦宪法法院法官被停职后仍享有月薪和季度奖励,以及本联邦宪法性法律规定的各种保障。

第18条　俄罗斯联邦宪法法院法官职务的终止

俄罗斯联邦宪法法院法官在下列情况下,职务终止:

(1)对该法官的任命违反由俄罗斯联邦宪法和本联邦宪法性法律规定的俄罗斯联邦宪法法院法官任命程序;

(2)法官已达到规定的法官退休年龄;

(3)在达到规定的退休年龄之前,该法官提出要求退休的书面申请;

(4)法官失去俄罗斯联邦国籍;

(5)对该法官作出了生效犯罪判决书;

(6)该法官作出了有辱法官荣誉与尊严的行为;

(7)该法官无视联邦宪法法院的警告,继续从事与法官职务不相称的活动;

(8)该法官无故缺席俄罗斯联邦宪法法院庭审或者两次以上无故不参加投票;

(9)法院生效判决认定该法官无行为能力;

(10)法院生效判决认定该法官下落不明;

(11)法院生效判决宣布该法官已经死亡;

(12)法官死亡。

俄罗斯联邦宪法法院法官因生病或其他正当理由而长期(10 个月以上)无力履行法官职责时,即终止其法官职务。

终止俄罗斯联邦宪法法院法官职务应按照俄罗斯联邦宪法法院的决定进行,此决定要呈交俄罗斯联邦总统和联邦委员会,该决定也是有关法官职位空缺的正式通知。

依据本条第 1 款第 1 项列举的原因终止俄罗斯联邦宪法法院法官职务的,根据联邦宪法法院提议,由联邦委员会来实施。

根据本条第 1 款第 6 项、第 7 项或第 8 项列举的原因终止俄罗斯联邦宪法法院法官职务的,由 2/3 以上法官投票通过联邦宪法法院提议,根据该提议由联邦委员会实施。

第 19 条　俄罗斯联邦宪法法院法官的退休

法官因本法第 18 条第 1 款第 2 项、第 3 项、第 9 项和第 2 款规定的原因被终止职务,即被认为已经退休。

工龄 15 年以上的俄罗斯联邦宪法法院退休法官,无论年龄大小,根据其意愿,向其支付退休金或每月相当于在职宪法法院法官薪金 80% 的免税生活费。同时,之前从事的法律工作的期间,也可视为有权获得每月免税生活费的有效工龄。

确定与支付月生活费用的办法由联邦政府根据联邦宪法法院的报

告制定。保障联邦宪法法院退休法官月生活费的支出从联邦预算中划拨。

俄罗斯联邦立法有关退休法官的其他规定同样适用于联邦宪法法院的退休法官。

第三章 俄罗斯联邦宪法法院活动的机构与组织

第 20 条 宪法诉讼程序的组织形式

俄罗斯联邦宪法法院在联邦宪法法院庭审中以听证方式对案件进行审查与裁决。在本法第 47 条第 1 款规定的情况与程序下,可以不举行听证。

第 21 条 俄罗斯联邦宪法法院庭审会议审议的问题

俄罗斯联邦宪法法院举行的庭审会议有权审议由俄罗斯联邦宪法和本法第 3 条规定的属于其职权范围内的所有问题。

此外,俄罗斯联邦宪法法院在会议中需:

(1)核准俄罗斯联邦宪法法院的咨文;

(2)核准俄罗斯联邦宪法法院的规章并对其进行修改和补充;

(3)就授予俄罗斯联邦宪法法院法官俄罗斯联邦国家奖的报告作出决定,其中包括授予其俄罗斯联邦荣誉称号,以及向俄罗斯联邦总统提议同意俄罗斯联邦宪法法院法官接受他国的奖励或勋章;

(4)作出中止或终止俄罗斯联邦宪法法院法官职务的决定,以及在联邦委员会有理由依据俄罗斯联邦总统的提议,提前终止俄罗斯联邦宪法法院院长、副院长职务时,作出决定;

(5)履行其他本法所规定的职能。

第 22 条 (已失效)

第 23 条 俄罗斯联邦宪法法院院长、副院长的任命

俄罗斯联邦宪法法院院长由联邦委员会根据俄罗斯联邦总统的提议任命,任期为 6 年,从俄罗斯联邦宪法法院法官中产生。

俄罗斯联邦宪法法院院长配备 2 名副院长,副院长由联邦委员会根据俄罗斯联邦总统的提议任命,任期为 6 年,从俄罗斯联邦宪法法院法

官中产生。

俄罗斯联邦宪法法院院长、副院长于任期届满后可连选连任。

俄罗斯联邦宪法法院院长、副院长可以个人书面申请辞职。对其职务的免除由联邦宪法法院决定予以确定。

俄罗斯联邦宪法法院判定俄罗斯联邦宪法法院院长或副院长不履行公职或不当履行公职时,俄罗斯联邦宪法法院院长或副院长的职务可由联邦委员会根据俄罗斯联邦总统的提议提前终止。俄罗斯联邦宪法法院的上述决定应由俄罗斯联邦宪法法院过 2/3 以上的多数在职法官按照俄罗斯联邦宪法法院规章规定的程序秘密投票决定。根据本联邦宪法性法律第 18 条第 1 款第 1 项、第 6 项、第 7 项、第 8 项规定而终止俄罗斯联邦宪法法院院长或副院长担任俄罗斯联邦宪法法院法官的职务时,同时,终止其担任俄罗斯联邦宪法法院院长或副院长职务。

俄罗斯联邦宪法法院院长、副院长职位空缺时,根据本条有关规定程序任命俄罗斯联邦宪法法院院长、副院长。俄罗斯联邦宪法法院院长、副院长任期届满后,在新一届俄罗斯联邦宪法法院院长、副院长任职之前继续履行其职责。

第 24 条　俄罗斯联邦宪法法院院长

俄罗斯联邦宪法法院院长的职责为:

(1)领导联邦宪法法院庭审的准备工作,召集并主持联邦宪法法院庭审;

(2)将俄罗斯联邦宪法法院讨论的问题提交其审判庭审议;

(3)在与国家机关、国家组织与社会团体的联系中,代表俄罗斯联邦宪法法院;受联邦宪法法院的委托,以联邦宪法法院的名义发表声明;

(4)对俄罗斯联邦宪法法院机关进行统一领导;提交俄罗斯联邦宪法法院确认俄罗斯联邦宪法法院的秘书处负责人和机构负责人候选人以及俄罗斯联邦宪法法院秘书处条例、机构组成;

(5)根据本法与联邦宪法法院规章行使其他职权。

俄罗斯联邦宪法法院院长发布命令和指示。

第 25 条　联邦宪法法院临时院长的职责

在任何情况下，联邦宪法法院院长无法履行职责时，其职位暂时由一名联邦宪法法院副院长在联邦宪法法院院长的授权下临时履行职责。

在联邦宪法法院的副院长也无法履行宪法法院院长职责时，职责暂时依次由联邦宪法法院工龄最长的法官履行。各法官工龄相同时，由最年长的宪法法院法官暂时履行职责。

第 26 条　俄罗斯联邦宪法法院副院长

俄罗斯联邦宪法法院副院长根据宪法法院院长授权履行其各自职责，同时履行联邦宪法法院院长分配的其他职责。

第 27 条　（已失效）

第 28 条　俄罗斯联邦宪法法院规章

以《俄罗斯联邦宪法》和本法为基础，俄罗斯联邦宪法法院规章规定了庭审中案件审理步骤、庭审中的议事规则和礼仪，联邦宪法法院公文处理的特殊办法，以及联邦宪法法院内部活动的其他有关问题。

第二编　俄罗斯联邦宪法法院诉讼程序的一般规则

第四章　宪法诉讼程序原则

第 29 条　独立原则

俄罗斯联邦宪法法院法官独立地行使其职权，只服从《俄罗斯联邦宪法》和本法。俄罗斯联邦宪法法院法官在私人活动中只代表其个人，不代表任何国家与社会机关、政党和政治运动、国家、社会及其他性质的企业、各机构和组织、负责人员、国家与地区的教育部门以及民族与社会团体等。

俄罗斯联邦宪法法院的决定和其他文件反映的是法官与《俄罗斯联邦宪法》相一致的法律立场，不得带有任何政治偏见。

俄罗斯联邦宪法法院法官应在其自由意志不受外界影响的条件下作出裁决。其无权征询或获得任何人关于对进行预先审理或联邦宪法法院正在审理的问题的指示。

禁止任何妨碍联邦宪法法院活动的行为,违反者应负担法律责任。

第 30 条　合议原则

俄罗斯联邦宪法法院以合议的方式审理案件和问题并作出裁决。在审判庭,只有参与审理案件的法官才有权作出裁决。

俄罗斯联邦宪法法院庭审只有在 2/3 以上法官出庭的情况下才有权作出裁决。

在确定庭审有效人数时,应将被停职参加案件审议和被中止职务的法官排除在外。

第 31 条　公开性原则

公开审理俄罗斯联邦宪法法院庭审中被确定听审的案件。只有在本法规定的情况下才能进行非公开审判。无论公开审判,还是非公开审判,作出的裁决均要予以公布。

第 32 条　口头审理原则

在俄罗斯联邦宪法法院庭审中对被指定听审的案件以口头方式进行审理。在口头审理案件的过程中,要听取各方当事人的辩解以及鉴定人和证人的证词,宣读已掌握的文件。

在联邦宪法法院庭审中可不宣读法官和当事人已了解的文件,或已在庭审中阐述过的有关此案的内容。

第 33 条　宪法诉讼程序使用的语言

俄罗斯联邦宪法法院的诉讼程序以俄语进行。

对不懂俄语的诉讼程序参加者,应保障其用其他语言解释或提供翻译服务的权利。

第 34 条　宪法法院审判不间断原则

联邦宪法法院审判庭对每一个案件的审理不得间断,休息时间、诉讼参与人为准备继续进行审理所必需的时间,以及为排除阻碍庭审正常进行的行为所用的时间除外。

第 35 条　当事人平等原则与辩论制原则

在联邦宪法法院庭审中以及在俄罗斯联邦宪法法院以本法第 47 – 1

条规定的方式审理案件的情况下，各方当事人权利平等，且可以通过辩论坚持自己的立场。

第五章　向联邦宪法法院提出请求

第 36 条　俄罗斯联邦宪法法院审理案件的理由与根据

符合本法要求的向联邦宪法法院提出的询问、申请或者诉愿均可以作为联邦宪法法院启动案件审理的理由。

法律、规范性文件、国家权力机关之间的协议及未生效的国际条约的合宪性问题，国际人权机构依据国际条约作出的裁决的执行可能性问题，有关职权争议的问题在对联邦宪法的理解上存在不确定性，国家杜马指控联邦总统犯有叛国罪或者其他重罪等，这些均可作为案件审理的根据。

第 37 条　提出案件审理请求的一般要求

向俄罗斯联邦宪法法院提出的案件审理请求需以书面形式寄送，并且要有负责人（或几位负责人）的签字。也可以按照法院规章规定的程序，通过俄罗斯联邦宪法法院的官方网站，以电子形式在信息远程网络填写专门表格，或以经过强化的专业电签的电子文件形式向俄罗斯联邦宪法法院发送请求。在这种情况下，按照俄罗斯联邦宪法法院规章确定的电子方式与申请人联络。

在请求书中要指明如下内容：

（1）请求书送达的机构是俄罗斯联邦宪法法院；

（2）申请人的名称（在公民的诉愿书中要写明公民的姓名和父称）、地址以及请求人的其他有关信息；

（3）有关申请人代理人及其职务的必要信息，依职权代理除外；

（4）受质疑或者涉及关职权争议的规范性文件的制定机关的名称和地址；

（5）俄罗斯联邦宪法规范和本法规定的有权向联邦宪法法院提出案件审理请求的规范；

（6）需要予以审查的规范性文件以及需要予以解释的俄罗斯联邦

宪法有关条款的确切名称、编号、通过的日期、来源以及其他有关材料；

(7)本法规定的联邦宪法法院对案件审理请求进行审议的具体理由；

(8)请求人对所提问题的立场以及作为法律依据引用的俄罗斯联邦宪法相应条款的具体内容；

(9)向联邦宪法法院提出与询问,申请和诉愿有关的其他要求；

(10)随案件审理请求书所附文件的清单。

第38条　随审理请求书所附文件

随审理请求书需要附上以下文件：

(1)需要予以审查的规范性文件或接受的联邦宪法条款的原文；

(2)表明代理权的委托书和其他凭证,依职权代理除外,以及确认该人在联邦宪法法院具有作为代理人权利的文件复印件；

(3)缴纳国家费用的凭证；

(4)用其他文字书写的所有文件和材料的俄文译本。

随审理请求书可以附上建议参加联邦宪法法院庭审的证人和鉴定人名单,以及其他文件和材料。

将请求书和根据本条第1款的要求随信所附的证明文件及其他材料的复印件一式两份提交给联邦宪法法院。

以电子形式提出请求的,随附的文件和其他材料也以电子形式,无须复印件。

第39条　国家费用

向联邦宪法法院提出案件审理请求需缴纳国家费用。考虑到本法特殊性,俄罗斯联邦税、费有关立法对退还或抵销国家费用以及减免国家费用进行了规定。

考虑到公民的收入状况,联邦宪法法院可以通过内部决定免除该公民需要缴纳的国家费用或者减少部分金额。

法院的询问、请求解释联邦宪法的询问、由未涉及争议的俄罗斯联邦总统提出的有关解决职权争议的申请,以及符合程序,要求对俄罗斯联邦总统犯有叛国罪和其他重罪的指控予以确认的询问，不需要缴纳国家费用。

请求未被受理的或案件诉讼程序终止的，所缴纳的国家费用应予退还。

第六章　对请求的预审

第 40 条　联邦宪法法院秘书处对请求的审查

俄罗斯联邦宪法法院收到的请求必须登记。

在下列情况下，联邦宪法法院秘书处应告知请求人其请求不符合本联邦宪法性法律有关要求。申请人有权要求俄罗斯联邦宪法法院对该事项作出决定：

(1)要求审理的案件明显不属于联邦宪法法院管辖的范围；

(2)请求书的形式不符合本法的要求；

(3)由不适格的机关和个人寄送的请求书；

(4)在本法没有其他规定的情况下，没有缴纳国家费用；

(5)本法第 97 条规定了对法院在具体案件中所适用的争议性法律违反公民宪法权利和自由的个人以及集体申诉的时效，若申诉提交时已过时效期，则不予受理。

申请人对本条第 2 款第 2 项、第 4 项指出的不足进行弥补后，有权向联邦宪法法院重新提出审理请求。

如果请求审理的案件内容明显不属于联邦宪法法院的职权范围，联邦宪法法院秘书处可以将该请求书发往有权解决这一问题的国家机关或组织。

第 41 条　俄罗斯联邦宪法法院法官对请求的预先审议

俄罗斯联邦宪法法院院长根据联邦宪法法院规定的程序委托一名或者几名法官，对请求进行预先审议。法官对请求的预先审议是俄罗斯联邦宪法法院诉讼程序的必要环节。

宪法法院法官对请求预先审议所作的结论要向联邦宪法法院庭审会议报告。

第 42 条　审理请求的受理

联邦宪法法院在审理请求登记后 3 个月内，就是否受理审理请求作出决定。

联邦宪法法院应将受理决定通知各方当事人。

在紧急情况下，联邦宪法法院可以于案件审理结束前向相应机关和责任人建议中止有争议性的文件的适用，以及中止有争议性的俄罗斯联邦国际条约的生效程序。

第 43 条　拒绝受理审理请求

联邦宪法法院在以下的情况下拒绝受理案件审理请求：

(1) 请求书中要求审理的问题不属于联邦宪法法院的管辖范围；

(2) 请求不符合本法的要求；

(3) 联邦宪法法院对请求的对象已经作出的决定至今仍有效，但依据本法第 85 条第 1 款和第 101 条第 2 款与国际人权机构作出的决定有关的请求除外；

(4) 被质疑合宪性的规范性文件已废止或已失效，除非它继续适用于其生效期间内已产生的法律关系。

第 44 条　撤回请求

请求人可以在联邦宪法法院审理该案之前撤回请求。若撤回请求，此案诉讼程序终止。

第七章　俄罗斯联邦宪法法院审理案件的普通程序

第 45 条　召开庭审会议

俄罗斯联邦宪法法院庭审会议由俄罗斯联邦宪法法院院长主持召开。

第 46 条　(已失效)

第 47 条　确定案件听证

俄罗斯联邦宪法法院在受理案件请求后 1 个月内，作出在联邦宪法法院庭审会议上进行案件听证的决定。该决定中应指明案件听证的次序。

第 47 -1 条　准许不用进行听证的案件

俄罗斯联邦宪法法院可审理和裁定本法第 3 条第 1 款第 1 项所述的规范性法律文件是否合宪的有关案件,审查公民宪法诉愿案中所适用法律的合宪性问题,应法院请求,审查在审理具体案件中所应适用法律的合宪性问题,或根据捍卫俄罗斯国家利益的联邦执行机关的请求,审查国际人权机构依据国际条约就以俄罗斯为被告的案件作出的裁决是否可能执行。若得出结论认为以上案件可根据俄罗斯联邦宪法法院先前判决中的法律立场予以解决,那么举行听证对于确保当事人权利没有必要性,则不必举行听证。

对国家权力机关制定的规范性法律文件是否合宪的案件,当预先审理时,国家权力机关或申请人有权递交对不进行听证程序的异议申请书。

不用进行听证的准许由俄罗斯联邦宪法法院庭审会议作出。根据不用进行听证的结果作出判决。

在作出不用进行听证的准许的情形下适用本联邦宪法性法律第 48 条至第 53 条,但是规定仅采用口头审理的条款除外。

当俄罗斯联邦宪法法院有意审理本法第 3 条第 1 款第 1 项所述的规范性法律文件是否合宪的有关案件,审查公民宪法诉愿案中所适用法律的合宪性问题,应法院请求,审查在审理具体案件中所应适用法律的合宪性问题,不进行听证,申请人的请求书副本和随附的文件及材料由书记法官发给颁布(签署)争议文件的机关(责任人),以便向宪法法院提出书面意见。向宪法法院所呈报的意见会派送给申请人以便于其了解并提交相应的反对意见。

第 48 条　案件的合并

审理每一案件都要组建专门的法院审判会议。联邦宪法法院可以将案件请求涉及同一对象的合并到一个诉讼程序中进行审理。

第 49 条　案件听证的准备

俄罗斯联邦宪法法院指定一名或者几名书记法官,负责准备案件听证、起草联邦宪法法院决定草案、在俄罗斯联邦宪法法院庭审中对材料进行说明。

在对请求进行预先审议和准备案件听证时，书记法官根据联邦宪法法院的职权负责收取必要的文件和其他材料，委托审查、研究与检验的诉讼程序，采纳专家的意见，发放征询信。书记法官和院长共同确定需要被邀请或者传讯到会的人员名单、指示开会地点和时间，以及向诉讼程序参加人寄送必要材料。

第 50 条　俄罗斯联邦宪法法院的要求

俄罗斯联邦宪法法院的要求对所有相关机关、组织和个人具有强制性，包括向其提供规范性法律文件及其他法律文件、证明文件及其副本、有关案件、信息及其他材料的文本；对证明文件及规范性文件文本给出保证性表示；进行审查、鉴定与检验；查明具体情况；邀请部分专家；进行说明、协商；就案件审理提出专业意见。对联邦宪法法院的以上要求应当重视，并在收到这些要求之日起 1 个月内要将回函送交联邦宪法法院，俄罗斯联邦宪法对期限另有规定的除外。

国家机关和组织支付为执行联邦宪法法院的要求所需的费用。其他组织和个人支出的费用则从联邦政府财政预算中予以补偿。

对联邦宪法法院提出的要求拒绝或者逃避的，超过期限的，未予以执行或者执行不当的，以及故意曲解要求内容的，以上行为要负法律责任。

第 51 条　分发文件，通知庭审

俄罗斯联邦宪法法院庭审的通知，申请书副本及对申请书答复的副本，被审查的规范性文件副本，以及其他必要文件，应在庭审开始前 10 日内分发给各法官和诉讼参与人。对申请书的答复应在指定的期限内发出，即应该保证在庭审开始前 2 周内送达申请人手中。

俄罗斯联邦宪法法院庭审日期和地点的有关信息分别在俄罗斯联邦宪法法院官方网站、在宪法法院大楼对公众开放的地方，或在大众媒体上予以公告。

第52条　诉讼程序的参与人

俄罗斯联邦宪法法院诉讼程序的参与人包括各方当事人、各方当事人的代表、证人、鉴定人和翻译。

第53条　各方当事人及其代表

宪法诉讼程序中的各方当事人是指：

(1)请求人——向联邦宪法法院提出审理请求的机关或个人；

(2)制定或签署了有违宪嫌疑的规范性法律文件的机关或其负责人；

(3)存在职权争议的国家机关。

依职权，当事人代表可以是，在提交给联邦宪法法院的案件审理请求书上签字的机关领导人，制定了引起质疑的法律文件或参与了有关职权争议的机关领导人，签署了有争议法律文件的负责人，提出询问的联邦委员会或国家杜马的任何一位议员。律师或者持有证明其职务的证件和法律专业学位的学者也可以作为当事人的代表。任何一方的代表均不得超过3人。

各方当事人拥有平等的诉讼权利。各方当事人及其代表有权了解案件材料，陈述自己对案件的看法，向诉讼参与人提问，提出包括法官回避等方面的申请。一方当事人可以对审理请求提出的书面回复应纳入案件材料中，也可以了解对方当事人的回复。

各方当事人或其代表有义务接受联邦宪法法院的传讯出席庭审，解释并回答问题。各方当事人或其代表不出席联邦宪法法院庭审不影响案件进行审理，除非一方当事人申请案件审理应在其到场时进行，并说明自己缺席庭审的正当理由。

第54条　公开庭审

除本法另有规定外，联邦宪法法院审判一律公开举行。出席庭审的人员有权在其位置上记录庭审过程。同时，经联邦宪法法院的许可，还可以对庭审进行电影、图片拍摄，电视录像或广播、电视的现场直播。

根据俄罗斯联邦宪法法院提议，或在庭审参与人员申请下，经俄罗斯联邦宪法法院许可,可在互联网转播庭审。进行转播的程序由俄罗斯联邦宪法法院章程规定。

为保障联邦宪法法院庭审参与人员的安全,经联邦宪法法院同意,联邦宪法法院院长可以下令对自愿参与庭审的人员进行检查,包括对其身份证件的检查,以及对其随身带入审判庭物品的检查和人身检查。

庭审参与人员必须尊重俄罗斯联邦宪法法院及其通过的规章制度和程序,服从审判长关于遵守庭审秩序的命令。

法院警卫负责维持联邦宪法法院庭审秩序,所有庭审参与者必须听从指挥。

对扰乱庭审秩序或不服从审判长合法命令的人员,在警告后,可将其驱除出审判庭。经联邦宪法法院同意,审判长可以在警告后将扰乱庭审秩序、妨碍庭审正常进行的旁听者予以驱散。

俄罗斯联邦宪法法院可对扰乱庭审秩序或不服从审判长命令的人员处以1000卢布以内的罚款。

第55条　非公开审判

为保守受法律保护的机密,保障公民的安全,捍卫社会道德,必要时联邦宪法法院可以进行非公开审判。

联邦宪法法院的法官,各方当事人及其代表参与非公开审判。其他诉讼参与者以及对审判正常进行有直接影响的秘书处工作人员能否参加审判,由审判长与法官商定。

在非公开审判中不允许拍照、摄像、直播庭审以及在信息网络中转播庭审。

非公开审判进行案件审理也必须遵循宪法诉讼程序的一般规则。

第56条　案件审理中的法官回避

在下列情况下,俄罗斯联邦宪法法院法官将被禁止参加案件审理:

(1)该法官之前由于职责原因参与了被审理的规范性法律文件的制定;

(2)由于该法官与当事方代表有亲属或夫妻关系,其裁决案件的客观性受到质疑。

有与本条第1款相同情形的联邦宪法法院法官应在案件审理之前提出自我回避。

俄罗斯联邦宪法法院法官的回避,应在联邦宪法法院听取该法官陈述后,由到会法官的多数作出决定。

第57条　庭审程序

审判长在指定时间内确认庭审法定人数后,开始进行联邦宪法法院审判,并告知要审理的案件内容。

审判长确认诉讼参与人的出庭情况,以及审查各方当事人代表的权限。当发现有诉讼参与人缺席或一方当事人代表未适当执行权限时,审判长应考虑对此案是否审理。若联邦宪法法院认定此案无法审理,则应将其推迟审理。

审判长负责向各方当事人及其代表解释他们的权利和义务,以及向其他诉讼参与人解释他们的权利、义务和责任。

第58条　审判长

俄罗斯联邦宪法法院审判长负责审判的领导工作,负责制定必要的措施,以确保审理的既定秩序、其完整性和全面性,以及其过程和结果的确定性;在审理中排除所有与案件审理不相关的干扰;主持各法官和诉讼参与人发言;阻止诉讼参与人与本案无关的讲话;对随意干扰他人发言,对擅自违反出庭顺序,两次不服从审判长的命令,言词粗俗污秽,发言有悖法定主张及请求的人员,剥夺其发言权利。

应将诉讼参与人对审判长的命令和行为所提出的异议写进庭审记录。在同一庭审中,就各方当事人或任何一位法官的提议,联邦宪法法院可以对审判长的命令和行为进行审查。

第59条　庭审记录

联邦宪法法院庭审要进行记录,有关庭审记录的要求由联邦宪法法院规章作出规定。

为确保庭审记录的完整性与准确性,可以进行庭审速记。

庭审记录由俄罗斯联邦宪法法院院长或其授权的一位俄罗斯联邦宪法法院的副院长签署。

各方当事人有权了解联邦宪法法院庭审记录和庭审速记的有关内容,并有权提出自己对这些内容的看法。其他诉讼参与人需要得到联邦宪法法院的允许才能了解庭审记录和庭审速记的有关内容。

对庭审记录和庭审速记的意见要由审判长、书记法官,并在必要时邀请提出意见的人员共同进行审议。对庭审记录和庭审速记的意见,以及证明意见正确或错误的决定,要一并附入相应的庭审记录和庭审速记中。

第 60 条　问题调查程序

联邦宪法法院审判庭对案件的实质审理调查始于书记法官宣读案件审理的理由和根据、问题实质、有关材料的内容,以及就准备案件审理所采取的措施。联邦宪法法院的其他法官可以向书记法官提问。

书记法官发言结束后,联邦宪法法院要听取各方当事人的建议并作出有关问题调查程序的决定。

由联邦宪法法院决定所确定的程序只能由联邦宪法法院本身修改。在案件审理过程中,联邦宪法法院对法官就问题调查程序提出的建议应立即审议。

第 61 条　延期审理

若联邦宪法法院发现问题准备不足,或者由于必须出席的一方当事人、证人或鉴定人缺席,以及未提交必要的材料,致使当次庭审无法进行,需要进一步研究,则可以推迟进行对案件审理。在这种情况下,联邦宪法法院应确定延期审判的日期。对案件延期审理的庭审应重新开始或从被延期之时开始。

第 62 条　当事人陈述

根据由联邦宪法法院决定所规定的程序,审判长在庭审中请各方当事人就审议问题的实质进行说明,并提出证实自己立场的法律依据。当一方当事人的立场由其几位代表进行阐述时,代表发言的顺序与内容长短由该方当事人确定。

各方当事人及其代表无权利用在联邦宪法法院庭审上发言的机会发表政治声明和宣言，不得肆意发表针对国家机关，社会联合体、诉讼参与人、负责人以及公民的攻击性言论。

联邦宪法法院要充分听取各方当事人的陈述。

一方当事人陈述后，联邦宪法法院法官和另一方当事人可以向其提问，鉴定人经联邦宪法法院的允许也可以进行提问。

第 63 条　鉴定人的意见

具备涉及案件审理问题专业知识的人员可以作为鉴定人被召集参加联邦宪法法院庭审。书记法官或联邦宪法法院确定需要鉴定人提出意见的问题。

鉴定人在发言之前要进行宣誓，并预先告知其故意提供虚假意见的责任。

经联邦宪法法院同意，鉴定人有权了解案件材料，向各方当事人和证人提问，并提出补充材料的申请。

作出意见后，鉴定人必须回答联邦宪法法院法官和当事人提出的补充问题。

第 64 条　证人证词

在必须由联邦宪法法院负责对某些事实情况进行调查时，可以要求掌握有关情况或材料的人员作为证人参加庭审。

在听取证词之前证人要进行宣誓，并预先告知其故意提供虚假证词的责任。

证人必须向联邦宪法法院报告其本人所知的涉及案情的有关情况，并回答联邦宪法法院法官和各方当事人提出的补充问题。必要时，证人还可以利用有关的书面记录、证明文件及其他材料。

第 65 条　证明文件的审查

根据法官提议和当事人申请，在联邦宪法法院庭审中可以宣读证明文件。当其真实性受质疑时，该证明文件不予宣读。

依据俄罗斯联邦宪法法院的决定,将联邦宪法法院审查过的证明文件原本或经核证的副本纳入案件材料中。

第 66 条　当事人最后陈述

法庭调查结束时听取各方当事人的最后陈述。俄罗斯联邦宪法法院根据各方当事人的请求可以提供准备最后陈述的时间。

各方当事人在自己的最后陈述中无权引用未被联邦宪法法院调查的证明文件和有关事实。

第 67 条　恢复问题的审议

在当事人进行最后陈述后,若联邦宪法法院认为有必要查清那些对了结本案有重要意义的补充事实,或调查新证据,则联邦宪法法院可决定恢复对问题的审议。

补充调查结束时,当事人有权再次进行最后陈述,但是陈述的内容仅限于与新材料和新证据有关。

第 68 条　案件诉讼程序的中止

联邦宪法法院在下列情况下中止案件的诉讼程序:在庭审过程中出现了拒绝受理案件请求的理由,在庭审过程中所查明问题其所依据的法律、其他规范性文件、国家权力机关之间的协议或者未生效的俄罗斯联邦国际条约,提议审查这些文件合宪性未得到俄罗斯联邦宪法的许可,或者就其性质、意义而言并不存在是否合宪的问题。

第 69 条　案件审理的结束

当联邦宪法法院确认已完成对案件有关问题的审理后,审判长宣布对该案件的审理结束。

第 70 条　作出结论性决定的法官会议

联邦宪法法院在非公开会议上作出对被审理案件的结论性决定。

参加会议的只能是参与该案件审理的联邦宪法法院法官。保障会议记录和会议正常举行的联邦宪法法院工作人员可以进入会议室。

在会议过程中,俄罗斯联邦宪法法院法官有权自由阐述对所论问题的观点,并请其他法官阐明其立场。会议发言的人数与发言的时间不得予以限制。

予以表决的问题和表决的结果需写进会议记录。会议记录要由所有出席会议的法官签字并予以封存。

法官和其他出席非公开会议的人员不得泄露会议讨论的内容和表决的结果。

第八章　俄罗斯联邦宪法法院的决定

第71条　决定的种类

联邦宪法法院对本法第3条第1款第1项、第2项、第3项、第3-1项、第3-2项、第4项、第5-1项列举的任一问题所作的结论性决定，应称为判决。判决应均以俄罗斯联邦的名义发布。

联邦宪法法院对俄罗斯联邦总统犯有叛国罪或者其他重罪的指控是否符合规定程序所作的结论性决定，应称为结论意见。

俄罗斯联邦宪法法院在实现宪法诉讼程序过程中通过的所有其他决定可称为裁定。

联邦宪法法院庭审中还可以通过有关组织宪法法院活动的决定。

第72条　决定的通过

通过对法官逐一记名征询，以公开表决方式予以通过联邦宪法法院的决定。在任何情况下，审判长都最后表决。

除本法另有规定外，获参与表决法官多数投票赞成的联邦宪法法院决定视为已通过。

在决定规范性文件、国家权力机关之间的协议以及尚未生效的俄罗斯联邦国际条约是否合宪时，如果表决结果同意和反对各半，则认为争议文件合宪。有关职权争议的决定，只能在获得多数同意时才可通过。

有关解释《俄罗斯联邦宪法》的决定必须在不少于总数2/3的法官表示同意后才能被通过。

联邦宪法法院法官不得投弃权票或回避表决。

第73条　（已失效）

第74条　对决定的要求

联邦宪法法院的决定应以联邦宪法法院审查的材料为基础。

联邦宪法法院对案件所作的决定不仅要对被审议文件的字面意义进行评价,同时,还要对该法律文件被官方和其他解释、或执法实践所赋予的意义,以及从其所处的法律文件体系中地位出发进行评价。

联邦宪法法院只对审理请求中具体事项,以及仅对请求中存在违宪嫌疑的那部分内容作出决议和结论。联邦宪法法院在决定时,不应受请求书中提出的理由和依据制约。

联邦宪法法院的决议和结论以单行文件形式编写,并必须写明通过的理由。

除本法或联邦宪法法院的决定另有规定外,联邦宪法法院的裁定在宪法法院庭审中宣读,并写入庭审记录。

第75条　决定的编写

根据被审议问题的性质,以单行文件形式编写的联邦宪法法院决定包括下列内容:

(1)决定的名称,决定通过的日期及地点;

(2)通过决定的联邦宪法法院全体人员;

(3)有关各方当事人的必要信息;

(4)被审议的问题的表述及对其进行审理的理由和依据;

(5)联邦宪法法院有权审理该问题所依据的联邦宪法和本法的有关条款;

(6)请求书所提的要求;

(7)联邦宪法法院确认的事实及其他情节;

(8)联邦宪法法院作出决定所遵循的联邦宪法和本法的有关条款;

(9)联邦宪法法院通过决定的依据,以及必要时反驳当事人主张的依据;

(10)决定的表述;

(10-1)若结论性决定以判决形式作出,有关认定请求人所质疑的规范性文件或其个别条款不合宪或依据联邦宪法法院所作解释符合俄罗斯联邦宪法,则需同时指出对于请求人而言具体案件是否有必要进行重新审查；

(11)指明此决定为最终决定以及它的强制性；

(12)决定的生效程序，及其执行与公布的程序、日期和特殊性。

联邦宪法法院的结论性决定要由参加表决的所有法官签署。

第76条　法官的特别意见

不赞同联邦宪法法院决定的法官有权以书面形式阐述自己的特别意见。联邦宪法法院法官的特别意见应并入案件材料并同联邦宪法法院决定一起刊登在《俄罗斯联邦宪法法院公报》上。

联邦宪法法院法官赞同经联邦宪法法院通过实质审理而作出的决议或判决，但对其他问题或所作决定的依据持少数意见，则该法官有权就自己与多数法官所持的不同意见进行书面说明。在这种情况下，该法官提出的书面反对意见并入案件材料中并刊登在《俄罗斯联邦宪法法院公报》上。

第77条　决定的宣布

除按本法第47－1条规定程序所作的判决外，联邦宪法法院所作的决定在法院签署后，应立即在联邦宪法法院公开审判中全文宣读。

俄罗斯联邦宪法法院的判决和结论意见应在签署后两周内分发给：

联邦宪法法院各法官；

各方当事人；

俄罗斯联邦总统、联邦委员会、国家杜马、俄罗斯联邦政府、负责人权事务的专员；

俄罗斯联邦最高法院、俄罗斯联邦总检察长、俄罗斯联邦调查委员会主席和俄罗斯联邦司法部长。

俄罗斯联邦宪法法院的决定还可以分发给其他国家机关和组织、社团、公职人员及公民。

第78条　决定的公布

联邦宪法法院的判决和结论意见应尽快刊登在俄罗斯联邦及与该决定直接有关的俄罗斯联邦主体国家权力机关的官方出版物上。联邦宪法法院的决定还应该在《俄罗斯联邦宪法法院公报》上刊登，必要时也可以刊登在其他刊物上。

第79条　决定的法律效力

联邦宪法法院的决定具有终局性，不得上诉。联邦宪法法院就确定在庭审中进行听证审理的案件所作出的决定，在宣读后立即生效。按照本法第47-1条规定程序通过的俄罗斯联邦宪法法院的判决，应根据本法第78条自其公布之日起生效。俄罗斯联邦宪法法院的其他决定自其通过之日起生效。

联邦宪法法院的决定直接有效，无须其他机关和公职人员确认。联邦宪法法院认定某规范性法律文件违宪的判决在该文件再次被通过时依然有法律效力。

被认定为违宪的文件或其某些条款失去效力；被认定不合宪的俄罗斯联邦国际条约不产生效力且不被适用。各法院或其他机关根据被宪法法院判决认定为违宪的规范性文件或其条款所作出的司法判决或决定不应予以执行，并应依据联邦法律的规定对其进行重审。

若规范性文件被宪法法院决定认定规范性文件全部或部分不合宪，或者根据宪法法院的决定必须填补立法调整上的空白，则制定该规范性文件的国家机关或公职人员应审议通过新规范文件等有关问题，新规范性文件应包含废止不合宪文件的规定或对原有文件中不合宪的部分内容或者依据俄罗斯联邦宪法法院作出的解释对认为合宪的规范性文件进行必要的修订和补充。在通过新的规范性文件之前，直接适用俄罗斯联邦宪法。

俄罗斯联邦宪法法院判决认定该规范性文件或其个别条款不合宪，或按照俄罗斯联邦宪法法院作出的解释，认定该规范性文件或其个别条款合宪，从该决议生效之日起，被决议认定不合宪的规范性文件或其个别条款不得适用或以任何其他方式实施，以及以任何其他方式实施或适用与俄罗斯联邦宪法法院所作的解释有所不同的规范性文件或其个别规定。普通法院法官、仲裁法院法官在俄罗斯联邦宪法法院判决生效后无权依据被宪法法院认定为违宪的规范性法律文件或其个别条款审理案件(包括在宪法法院判决生效前进入上诉程序的案件),也无权以任何其他方式实施或适用与俄罗斯联邦宪法法院所作的解释有所不同的规范性文件或其个别规定。

第80条　适用与俄罗斯联邦宪法法院决定相关、与俄罗斯联邦宪法法院相适应的法律和其他规范性文件时国家机关及其公职人员的义务

若宪法法院的决定认定规范性文件完全或部分不合宪,或者根据联邦宪法法院判决认定有关规范性文件或其个别条款依据宪法法院解释合宪,则必须消除法律调整领域的空白或冲突:

(1)除非根据本法第75条第1款第12项宪法法院决议另有规定期限外,俄罗斯联邦政府必须在宪法法院判决颁布之日起6个月内向国家杜马提出新的联邦宪法性法律草案、新的法律草案或者系列相关的法律草案,或被宪法法院认定为其个别条款违宪的修正法案,或者被法院解释认为合宪的法律或其部分内容修正法案。

俄罗斯联邦总统、联邦委员会、联邦委员会成员、国家杜马议员、俄罗斯联邦主体国家政权立法(代表)机关以及俄罗斯联邦最高法院就其管辖有权起草新的联邦宪法性法律草案、新的法律草案或者系列相关的法律草案,或被宪法法院认定为其个别条款违宪的修正法案,或者被法院解释认为合宪的法律或其部分内容修正法案,并提交给国家杜马。俄罗斯联邦政府在对本款所述具有立法动议权的其中一个主体所提法案准备正式意见或正式回复时,有权推迟自己提出的法案。

(2)俄罗斯联邦总统、俄罗斯联邦政府必须在俄罗斯联邦宪法法院判决颁布之日起2个月内废除俄罗斯联邦总统、俄罗斯联邦政府有关的规范性文件,通过新的规范性文件或者修订、补充规范文件中违宪的个别内容,以及修订、补充被法院解释认为合宪的规范性文件或其部分内容。

(3)俄罗斯各联邦主体立法(代议)机关必须在宪法法院判决颁布

之日起6个月内对联邦各主体宪法(宪章)进行必要的修订,废除俄罗斯各联邦主体不符合宪法的法律,通过新的俄罗斯各联邦主体法律,或者对不符合宪法的法律进行修订或补充,以及修订、补充被法院解释认为合宪的俄罗斯联邦主体法律或其部分内容。俄罗斯各联邦主体的最高公职人员(俄罗斯各联邦主体执行权力机关的首脑)必须在宪法法院决定颁布之日起2个月内向俄罗斯各联邦主体的立法(代议)机关提交法律草案。如果俄罗斯联邦主体的立法(代议)机关没有在6个月内通过符合宪法法院判决的法律,那么要承担法律规定的责任。

(4)俄罗斯各联邦主体的最高公职人员(俄罗斯各联邦主体执行权力机关的负责人)必须在宪法法院决定颁布之日起2个月内废除规范性法律文件,通过新的规范性文件或者修订、补充规范文件中不符合宪法规定的部分,以及修订、补充被法院解释认为合宪的规范性文件或其部分内容。如果俄罗斯各联邦主体的最高公职人员(俄罗斯各联邦主体执行权力机关的负责人)没有在2个月内通过符合宪法法院决议的法律,则应承当法律规定的责任。

(5)联邦国家权力机关与联邦主体国家权力机关之间以及联邦各主体国家权力机关之间签订的条约或其个别条款被宪法法院认定为违宪或宪法法院解释认为其合宪,联邦国家权力机关、联邦各主体国家权力机关须在宪法法院决定颁布之日起2个月内修订、补充或者终止该条约。

第81条　不执行决定的后果

对联邦宪法法院的决定不执行、执行不当或阻止其执行的行为,应负法律规定的责任。

第82条　对决定中不准确内容的修正

在决定公布以后联邦宪法法院可以对决定中不准确的名称、符号,以及笔误、明显的编辑与技术错误进行修改,并出具有关修改内容的裁定书。

第83条　对决定的解释

依据有权向联邦宪法法院提出请求的机关及个人的申请,或收到决定的其他机关与个人的申请,联邦宪法法院可以且只能由宪法法院对其作出的决定予以正式解释。

在联邦宪法法院庭审中,以作出该决定相同的程序审议解释联邦宪法法院决定的问题。若以听证方式就宪法法院决定解释问题在庭审中审议,则应邀请申请解释该决定的机关或个人以及作为案件审理当事方的机关和个人参加本次庭审。

就解释联邦宪法法院决定所作的裁定,以单行文件形式说明,并应在刊登该决定的出版物上予以公布。

第三编　俄罗斯联邦宪法法院针对个别案件的特殊诉讼程序

第九章　对国家权力机关制定的规范性法律文件以及国家权力机关之间签订的协议是否合宪的案件的审理

第 84 条　向联邦宪法法院提交案件审理请求的权利

俄罗斯联邦总统、联邦委员会、国家杜马、联邦委员会或国家杜马 1/5 的议员、俄罗斯联邦政府、俄罗斯联邦最高法院、俄罗斯各联邦主体立法与权力执行机关均有权就《俄罗斯联邦宪法》第 125 条(第 2 款)所规定的国家权力机关制定的规范性法律文件以及国家权力机关之间的协议向联邦宪法法院提出要求,请求审查其是否合宪。

第 85 条　审查申请的准许

若申请人认为由国家权力机关制定的规范性法律文件以及国家权力机关之间签订的协议或其个别条款违反了俄罗斯联邦宪法而不应生效,或其生效违背了联邦国家权力机关、联邦各主体最高国家权力机关及其公职人员正式通过的有关拒绝适用或执行不合宪规范性法律文件或协议的决定,或者违反了国际人权机构正式通过的决定,适用这些规范性法律文件或条约会侵犯俄罗斯联邦的公民权和自由,需要对其进行修改以消除上述违法行为,这样的审查申请是准许的。

如果联邦主体制定的规范性文件所涉及的内容属于俄罗斯联邦国家权力机关管辖或属于联邦国家权力机关与联邦主体国家权力机关共同管辖,则准许提出有关对其是否符合宪法进行审查的申请。

第 86 条　审查的范围

联邦宪法法院将从以下方面对国家权力机关制定的规范性法律文件以及国家权力机关之间签订的协议进行审查,以确定其是否符合俄罗斯联邦宪法:

(1)法规内容;

(2)法规或协议的形式;

(3)法规或协议签署、签订、通过、公布以及实施的程序;

(4)是否遵守联邦宪法所规定的国家权力中立法权、执行权和审判权的分立;

(5)是否遵守联邦宪法对联邦国家权力机关之间的职权所进行的划分;

(6)是否遵守联邦宪法和有关划分职权的联邦条约及其他条约规定的联邦国家权力机关和联邦各主体国家权力机关之间的职权划分。

若联邦国家权力机关制定的规范性法律文件以及国家权力机关之间的协议在俄罗斯联邦宪法生效前就已通过,则联邦宪法法院只能对法规内容予以合宪性审查。

第 87 条　案件的结论性决定

根据对国家权力机关制定的规范性法律文件或国家权力机关之间签订的协议所进行合宪性审查的结论,联邦宪法法院将作出下列其中一项判决:

(1)认定规范性法律文件或协议,或它们的部分内容符合俄罗斯联邦宪法;

(1－1)在俄罗斯联邦宪法法院的解释中,认定规范性法律文件或协议,或其部分内容符合俄罗斯联邦宪法;

(2)认定规范性文件或协议,或其部分内容不符合俄罗斯联邦宪法。

对俄罗斯联邦法律、俄罗斯联邦总统制定的规范性法律文件、俄罗斯联邦政府制定的规范性法律文件、协议或其个别条款违宪的认定是以规定程序废除规范性法律文件或协议的条款的依据，也是废除其他有关联的规范性法律文件或协议的依据。这些有关联的规范性法律文件是指，由认定全部或部分违宪的规范性法律文件或协议为基础制定的文件，或者含有违宪条款或协议中的违宪内容的文件。

认定俄罗斯各联邦主体制定规范性法律文件或条约，或其部分内容不符合俄罗斯联邦宪法是其他联邦各主体国家权力机关按规定程序废除与该文件或协议有关联的含有违宪文件或违宪协议内容的其他法律文件或条约的依据。

法院、国家机关和公职人员不得适用本条第 2 款、第 3 款所述的规范性法律文件与协议的条款。

如果在公布宪法法院决定 6 个月内，不合宪的同类规范性法律文件没有被废除或者修订，不合宪的同类条约没有全部或者部分被终止效力，那么联邦法律授权的国家机关或者公职人员可向法院提出异议或请求，要求认定该规范性法律文件或协议无效。

若国家权力机关制定的规范性法律文件、国家权力机关之间签订的协议或其个别条款按俄罗斯联邦宪法法院的解释认定为合宪，其适用时排除任何其他解释，而这一判决的结果也适用于本联邦宪法性法律的规定以及其他那些有关认定规范性法律文件或者协议、其个别条款不合宪时的联邦法律的规定，本法另有规定除外。

第十章　未生效的俄罗斯联邦国际条约合宪性案件的审理

第 88 条　向联邦宪法法院提交案件审理请求的权利

俄罗斯联邦总统、联邦委员会、国家杜马、联邦委员会或国家杜马 1/5 的议员、俄罗斯联邦政府、俄罗斯联邦最高法院、俄罗斯各联邦主体立法与权力执行机关均有权向联邦宪法法院提出要求，请求对未生效的俄罗斯联邦国际条约的合宪性进行审查。

第 89 条　审查申请的准许

以下情况允许对未生效的俄罗斯联邦国际条约的合宪性提出审查的要求：

(1)申请中所提及的俄罗斯联邦国际条约应是依照《俄罗斯联邦宪法》和俄罗斯联邦法律由国家杜马批准或由其他联邦国家权力机关确认的；

(2)申请人认为该未生效的俄罗斯联邦国际条约违反《俄罗斯联邦宪法》,不应予以生效并适用。

第 90 条　审查的范围

联邦宪法法院对未生效的俄罗斯联邦国际条约的合宪性进行审查的内容以本法第 86 条的有关规定为准。

第 91 条　案件的结论性决定

根据对未生效的俄罗斯联邦国际条约的合宪性进行审查的结果,联邦宪法法院将通过下列决议中的一项：

(1)认定未生效的俄罗斯联邦国际条约或它的部分内容符合《俄罗斯联邦宪法》;

(2)认定未生效的俄罗斯联邦国际条约或它的部分内容不符合俄罗斯联邦宪法。

自联邦宪法法院宣布认定未生效的俄罗斯联邦国际条约或其部分内容不符合联邦宪法的决定之时起,该国际条约将不得生效和适用,即该国际条约对俄罗斯联邦而言不可能以任何形式批准和生效。

第十一章　有关权限争议的审理

第 92 条　向联邦宪法法院提出案件审理请求的权利

《俄罗斯联邦宪法》第 125 条第 3 款列举的涉及权限争议的国家权力机关,均有权向联邦宪法法院提出有关解决争议的请求。在《俄罗斯联邦宪法》第 85 条第 1 款规定的情况下,俄罗斯联邦总统也有权向联邦宪法法院提出同样的请求。

第 93 条　审查申请的准许

在以下条件下,允许某个(某些)国家权力机关提出解决有关争议的请求：

(1)引起争议的权限是由《俄罗斯联邦宪法》所确定的；

(2)争议不涉及法院案件管辖问题；

(3)争议未能或不可能以其他方式予以解决；

(4)申请人认为颁布某项文件、完成某项具有法律性质的行为、逃避颁布该文件与完成该行为违反《俄罗斯联邦宪法》规定的对国家权力机关之间权限的划分；

(5)申请人以前曾向《俄罗斯联邦宪法》第125条第3款中所列国家权力机关提出过书面声明，控诉其违反宪法和其他协议确定的属于申请人所有的权限，或者控诉其逃避履行属于自己权限的职责；

(6)在收到本款第5项所述书面声明后1个月内，声明中提到的侵权行为并未予以消除；

(7)有关国家权力机关请求联邦总统按照《俄罗斯联邦宪法》第85条规定的调解程序解决争议，提出请求后1个月内，联邦总统没有运用这些调解程序，或这些程序未能使争议得以解决。

依据《俄罗斯联邦宪法》第85条的有关规定，允许联邦总统在下列情况下向联邦宪法法院提出请求：

(1)联邦总统为解决国家权力机关之间的争议曾运用过有关的调解程序；

(2)国家权力机关之间的分歧是属于联邦宪法法院管辖的权限争议。

第94条　审查的范围

联邦宪法法院在审理有关权限争议时，只能以《俄罗斯联邦宪法》确定的三权分立、联邦国家权力机关之间的权限划分原则以及由《俄罗斯联邦宪法》、联邦和其他有关权限划分条约规定的联邦国家权力机关和联邦主体国家权力机关之间，联邦主体最高国家权力机关之间权限划分原则为依据。

只有在基于单独请求并符合规范性文件合宪性问题的审理程序时，

对直接引起职权范围争议的规范性文件进行审理,即审理其内容、形式、签署的程序以及在通过、公布或予以实行的过程中是否符合宪法。

第 95 条　案件的结论性决定

根据对权限争议的审理结果,联邦宪法法院将通过下列一项决议:

(1)确认引起本次职权范围争议的相关国家权力机关具有颁布文件或作出具有法律性质的某种行为的权力;

(2)否认引起本次职权范围争议的相关国家权力机关具有颁布文件或作出具有法律性质的某种行为的权力。

若联邦宪法法院认定,文件的颁布并不属于颁布该文件的国家权力机关的权限内,则自宪法法院决定所指之日起,该文件失效。

第十二章　对公民宪法诉愿案的审查

第 96 条　向联邦宪法法院提出诉愿的权利

在具体案件中适用的法律侵犯了公民的宪法权利与自由时,公民、公民团体以及联邦法律规定的其他机关和人员有权向联邦宪法法院就侵犯公民宪法权利与自由提出个人或集体诉愿。

除本法第 38 条中列举的文件外,诉愿还应该附有所确认的裁决具体案件时适用的被质疑法律的官方文件副本。根据诉愿人的请求,审理案件的公职人员或机关应将这一证明文件副本交给诉愿人。

第 97 条　准许提出诉愿的条件

在下列情况下,可以对侵犯公民宪法权利与自由的法律提出诉愿:

(1)该法律影响了公民的宪法权利与自由;

(2)该法律适用于法院所审查的具体案件中,并且应该在法院审理案件后 1 年内提出申诉。

第 98 条　诉愿案件受理后的结果

对侵犯公民宪法权利与自由的法律提出的诉愿被受理后,联邦宪法法院应将这一信息通报给近期依据被申诉的法律就申诉人的案件作出司法判决的法院,以及应诉愿人要求,通知依据联邦法律执行该司法判决的机关和该司法判决对于审理案件可能具有意义的法院。相关法院可以中止该案件司法判决的执行或诉讼程序，直到俄罗斯联邦宪法法院作出裁决。

第 99 条　审查的范围

联邦宪法法院对被质疑侵犯公民宪法权利与自由的法律进行审查的范围以本法第 86 条的有关规定为准。

第 100 条　案件的结论性决定

根据对法律侵犯公民宪法权利与自由的诉愿进行审理的结果，联邦宪法法院将依照本法第 87 条的规定，通过下列一项判决。该判决的后果也由本联邦宪法性法律的上述条款确定。

若俄罗斯联邦宪法法院依据本法第 87 条第 1 款第 1 项或第 2 项规定通过判决，则此案应由主管机关以普通程序复查，依照本法第 96 条规定向宪法法院提出诉愿的公民和(或)公民团体，由联邦预算或有关俄罗斯联邦主体预算按照俄罗斯联邦政府规定的程序和数额向其补偿：

(1)已缴纳的国家税费；

(2)代理人服务费；

(3)申请人及其代理人出庭期间的旅费和住宿费；

(4)与诉讼有关的邮寄费用；

(5)误工费。

第十三章　法官询问案的审理

第 101 条　向联邦宪法法院提出申请

任何审级的法官在审理案件时，认为在该案件中应适用的法律不符合《俄罗斯联邦宪法》，可以向宪法法院提出对该法律的合宪性进行审查的申请。

当法官依据诉讼法规定重审与国际人权机构作出的裁决有关的案件时，即该裁决认定俄罗斯联邦法律或其部分条款的适用侵害了俄罗斯人的权利和自由，法官认为，相关法律只能在得到合宪性确认后才能适用，则可以向宪法法院提出合宪性审查申请。

第 102 条　审查申请的准许

根据法官意见，若法律应在其审理的具体案件中适用，则允许法院提出申请。

第 103 条　提出申请后的结果

在法院决定向联邦宪法法院提出申请至联邦宪法法院通过有关该问题的审理决定期间内，中止该案件的诉讼程序。

第 104 条　审查的范围与结论性决定的种类

联邦宪法法院根据法官申请对争议性法律合宪性的审查范围，以及对该案件所作的结论性决定的种类以本法第 86 条和第 87 条规定为准。

第十三章之一　国际人权机构裁决的执行可能性的审查

第 104－1 条　向俄罗斯联邦宪法法院提出询问

负有保障俄罗斯联邦利益职责的联邦权力执行机关，在审查国际人权机构基于俄罗斯联邦国际条约、联邦国家机关意见所作出的裁决时，有义务或者该联邦权力执行机关本身就负有义务在其职权范围内采取措施执行，但是该联邦权力执行机关认为不能执行国际人权机构作出的裁决。因为这会导致违背俄罗斯联邦宪法，则联邦权力执行机关有权向俄罗斯联邦宪法法院提出询问，要求审理国际人权机构作出的裁决可否执行的问题。

询问应附有国际人权机构作出的裁决。

第 104－2 条　询问的准许

负有保障俄罗斯联邦利益职责的联邦权力执行机关如果认为，不能执行国际人权机构的裁决，因为这会导致违背《俄罗斯联邦宪法》，则联邦权力执行机关向俄罗斯联邦宪法法院提出的询问，应被准许。

第 104－3 条　审查的范围

俄罗斯联邦宪法法院依据俄罗斯联邦宪法从俄罗斯联邦宪法制度以及《俄罗斯联邦宪法》规定的对人和公民权利及自由的法律调整角度审查国际人权机构的裁决的执行可能性。

第 104－4 条　案件的结论性决定

俄罗斯联邦宪法法院就案件审理结果采取以下一项决议：

(1)对于向俄罗斯联邦宪法法院提出的询问，依据《俄罗斯联邦宪法》裁定国际人权机构作出的裁决全部或部分具有执行性；

(2)对于向俄罗斯联邦宪法法院提出的询问，依据《俄罗斯联邦宪法》裁定国际人权机构作出的裁决全部或部分不具有执行可能性。

如果俄罗斯联邦宪法法院根据本条第2款作出决定，任何旨在执行国际人权机构裁决的行为(文件)都不能实施(适用)。

第十四章　对宪法解释案的审理

第105条　向联邦宪法法院提出审理请求的权利

俄罗斯联邦总统、联邦委员会、国家杜马、俄罗斯联邦政府以及联邦各主体立法机关有权向联邦宪法法院提出申请，要求对俄罗斯联邦宪法进行解释。

俄罗斯联邦总统和政府有权向宪法法院提出宪法解释的申请，这是为了消除国际人权机构解释所涉的国际条约与国家人权机构裁决的执行所涉的《俄罗斯联邦宪法》条文之间的理解上的不确定性。

第106条　必须接受联邦宪法法院对《俄罗斯联邦宪法》的解释

联邦宪法法院对《俄罗斯联邦宪法》所作的解释，对所有国家立法、行政及司法机关、地方自治机关、企业、机关、组织、公职人员、公民及其团体均有权威性和强制性。

为了消除国际人权机构解释所涉的国际条约与国家人权机构裁决的执行所涉的《俄罗斯联邦宪法》条文之间的理解上的不确定性而对宪法规范作出的解释，即不能执行国际人权机构的裁决以此防止违背宪法规范，这一解释意味着任何旨在执行国际人权机构裁决的行为(文件)都不能实施(适用)。

第十五章　对有关俄罗斯联邦总统犯有叛国或其他严重罪行的指控是否符合规定程序提出的询问进行审理

第107条　向联邦宪法法院提出审理请求的权利

联邦委员会有权对有关俄罗斯联邦总统犯有叛国或其他严重罪行的指控是否符合规定程序提出询问，请求宪法法院对此作出结论。

第 108 条　允许提出询问的条件

如果指控是由国家杜马提出,或附有联邦最高法院关于联邦总统的行为有犯罪嫌疑的意见,则允许向联邦宪法法院提出对有关联邦总统犯有叛国或严重罪行的指控是否符合规定程序的询问。

第 109 条　提交询问书和作出结论的程序

对有关俄罗斯总统犯有叛国或其他严重罪行的指控是否符合规定程序的询问,应在国家杜马通过有关指控的决定之日起 1 个月内,向联邦宪法法院提出。同询问书一同应附上国家杜马有关指控的决定原文,在国家杜马会议上对该问题进行审议的记录与速记、与审议该问题有关的所有文件材料以及俄罗斯联邦最高法院所作的意见原文。

联邦宪法法院应对询问书予以登记后 10 日内,作出结论意见。

第 110 条　对有关俄罗斯联邦总统犯有叛国或其他严重罪行的指控是否符合规定程序的结论意见

根据对案件进行审理的结果,联邦宪法法院将作出分别含有如下内容的结论意见:

(1)提出的指控符合规定的程序;

(2)提出的指控不符合规定的程序;

在联邦宪法法院通过有关俄罗斯联邦总统犯有叛国或其他严重罪行的指控不符合规定程序的决定的情况下,此诉讼程序即告终结。

第四编　附　　则

第 111 条　俄罗斯联邦宪法法院机关

由俄罗斯联邦宪法法院秘书处和其他分支部门构成的机关保障俄罗斯联邦宪法法院的活动。

俄罗斯联邦宪法法院秘书处为俄罗斯联邦宪法法院提供组织、科学分析、信息咨询和其他保障,并接待来访人员;审理初步寄达俄罗斯联邦宪法法院、不涉及需要该院法官研究的问题的请求;协助法官准备庭审和会议中审理的案件和其他问题;研究和统筹国家机关的活动以保障俄罗斯联邦宪法院的决定执行。其他分支部门负责俄罗斯联邦宪法法院的物质技术和社会生活保障。

俄罗斯联邦宪法法院根据支出预算确定机关的人数、结构和编制表;批准俄罗斯联邦宪法法院秘书处条例。

俄罗斯联邦宪法法院机关工作人员的权利、义务和责任以及工作条件由法律、其他涉及联邦国家部门、法院工作人员地位的规范性法律文件以及俄罗斯联邦有关劳动的立法规定。

第 112 条　俄罗斯联邦宪法法院的官方出版物

俄罗斯联邦宪法法院的官方出版物是《俄罗斯联邦宪法法院公报》。

第 113 条　俄罗斯联邦宪法法院印章

俄罗斯联邦宪法法院具有刻有俄罗斯联邦国徽和自己名称的印章。

第 114 条　俄罗斯联邦宪法法院司法权象征物

在俄罗斯联邦宪法法院的楼体上悬挂俄罗斯联邦国旗。

在俄罗斯联邦宪法法院审判庭里悬挂俄罗斯联邦国徽和国旗。

在俄罗斯联邦宪法法院法官办公室里悬挂俄罗斯联邦国旗。

俄罗斯联邦宪法法院法官身着法官袍。

第 115 条　俄罗斯联邦宪法法院所在地

俄罗斯联邦宪法法院的常驻地在圣彼得堡。

俄罗斯联邦宪法法院庭审在其常驻地举行。必要时,法院也可以在其他地方举行庭审。

为保证公民及公民团体获得宪法公正裁判,俄罗斯联邦宪法法院同其他俄罗斯联邦权力机关及俄罗斯联邦主体在莫斯科保持固定联系,为协助俄罗斯联邦宪法法院行使其权力,在莫斯科设立俄罗斯联邦宪法法院代理处。

第五编　过 渡 条 款

(1)俄罗斯联邦宪法法院在《俄罗斯联邦宪法》第 125 条规定的权

限内,审议并解决俄罗斯联邦宪法法院在俄罗斯联邦宪法生效之前提出的请求。

(2)俄罗斯联邦宪法法院的全体组成人员应该在联邦宪法法律生效后的30日内组建。

(3)俄罗斯联邦宪法法院的全体成员组建后,选举院长、副院长和书记法官,组建俄罗斯联邦宪法法院各厅人员。

(4)本法第12条第1款的规定适用于俄罗斯联邦宪法法院的所有现任法官。

(5)保持本法生效之前规定的俄罗斯联邦宪法法院及其法官的独立性物质保障。

第六编　本联邦宪法性法律的生效

(1)本联邦宪法性法律自正式颁布之日起生效。

(2)1991年7月12日通过的俄罗斯苏维埃联邦社会主义共和国宪法法院法(俄罗斯苏维埃联邦社会主义共和国人民代表大会和最高苏维埃,1991,№ 30,ст. 1017)自俄罗斯联邦宪法法院法颁布之日起失去效力。

俄罗斯联邦总统　鲍·叶利钦

莫斯科　克林姆林宫

1994年7月21日

№ 1 – ФКЗ

南　　非

南非宪法法院补充法案

为规范由 1993 年《南非共和国宪法》(以下简称《宪法》)建立的宪法法院的附属事项;并对相关事项作出规定。

序　　言

1993 年《宪法》第 97 条至第 100 条规定了组建宪法法院、任命法院的院长、该法院的管辖权、该法院的组成和法官任命以及该法院的活动范围。

该宪法规定,该宪法法院拥有对于所有与解释、保障和执行宪法条款有关的事项,在共和国范围内作为终审法院的所有管辖权。

组建该宪法法院的行为,使对于该法院的性质、权力和行政职能这些事项上需要作出进一步的必要规定。

因此,南非共和国议会作出以下规定。

1. 定义

在本法中,除非有其他规定,否则:

"首席大法官"指南非的首席大法官;

"该法院"指根据《宪法》第 98.1 条规定成立的宪法法院;

"法院成员"指法院的院长及其他法官;

"部长"指司法部部长;

"该法院书记员"指法院根据本法第 14 条任命的书记员或一名助理

书记员；

“规约”指根据本法第16条发布的法院规约。

2. 法院的性质和印章

(1)该法院应当是一个存档法院。

(2)该法院在情况要求时，应当启用一个印章，该印章的设计应当由共和国总统在政府公报上发布。

(3)该法院的印章由该法院书记员保管。

3. 诉讼程序的范围和执行

该法院的诉讼程序可以适用于整个共和国，它的判决和裁定，根据规约的规定，应当与最高法院的审判庭或者地方法院作出的判决或裁定相同，在相关地区以相同的方式执行。

4. 法院案卷复印件可被用作证据

在该法院的任何判决、命令、裁定或者的其他案卷被要求以任何方式提供、接受审核或者递交时，其副本在该法院书记员以该法院印章正式确认后，可以在不鉴定该法院书记员签名真实性的情况下，作为初步证据使用。

5. 针对该法院成员提起的诉讼程序

(1)无论其他法律文件中是否有相反的规定，不得针对该法院的任何成员以传唤或者提出申请的方式，提起任何民事诉讼程序，且不得针对该法院的任何成员签发任何涉到民事程序的传票，除非：

(a)针对该法院院长时，获得了首席大法官的同意；

(b)针对该法院的其他法官时，获得了该法院院长的同意。

(2)如果根据本条第1款获得了相应人士的同意，该法院成员出庭的时间应当相应地在与首席大法官或者该法院院长磋商后确定。

6. 在该法院所在地以外的其他地方开庭

如果该法院认为，因为例外情况，在约翰内斯堡以外的其他地方开庭审理任何事项是更为便利的话，则可以在该地开庭。

7. 任命委员会

(1)当该法院认为诉讼过程中的任何事项时有必要时，可以在诉讼一方当事人要求下或者自行决定，任命一个委员会，以获得并审查相应的证据。

（2）本法第11条、第12条、第13条的规定原则上适用于根据本法第1款任命的委员会。

8. 向该法院提出违宪性裁定的申请

（1）（a）当最高上诉法院、高等法院或者具有类似地位的一家法院认为，议会的法案、省的法案或者总统的行为根据南非1996年《宪法》（1996年第108号法案）第172.2.a条无效时，该法院可以根据规约的规定，向该法院提出违宪性裁定的申请以获得确认。

（b）当任何当事人或者国家机关有充分的利益向该法院提出上诉或者直接申请，要求确定或者改变某个法院作出的关于违宪性的裁定，根据《宪法》第172.2.d条的规定，该法院应当根据规约的规定处理相应事项。

（2）在该法院院长要求时，司法部部长应当任命一名法律顾问，以针对根据本条第1款提交的事项，发表意见。

9. 蔑视法院

（1）任何人：

（a）在法院开庭期间，故意侮辱该法院的任何成员，或者出庭的该法院的官员，或者故意阻止或阻碍该法院的任何成员或者官员行使权力或者履行职责；

（b）有意阻碍该法院审判程序的进行，或者在该法院开庭的地点以其他方式作出了不当举动；

（c）有意作出不当举动以在该法院正在处理或将要处理的事项上影响该法院。

其将根据该法院的裁定被带离并置于监管中，直至该法院闭庭。

（2）对本条第1款涉及的当事人的带离与监管措施，不会排除对该当事人在普通法院对其提出蔑视法院的起诉。

10. 保证当事人出庭或提交任何书证或物证的措施以及在措施无效时的惩罚

(1)参与该法院诉讼程序的当事人,如果在该程序中要求证人出庭作证或者要求提交任何书证或物证,可以根据规约的要求,确保人出庭作证或者提交任何书证或者物证。

(2)如何任何个人在被传唤出庭,以作为证人或者提供任何书证或物证,但是在没有正当理由的情况下没有服从传唤的要求,而且根据送交传票的办事人员的回复或者根据宣誓证词证明:

(a)该传票已经送达当事人,该当事人的合理成本已经根据1959年《最高法院法》(1959年第59号法案)中的费用标准进行了计算并进行了支付,或者表示会向其支付;或

(b)他或她逃避出庭,或者,如果任何已经根据传票的要求应当出席的当事人没有继续出庭,该法院可以签发令状将其逮捕,并根据令状中载明的时间和地点押送至该法院,或者在令状签发后尽快押送到庭。

(3)任何根据上述令状之一被逮捕的当事人可以被羁押于任何监狱、拘留所或其他监禁地点,或者在对该当事人有监管职责的办事人员的监管下,以保证他或她在涉及的程序中作为证人出席作证或者提交书证或物证:除非该法院的某一成员在其提交保证金,且无论是否有担保人,保证其可以出庭或者提交任何被要求的书证和物证的情况下,将其释放。

(4)任何人在根据本条第1款的规定被要求参加任何诉讼程序以作为证人或者提交任何书证或者物证,如果在没有正当理由的情况下没有按照该传票的要求行事,将被定罪并在判决成立后交纳罚金或者被监禁不超过3个月。

(5)任何人如果已经根据本条第3款的规定提交了保证金,以在相应的审判过程中出庭作证或者提交书证和物证,但是在没有合理理由的情况下未能出庭或提交相应的书证和物证,他或她将在被罚没保证金的同时,将被定罪并在判决成立后交纳罚金或者被监禁不超过3个月。

11. 当证人拒绝作证或提交书证时可以对其采取的措施

(1)在任何审判过程中，当任何人根据传票的要求或者根据第11条签发的令状出庭，或者参加庭审的当事人被该法院要求提供口头证词：

(a)拒绝宣誓或者作出确认行为；

(b)已经宣誓或者作出了确认，但是拒绝回答提交给他的问题；

(c)在被要求时拒绝或者没有提交相应的书证或物证。

且没有正当的理由拒绝作证或不作证，该法院可以在8日内中止审判过程，并且在此期间以令状的形式将该拒绝作证或不作证的当事人押送监狱，除非该当事人立即同意作出其被要求的行为。

(2)如果本条第1款涉及的当事人在庭审重新开始后，又拒绝作出其被要求的行为，该法院可以再次中止庭审过程并将该当事人再次送监，该程序可不断适用，直至该当事人同意作出其被要求的行为。

(3)本条包含的规定不得阻止该法院根据其他被采纳的充分证据以针对任何事项作出判决或以其他方式处置诉讼程序。

(4)任何人不得被要求提交未在传票中说明或者以其他足够明确的方式在传票中说明的书证或物证，除非其在参加庭审的过程中已经拥有了该证据。

(5)如果一份传票已被签发，其中要求某当事人在某庭审过程中出庭作证，或者提交书籍、文件或书证，但是事实证明：

(a)其无法提交任何与该庭审过程有关的证据，或提交任何书籍、文件或书证；或者

(b)该书籍、文件或书证可由其他个人以恰当地方式提供；或者

(c)强制该当事人出庭将会构成对该法院程序的滥用；

无论本条作出了何种规定，在该法院书记员向要求撤销相关传票的当事人发布了合理通知后，该法院的任何成员都可以不开庭的方式当面听取该当事人的意见，并撤销该传票。

12. 作证费用

因为任何事项在该法院出庭的当事人，应当被支付在最高法院民事

诉讼程序中可以获得的津贴。

13.（已删除）

14. 任命法院官员和办事人员

（1）司法部部长可以根据处理公务员问题的法律，在该法院院长请求并与其协商后，为该法院任命一名书记员、助理书记员，以及在任何时候为处理司法行政事务或行使该法院权力和履行该法院职责需要的该法院办事人员。

（2）（a）该法院院长在同司法部部长协商后，可以随时任命一名或多名人员，以从事研究工作或者履行其他该法院院长指定的职责。

（b）根据本款第 a 项任命的人员的薪酬或者其他工作条件和待遇，可以通过该法院院长以一般或者特别规定的方式，在与第 15 条第 3 规定的官员协商后确定。

（3）当该法院书记员或助理书记员因为不在工作岗位或者无力履职，使其无法履行其所在岗位的职责或者他们的岗位出现空缺，司法部部长可以在与该法院院长协商后，在该岗位出现空缺或者无人履职期间，任命其他合格的公务员以从事出现空缺或者无人履职的岗位的工作，直至该空缺被增补。

（4）根据本条第 1 款任命的公务员可以同时拥有该款规定的一项以上的职位。

（5）司法部部长可以将自己根据本条拥有的权力委托给司法部的一名官员行使。

15. 财务与责任

（1）与该法院行政工作和履行职责有关的开支可以从议会拨付的资金中支付。

（2）对该法院行政工作和履行职责有关的开支需要由该法院院长在与司法部部长协商后决定，并由司法部部长递交议会，其程序与政府部门的预算处理方式相同。

（3）行政总监：法官或者司法部的一名官员在受指派时，根据 1975

年《国库法》(1976 年第 66 号法案)。

(a)负责对收到的预算资金和该法院的行政工作和履职行为的会计工作。

(b)保留必要的会计记录以及其他相关的记录,这些记录文件将接受总审计长的审计。

16. 法院管辖、规约和保留条款

(1)(a)该法院院长在与首席大法官协商后,可以通过在政府公报上发布通知的方式,规定该法院处理其管辖范围内各种事项的方式,其中包括 1996 年《宪法》第 172 条(1996 年第 108 条法案)规定的事项,以及其他与该法院诉讼程序有关的事项。

(b)任何规约、修正案或者撤销案应当在公布于政府公报以前尽快提交给议会。

(2)当要求正当并得到该法院批准时,该规约可以允许一名当事人:

(a)将某一事项直接提交给该法院;或

(b)从另一法院直接向该法院上诉。

(3)公布于 1995 年 1 月 6 日的 R5 号《政府通告》上的 1995 年《宪法法院规约》,其目前修正后的版本应被视作已经根据本条第 1 款通过。

17. 简称

本法应为称为 1995 年《宪法法院补充法案》。

南非宪法法院规约

南非首席大法官根据1996年《南非共和国宪法》第171条以及经修订后的1995年《宪法法院补充法案》第16条(1995年第13号法案),规定以下规约以规范与宪法法院有关的程序事项,并从2003年12月1日生效。

目　　录

1. 定义

(1)在本规约中,如果任何用语或者表达方式已经在《宪法》中得到定义，这些用语和表达方式应当具有相同的含义，除非本规约文本有其他规定：

"宣誓书"指1963年《治安法官与政府专员宣誓法》第7条规定的确认书或宣誓书；

"申请"指在申请获得相应的申请书，"申请行为"也将具有相应的含义；

"首席大法官"指根据《宪法》第174.3条任命的南非首席大法官；

"《宪法》"指1996年《南非共和国宪法》；

"该法院"指根据《宪法》第166.a条并参照宪法法院附录6第16.2.a款建立的宪法法院；

"法院工作日"指除周六、周日或者公共假期以外的日期，只有法院工作日才可以在根据本规约的要求计算各种日期或者根据该法院的裁定计算日期时被适用；

"副首席大法官"指根据《宪法》第174.3条任命的副首席大法官；

"指示意见"指首席大法官关于在处理案件的过程中涉及的程序问题应当遵循的方式的指导意见；

"法官"指根据《宪法》第174条或第175条任命的，不从事公开审查案件的该法院的一名法官或者代理法官；

"法律诊所"指在共和国范围内的一所大学法律院系中，为学生提供法律实践教育的中心，以及由非营利组织控制的法律中心，其目的是为公众提交免费的法律服务，并且根据1979年《代理人法》(1979年第53号法案)第3.1.f条的规定具有相应的资格；

"当事人"指诉讼当事人，其中包括代表当事人出庭的法律代表，根据具体情况确定；

"院长"指最高上诉法院的院长；

"书记员"指该法院的书记员，其中包括该法院的任何代理或者助理书记员，或者在其缺席时任何由该法院的行政总监任命的人士；

"治安官"指根据1986年《治安官法》第2条(1986年第90号法案)

任命的人士,其中包括根据本法第 5 条或者第 6 条的规定被任命为代理或者副治安官的人士,以及在国家的领土范围内,根据任何在本宪法实施前还具有效力且未被有权机关废除的法律任命的治安官,代理或者副治安官;

"《最高上诉法院规约》"指在 1988 年 11 月 27 号以政府通告第 1523 号发布的,规定最高上诉法院程序活动的规约;

"《统一规约》"指在 1965 年 1 月 12 日以政府通知第 48 号发布并经修订的,规定各省高等法院以及地方审判庭程序行为的规约;

(2)任何根据本规约授予首席大法官行使的权力或者职权可以委托给由首席大法官指定一名或多名法官行使。

(3)本规约中所指必须签署文件的一方当事人应当理解为包括代表该当事人的法律代表,向书记员提交的文件,包括提前提交给其他当事人这些文件、向书记员提交所有文件的 25 份副本,以及这些文件的与该法院适用的软件兼容的电子版 1 份。

(4)通知、指示意见或者本规约涉及的其他沟通活动,可以通过挂号信、传真或其他电讯方式进行:但是,如果一份通知或者其他沟通活动以电子文本的方式进行,发布该通知或者其他沟通活动的当事人应当立即向书记员提交该通知或者其他沟通活动的书面副本,在该副本上应当有该当事人的确认签名,以确定该沟通活动或者通知的日期。

(5)首席大法官可以延长本规约中规定的任何期限。

(6)书面意见、回复或者其他向该法院提交的书面意见应当清楚且简洁。

(7)申请书应当清晰易读,双倍行距打印在 A4 纸上。

(8)在第 5 条规定的范围内,《统一规约》第 4 条的规定应当在根据需要作出一定的修改后被适用,以服务于该法院的任何程序要求。

第一部分 法 院

2. 法院

(1)每年分成四个开庭期,包括:

2 月15 日至3 月31 日(含);

5 月1 日至5 月31 日(含);

8 月15 日至9 月30 日(含);

11 月1 日至11 月30 日(含)。

(2)如果首席大法官作出相应的决定可以在开庭期以外的时间审判案件。

(3)如果开庭期的日期不是法院工作日,该开庭期将在下一个法院工作日开始;如果开庭期的最后一天不是法院工作日,则该开庭期将在开庭期结束前的一个法院工作日结束。

第二部分 书 记 员

3. 书记员的工作时间

(1)书记员办公时间是在法院工作日的8:30 ~ 13:00、14:00 ~ 15:30。

(2)书记员可以在特殊情况下在工作时间以外接受文件,但是事先应当获得一名法官的指示。

4. 书记员一般义务

(1)上诉申请,另一法院向该法院针对任何事项提交的令状,或者该法院诉讼程序中根据本规约涉及的任何文件,应当由书记员在归档时在本年度内连续编号。

(2)在本案件或者其后发生的相关案件中以上述方式连续编号的文件应当标明表示提交该文件的当事人的编号,书记员不得接受未标明当事人编号的文件。

(3)任何提交给书记员的涉及一个案件的文件应当由书记员以表明该案件的编号标记并归档在该案件卷宗下。

(4)任何根据本条第1 款提交的文件应当缴纳75 兰特法院费用,并加盖收款章;除非提交文件的当事人可以证明,其满足本条第5 款的贫困标准,此时书记员可以取消缴纳法院费用的要求,并在提交的相关文件第 1 页上作出标记。

(5)任何当事人在希望启动或反对该法院的一项诉讼程序时，如果其认为自己身处贫困，该当事人或者其代表人，应当使书记员满意地认为，在不计算其家庭日用品、衣物或交易工具的价值的情况下，其拥有的财产不超过 20,000 兰特且无法在合理时间内通过其收入获得这些数额的财产。

(6)在复印相关材料时，应当支付本条第 6 款第 a 项规定的复印费。任何人都可以在书记员在场的情况下复印 1 份档案。

(a)在一方当事人请求时，书记员可以为其复印任何法院的文件，每一份 A4 尺寸或者小于该尺寸的复印文件应当支付非法院 0.5 兰特的费用并加盖收款章。如果需要证明该复印件的真实性的话，应支付 1 兰特的费用。

(b)根据本条第 4 款、第 5 款的规定，书记员可以免收该费用。

(7)当该法院根据《宪法》第 172 条宣布或确认某法律条款同宪法存在抵触时，书记员应当在作出该判决后 15 日内，将该判决发表在中央政府公报上，如果相应的判决涉及某个省的立法文件，还应发表在相应的省政府公报上。

(8)书记员应当公布一份庭审名单，并在法院的每个开庭期前 15 日张贴在该法院所在的建筑物的公告板上，以方便各法律代表以及公众知悉。

(9)针对任何诉讼程序的指示意见应当由书记员在该指示意见作出后 5 日内转交给各涉案当事人。

(10)(a)书记员应当保存该法院的档案记录，并不得允许任何一份记录被带出法院所在的建筑物。

(b)任何提交给书记员并成为该法院档案组成部分的文件不能在此后被从法院的官方文件中永久性撤出。

(c)在该法院的诉讼程序结束后，由其他法院传递来的原始档案和文书应当被送还给这些法院。

(11)(a)如果书记员发现,一方当事人没有获得法律代表,书记员应当将该当事人推荐给最近的人权委员会的办公室或者官员、法律援助委员会、法律诊所或者其他类似的单位和机构,这些机构应当愿意并有能力向该当事人提供援助。

(b)国家或书记员不得因为其在该法院的诉讼程序中基于善意向相关当事人提供的帮助,或在执行相关判决时根据本规约的要求提供相应的法律建议,或者因为其汇编任何文件或者准备任何程序问题的行为,而承担相应的损害或损失的赔偿责任。

第三部分　国家机关的联合诉讼

5. (1)在包括上诉事项在内的任何事项上,如果针对以下事项存在争议:任何总统或行政命令或行为,或者即将采取的总统或行政命令或行为的合宪性,或者对任何法律的合宪性的调查,其中包括议会或者任何省立法机关的法律,对该总统或行政命令或行为,或者对将采取的总统或行政命令或行为负责的国家机关,或者将执行该法律的国家机关,当这些国家机关还没有成为本案诉讼当事人时,质疑这些命令、行为或法律的当事人应当在5日内向书记员提交相关文件,以在该法院的诉讼程序中首次提及将相关国家机关加入诉讼程序中的意愿。

(2)该法院只有根据本规约的要求,才可以宣布相关命令、行为或者法律违宪。

第四部分　当　事　人

6. 当事人代表

除非该法院或者首席大法官另有指示,只有在高等法院出庭资格的人,才可以在该法院的任何诉讼程序中代表任何一方当事人出庭。

7. 当事人变更

(1)如果一方当事人死亡或者无资格继续任何程序时,该诉讼程序应当中止直至一名获得授权的代表或者其他合格的当事人被任命以代替原当事人,或者直到阻止其无资格继续程序进行的事项消失。

(2)当一名被授权或者其他合格的当事人已被任命,该法院可以在收到申请后,指定该获得授权或者合格的当事人替代已经死亡或者无资格的原当事人。

8. 在诉讼程序中加入的当事人

(1)任何有权加入或者有责任加入诉讼程序的当事人,可以在通知所有当事人后,在诉讼程序的任何阶段申请作为当事人加入。

(2)该法院或者首席大法官可以在收到此申请时作出相应的决定,其中包括涉及诉讼成本的决定,并在有必要时对诉讼程序的后续作出指示。

9. 授权书或者允许采取诉讼行为的授权

(1)不需要提供授权书,但是如果对于某法律执业人士代表任何一名当事人行事的权利,在一方当事人对该法律职业人士相关诉讼行为作出后21日内,或者在判决之前获得该法院令状的允许,提出质疑时,该法律执业人士将不得采取任何诉讼行为,除非其在21日内向书记员提交授权书。

(2)任何提交的授权书或者允许采取诉讼行为的授权书应当由该当事人或者该当事人的代表签名,并根据法律的相关规定处理。

(3)代表国家行事的当事人不得被要求提交授权书或者允许采取诉讼行为的授权书。

第五部分　法 庭 之 友

10. 法庭之友

(1)根据本规约的规定,任何人士对该法院审理的事项感兴趣时,可以在获得该法院审查的事项涉及的各方当事人书面同意后,在本条第5款规定的期限内,在各方当事人书面意见规定的期限、条件、权利和豁免的范围内,或者在首席大法官根据本条第3款发布的指示意见要求内,以法庭之友的身份加入诉讼程序。

（2）第1款要求的书面同意意见应当在获得后5日内，提交给书记员，该法庭之友应当在符合其他规定的情况下，在各方同意的时间期限内提交书面意见。

（3）首席大法官可以修改本条第1款中所指的各方当事人同意的期限、条件、权利和豁免。

（4）如果无法获得本条第1款涉及的书面同意书，任何对该法院审理的事项有兴趣的当事人可以向首席大法官申请成为法庭之友，首席大法官可以接受这新的申请，并规定该法庭之友可以享受的期限、条件、权利和豁免。

（5）如果本条第4款给出的指示意见没有规定相应的时间期限，第4款中的当事人应当在被申请人提交书面意见后的5日内，或者在提交书面意见的期限过期以前，提交申请。

（6）申请成为法庭之友的申请书中应当：

（a）简明说明法庭之友对诉讼程序的兴趣；

（b）简单阐述法庭之友在诉讼程序中将采取的立场；

（c）阐述其将提供的法庭之友意见，该意见与本案的相关性以及其认为这些意见对该法院的价值以及与其他当事人意见的不同之处。

（7）法庭之友有权提交书面意见，只要该书面意见不会重复其他庭审当事人意见中涉及的内容，且能够提出对该法院有价值的新观点。

（8）在不违反第31条规定的情况下，法庭之友应当将自己的观点限制在上诉的案卷或者其他诉讼程序中提供的事实基础上，不得增加新的材料或者提交口头意见。

（9）接受一名法庭之友的令状应当载明该法庭之友提交书面意见的日期或者其他的相关事项。

（10）该法院处理诉讼成本问题的裁定可以规定因为法庭之友的介入而产生的费用的支付问题。

（11）第1条第3款应当适用，并可以在作出必要的调整后适用于法庭之友。

第六部分　申　　请

11. 申请程序

(1)在没有其他规定的情况下,在任何情况下如果有必要基于任何目的提交申请,其中包括:

(a)《宪法》第167.4.a条考虑的事项;

(b)从该法院获得指示意见。

该申请应当以申请书的形式提出,以宣誓书的形式支持其请求,载明申请人需要相关救济的事实,并载明一个离书记员办公室25公里以内的地址,其中包括地理和邮政地址、传真、电话号码和电子邮件地址。利用该地址,申请人可以接收到诉讼程序中的各种通知和文件的送达。并且,要确定一个具体日期,该日期应在向被申请人送达后的5日内,在该日期当天或在该日期之前该被申请人应当以书面形式通知申请人,其是否打算反对该申请,并说明如果没有收到该通知的情况下,书记员将被要求将申请事项提交给首席大法官,以根据本条第4款的方式采取措施。

(2)如果针对任何个人、机关、政府、国家机关或者单位提出了救济要求,或者如果有必要或应当通知这些个人和组织根据本条第1款提交申请,该申请书应当同时提交给书记员和相关的个人和组织,并应当载明该救济要求针对的对方当事人的各种细节,包括地理地址、传真和电话号码和电子邮件地址等联系信息,以使书记员可以与该当事人联系,否则应当向书记员说明,并根据具体情况尽量完整地填写作为本规约附录的表1或表2。

(3)(a)任何人反对在申请书中寻求的裁判要求时应当:

(i)在该申请书中载明的时间期限中,以书面方式通知申请人和书记员其计划反对该申请的意愿,并且应当在书记员办公室25公里范围内指定一个地址,以便接受诉讼程序中的各种通知和送达文件。

(ii)在通知其反的意愿后的15日内提交其答辩宣誓书,如果有,还包括各种相关文件,相应地,也应附加各种宣誓书。

(b)在收到送达的本款第 a. ii 目的宣誓书和文件后,申请人可以在 10 日内提交答辩宣誓书。

(c)(i)在本款第 a. ii 目规定的时间范围内没有收到反对通知,或者没有收到根据本款第 a. ii 目的规定提交答辩宣誓书时,书记员应当在 5 日后将申请书递交给首席大法官。

(ii)在收到答辩宣誓书时,书记员应当在收到该答辩申请书 5 日内向首席大法官递交申请书。

(d)首席大法官可以根据本条第 4 款的规定允许提交进一步的宣誓书。

(4)如果根据本条第 3. c 项的规定向首席大法官提交了申请书,首席大法官应当指示如何处理该申请,尤其是是否应当开庭审查该案件或者应当根据在宣誓书中提供的信息的摘要或书面意见处理。

12. 紧急申请

(1)在紧急申请的情况下,首席大法官可以忽视本规约中规定的各种表格和送达的要求,并指示处理相关事项的期限、方式以及相应的程序。在这些指示可以在与本规约相一致且恰当的情况下,应尽可能符合实际情况的要求。

(2)本条第 1 款涉及的申请应当以申请书的形式,并附送宣誓书,详细说明需要偏离普通处理程序的背景需要。

13. 理由

(1)书面理由应当及时提交,并需要包括目录表、在文件中包含其在相应的页面涉及的国家机关的列表。

(2)如果首席大法官有指示的话,不得提口头理由。

(3)(a)口头理由应当与该法院处理的问题有关,发表其的时间长度应当符合首席大法官有权规定的时间长度。

(b)当事人应当假定所有的法官都已经阅读了书面理由并无须重复其中的内容。

(4)(a)可以任何官方语言向该法院提供理由,且当事人无须提供翻译人员。

(b)如果一方当事人想以其在提交书面理由时的官方语言以外的另一种官方语言对该法院陈述意见,该当事人应当在对争议事项庭审前至少7日,书面通知书记员其利用其他一种语言的意图,并指出该另一种语言是何种语言。

(5)在该法院自身提出动议时,或者在一方或多方当事人申请时,该法院可以裁定将两个或者更多地涉及形式上相同或者相关问题的案件,作为一个案件合并审理,或者以其他规定的方式审理。

第七部分　该法院具有排他管辖权范围内的事项

14. 提请审议法案

(1)南非共和国总统或者一省的总理对《宪法》第79.4.b条或第121.2.b条涉及的法案提请审查请求时,应根据具体情况以书面形式提出并递交给书记员、国民大会的议长和全国省委员会的主席,或者涉案的省立法机关的议长。

(2)这些审议申请应当具体说明:

(a)南非共和国总统或者某省的总理具有保留意见的相关法案的条款;

(b)与其保留意见有关的宪法条款;

(c)提出这种保留意见的理由。

(3)在全国议会或相关省立法机关中获得代表的政党,有权在本条第4款涉及的指示意见规定的时间范围内,针对待决定的事项提交书面意见。

(4)在收到提交审议的申请后,对相关事项的处理应当根据首席大法官发布的指导意见处理,首席大法官的指导意见应当包括:

(a)视具体情况,要求国民大会或者省立法机关的议长、全国省委员会的主席,提交首席大法官认为对于处理相关事项必需或者有便利的

补充信息;以及

(b)视具体情况,通知在全国议会或者涉案的省立法机关中的所有可能针对待决事项提交书面意见的相关政党,要求他们根据首席大法官的指示意见在指定的时间内提交书面意见。

15. 法律的合宪性

(1)根据《宪法》第80.1条或者第122.1条,由国民大会或者某省的立法机关的成员提交的申请,应当由申请书的形式提交,并提交宣誓书以支撑其请求。在申请书中需要载明申请人支持其申请救济的意愿,该申请书应当递交给书记员,并送达给国民大会的议长;如果需要,根据具体情况还应送达给全国省委员会的主席,或者涉案的省立法机关的议长。

(2)该申请书应当要求各级议长,如果相关,还可要求全国省委员会的主席,在送达该申请书后5日内,书面通知在相关立法院和立法机关中获得代表的政党注意该申请的内容。

(3)本条第1款中的申请应当包括1份由相关立法机关议长出具的证明,证明已经满足了《宪法》第80.2.a条或第112.2.a条的要求。

(4)本条第1款中的申请应当同详细说明:

(a)被质疑的法律条款;

(b)支持该质疑的相关宪法条款;

(c)涉及的各种条款间存在相应冲突的理由;

(d)寻求的救济,其中包括各种暂时救济。

(5)(a)当在任何立法机关中的政党或者任何政府反对颁发该申请寻求的裁定时,应当在被送达该申请书15日内以书面形式通知书记员其反对该申请的意愿,并在该通知书中指定一个地址,以便于该政党或者政府可以在诉讼程序中接收各种通知或者文件的送达。

(b)在提交此通知后,该申请应当根据第11条的规定处理。

(6)如果没有根据本条第5款的规定提交相应的通知,对相关事项应当按照首席大法官的指示意见处置,该指示意见可以包括:

(a)要求提供首席大法官认为对于处理本案事项必需或者有便利的补充信息；

(b)根据具体情况，通知全国立法机关或涉及的省立法机关中的所有利益相关的政党，可以根据指示意见规定的时间期限，提交与决定相关事项有关的书面意见。

16. 维持违宪性裁定

(1)当某法院根据《宪法》第172条的规定作出了违宪性的裁定后，该法院的书记员应当在作出该裁定后的15日内，向宪法法院的书记员递交1份该裁定书的副本。

(2)有权根据《宪法》第172.2.d条的规定反对该裁定的个人或者国家机关，当其有意愿针对该裁定提出上诉时，应当在该裁定作出后15日内，向宪法法院的书记员递交1份上诉通知书，并向作出该裁定的法院的书记员递交1份上诉通知书的副本，相关事项应当依据首席大法官的指示意见处理。

(3)上诉人应当在其上诉通知书中清楚地说明上诉理由，并指出上诉针对的事实或法律问题，以及上诉人认为原裁定本应当以何种形式作出。

(4)有权根据《宪法》第172.2.d条的规定申请维持该裁定的个人或者国家机关，当其有意愿针对该裁定提出维持申请时，应当在该裁定作出后15日内，向宪法法院的书记员递交1份维持申请通知书，并向作出该裁定法院的书记员递交1份申请通知书的副本，相关事项应当依据首席大法官的指示意见处理。

(5)如果相应的申请书，没有在规定的时间内根据本条第2款和第4款的规定递交，维持违宪性裁定的相关事项应当根据首席大法官的指示意见处理。

17. 批准省宪法

(1)当某省的立法机关根据《宪法》第142条和第144.2条的规定通过或修正了其宪法，并希望该法院批准该宪法或者宪法修正案时，该省立法机关的议长应当以书面形式记载证明该省立法机关通过的宪法或宪法修正案的内容，向该法院书记员递交该宪法或宪法修正案，并向该法院提出正式请求，要求该法院履行其根据《宪法》第144条应当履行的职责。

(2)本条第1款涉及的证明文件中应当包括一个声明，明确说明该宪法或者宪法修正案已经以被要求的多数通过。

(3)任何在省立法机关中的政党都有权向该法院发表口头意见，只要该政党在发表口头意见前可以被要求向该法院提交书面意见。

(4)在收到本条第1款的请求时，相关事项应当根据首席大法官的指示意见处理，在该指示意见中应当包括：

(a)对要求相应的议长提供首席大法官认为处理相关事项必需或者有便利的补充信息的指示；

(b)对有利害关系的政党提交书面意见的期限的指示；

(c)对按照(b)项提交的书面意见，应当采用首席大法官认为合适的方式，并通知在省立法机关中的其他政党注意的指示；

(5)该法院根据《宪法》第144条作出的裁定，可以说明符合或者不符合宪法的省宪法或省宪法修正案的具体条款。

第八部分　直接申请与上诉

18. 直接申请

(1)按照《宪法》第167.6.a条的规定提起的直接申请应当以申请书的形式作出，该申请书应当获得宣誓书的支持，在宣誓书中要详细说明申请人寻求救济时依据的事实情况。

(2)本条第1款中涉及的申请应当递交给书记员，并送达所有与该项救济有直接或实质利害关系的当事人，在该申请书中应当说明：

(a)出于正义的要求允许提出该直接申请的理由；

(b)被寻求的救济的性质以及支持该救济的理由；

(c)相关事项是否可以被该法院在不听取口头证据的情况下处理，

如果不可以的话；

（d）应当以何种方式提交这些证据并处理事实争议。

（3）任何个人或者当事人在有意反对该申请时，应当在该申请被提交后10日内，以书面形式通知申请人和书记员其反对该申请的意愿。

（4）当书记员收到反对申请的通知时，或者已经超过了提交该通知的期限后，相关事项应当根据首席大法官的指示意见处理，在该指示意见中应当包括：

（a）要求被申请人在规定的时间内向该法院提交书面意见，说明是否应当授受该直接申请的指示；

（b）说明不需要提交书面意见或者宣誓书的指示；

（5）对直接申请可以简易程序处理，不需要听取在申请书之外的口头或者书面理由。如果被申请人表达了其有意根据本条第3款的规定提出反对意见的意愿，只有在满足本条第4款第a项的规定后，才可接受直接申请。

19. 上诉

（1）在根据《宪法》第172.2.a条作出的违宪裁定外，当包括最高上诉法院在内的任何法院针对宪法事项作出了决定，无论最高上诉法院的院长是否拒绝颁发上诉令状或者特别上诉令状，本条规定的程序都可以适用于针对向该法院提出的上诉的而颁发的令状。

（2）若一名当事人对某法院的决定不满并希望向该法院针对一项宪法事项直接上诉，他应当在该上诉针对的决定作出15日内，并在通知其他相关当事人后，向书记员递交允许其上诉的申请。如果最高上诉法院的院长拒绝在本条规定的时间内颁发上诉令状，则该当事人提出申请的期限应当从拒绝颁发令状之日起计算。

（3）本条第2款涉及的申请应当由申请人或者其法律代表签名，并包含以下内容：

（a）上诉针对的法院决定以及该决定存在争议的理由；

（b）简明扼要地说明涉案法院决定中提及的宪法事项；以及其他问

题,包含据称与决定相关宪法事项有关的问题;

(c)该提起上诉的申请人认为该法院需要注意,因此提交的补充信息和理由;

(d)声明该申请人是否已经申请或者有意针对另一个法院申请上诉令状或者特殊上诉令状,如果有此意愿的话,应当包含以下内容:

(i)何家法院;

(ii)该申请是否取决于向该法院提交的申请已经被驳回;

(iii)该申请的最终结果,如果在向该法院提出申请时能够知道;

(4)(a)在递交本条第2款涉及的申请后10日内,各被上诉人可以通过书面形式答复,答复内容包括是否反对向该申请颁布上诉令状,在有反对意见时还需要提供反对的理由;

(b)答复书应当由各被上诉人或其法律代表签名;

(5)(a)希望针对某一宪法事项提出交叉上诉的原申请被上诉人,应当在本条第2款涉及申请递交后10日内,向书记员递交申请交叉上诉令状的申请。

(b)在作出必要的调整后,本规约的规定也适用于交叉申请。

(6)(a)该法院应当判定是否要向上诉人颁发上诉令状;

(b)对上诉令状的申请可以以简易程序处理,在申请书包括的理由外不需要听取口头或者书面理由。

(c)该法院可以裁定对上诉令状的申请审查将进入辩论程序,并要求各当事人提交的书面理由不仅要针对是否应当针对该申请颁布上诉令状,也需要针对争议本身的内容。第20条的规定将在作出必要的调整后,适用于相应的处理程序。

20. 上诉程序

(1)如果根据第19条的规定颁布了上诉令状,上诉人应当提供通知并以如下方式处理上诉程序:

(a)上诉人应当根据首席大法官指示意见中规定的时间准备并向书记员提交相应的上诉案卷;

(b)在符合本款以下第 c 项的同时,上诉人提案的案卷中应当包括上诉针对的法院的判决、各相关当事人提交给该被上诉法院的文件,以及在原诉讼程序中提交的所有与将要在该上诉程序中处理的问题相关的证据。

(c)(i)诉讼各方当事人应当尽量就在案卷中应当包含的材料达成一致,如无法达成一致,上诉人应当向首席大法官申请指示意见,以决定如何汇编上诉案卷。

(ii)上诉人应当以书面形式提出该申请,并说明各方当事人针对汇编上诉案卷的争议以及上诉人的相关意愿的支持理由。

(iii)被上诉人应当在被送达上诉人的申请后 10 日内进行答复并详细说明被上诉人的相关意愿的支持理由。

(iv)首席大法官可将该申请指定给一名或多名法官处理,这些法官可以根据书面材料处理相关事项或者要求相关当事人在特定的日期前来并在特定的时间讨论案卷的汇编问题。

(v)这些法官可以针对如何汇编案卷,向书记员提交案卷的时间期限以及其他这些法官认为对于该法院处理该上诉必要的问题作出指示,在该指示中,可以要求将上诉申请发回原审法院以审查该指示意见中明确提及的待补充证据或者以宣誓书或其他形式,向该法院提交与上诉有关的补充证据。

(2)(a)向该法院书记员提交的案卷副本中的 1 份应当由被上诉法院的书记员核实是真实的。

(b)提交的案卷副本应当以双倍行距、黑色油墨、清晰地单面打印在结实的 A4 纸上。

(c)以其原始形式打印的清晰文件,如支票和类似的文件,不得再打印,相应地,应当提供这些文件在 A4 纸张上清晰的复印件。

(d)文件的页码应当清晰地连续标注,每页的第 10 行文字应当被标注,原审法院标注的页码也应当尽可能保留。

(e)庞大的案卷应当被分解成方便阅读的多卷,每卷大约 100 页。

在装订这些案卷时，应当以书籍的形式将其结实地装订以长期使用，并在使用时不需要再用手或者其他方式保持其摊开的状态。

(f)所有的案卷都应当以可靠的方式装订在相应的封面内，在该封面上应当载明案件号、当事人的名称、案卷编码以及在本卷中包含的文件的页码数、各案卷的总数、原审法院以及各当事人的代理人姓名。

(g)本条要求的装订方式应当足够可靠地保证装订在相应的案卷中的纸张的稳定性；如果一份案卷包括了一本以上的案卷，每份案卷的编码和包括在本案卷中的页码数应当在本案卷的书脊的上 1/3 处标注。

(h)在向书记员递交文件时，如果该文件存储在计算机磁盘中，提交该文件的当事人在有可能的情况下，应当也向书记员提交 1 份存储有该文件的磁盘，或者按照书记员要求的格式，以邮件的方式向书记员传送 1 份相关文件的电子副本，该文件的格式应当与该法院在接受文件递交时使用的软件兼容，书记员的电子邮箱地址是 registrar@ concourt. org. za。传送该文件的行为的不能免除相关当事人根据第 1 条第 3 款的规定提交相应数量的纸质文件的义务。

(i)如果向书记员提交了相应的磁盘，相应的文件将被复制后，应将磁盘返还给相关当事人。当提交了 1 份磁盘或者相应文件的电子版本而非纸质案卷后，当事人只需要向书记员提供相应的文件的 13 份副本。

(3)如果相应的案卷已经根据第 1 款第 b 项、第 c 项的要求递交，书记员应当向本上诉案涉及的各方当事人发布 1 份通知，要求：

(a)上诉人在首席大法官决定并由本通知具体规定的时间期限内，向书记员递交 1 份支持本上诉的书面理由；

(b)被上诉人在首席大法官决定的特定日期以前，向书记员递交 1 份针对上诉人理由的书面理由，该特定日期应当在上诉人的理由已经送达于被上诉人之后。

(4)在被上诉人的理由送达于上诉人后 10 日内，上诉人可以向书记员递交 1 份书面理由以回应被上诉人的理由。

(5)首席大法官可以决定是否可以只根据书面理由处理该上诉案。

(6)在符合第5款规定的情况下,首席大法官应当决定听取口头理由的日期,书记员应当在该决定作出后5日内,以挂号信或者传真的方式,通知上诉案涉案各方当事人该听取理由的日期。

21. 向书记员提交的补充信息

如果根据本规约第16条的规定向书记员提交了维持违宪性裁定,或者针对该裁定提交了上诉申请通知,或者根据本规约第19条的规定提交了上诉申请的通知,申请人或者上诉人应当同时向书记员提交1份通知,其中:

(a)说明相应案卷的篇幅,或者如果该案卷中包含有尚未收录的证据,需要说明相应案卷的大致篇幅以及补充该证据所需要的时间;

(b)是否存在将使庭审时间超过1日的特殊情况,或者将与首席大法官的指示意见相关的其他特殊情况。

第九部分　费用与成本

22. 对成本的税收和代表人的费用

(1)《最高上诉法院规约》第17条、第18条关于税收和代理人费用的规定,在经过必要的调整后将适用。

(2)在允许进行口头和书面辩论时,针对书面辩论的费用可以作为特别规定在恰当的情况下被允许。

23. 该法院的费用

(1)在本规约已经规定的各种费用之外,本规约附录2中规定的各种费用也应当是在加盖收款章后需要支付的费用。

(2)本规约第4条第4款、第5款的规定,在经过适当调整后将适用。

第十部分　其他规定

24. 图书馆

(1)该法院的法官、该法院的工作人员以及其他获得图书管理员许可的从事宪法研究的人士应当可以利用该法院的图书馆。

(2)该图书馆的开放时间,应当满足该法院的合理需要,其运作应当符合由宪法法院图书馆委员会在与首席大法官协商后制定的规则的要求。

25. 翻译

如果向书记员提交的案卷或者文件中,包含以不是所有法官都理解的官方语言书写的材料,书记员应当将这一部分案卷或者材料,由来自高等法院的一名宣誓翻译人员,翻译成这些法官能够理解的语言,并将这些翻译件提供给各当事人。

26. 模型、图表和展示

(1)模型、图表和对各种资源的展示,当其构成某个案件的证据的组成部分,并被提交给该法院以接受质证时,这些模型、图表和展示应当至少在该案件被审理或者提交前10日,置于书记员的监管下。

(2)所有提交书记员监管的模型、图表和对材料的展示应当在该案件被决定后40日内由当事人带走。

(3)如果没有按照前款处理,书记员应当通知相关当事人带走相关物品,如果在其后6个月内都没有被带走,书记员可以销毁这些物品或者以合适的方式处理这些物品。

27. 撤回案件

在诉讼程序的任何阶段,如果所有当事人向书记员递交了1份书面同意书要求撤回该案件,并在该同意书中说明对诉讼成本的支付问题以及应当向书记员支付的各种到期费用的处理问题,在首席大法官作出相应指示的情况下,书记员应当记录该撤回行为,由此该法院将不再处理该事项。

28. 文件的格式

(1)任何篇幅超过15页的文件,无论是采取何种形式复制,都应当包含1份具有准确标注的目录表;

(2)每份文件在其结尾处都应当标注当事人及其代表人的名称、地理和邮政地址、传真号、电话号码和电子邮件地址,各种文件的原件应当由当事人或者其代表人签名。

(3)(a)书记员不得接受形式与本规约的规定不符的任何文件,但应当将该文件退回有错误的当事人,并指出不符合要求的地方;如果在收到书记员的该书面退回通知后5日内又提交了任何此类文件新的且合规的副本,这类提交行为不得被视作过期。

(b)如果该法院发现本规约的要求没有得到遵守,该法院可以在其裁量权的范围内施加适当的处罚措施。

29.《统一规约》的某些规则的适用

《统一规约》的以下规则,在经过适当的必要调整后,适用于该法院的诉讼程序:

规则号	内容
6(7)至6(15)	在申请和相关事项上加入诉讼的当事人
28	对诉愿内容和文件的修改
35(13)	发现、质证和提供文件
38(3)至38(8)	为审判活动获得证据
42	改变和废除裁定
59	宣誓翻译人
61	对证据的翻译
62	填写、准备和质证文件
63	对在共和国范围外产生的文件为在共和国之内使用该文件的目的而进行的鉴定
64	销毁文件
65	法院专员

30. 1959年《最高法院法》(1959年第59号法案)部分条款的适用

1959年《最高法院法》(1959年第59号法案)的以下条款,在经过适当的必要调整后,适用于该法院的诉讼程序,如果这些条款是其法院的规则。

条款	内　容
19bis	将特定事项提交鉴定人鉴定
22	法院在听取上诉时的权力
32	调查人员对在民事案件中需要其提供证据的当事人的检查
33	处理来自外国的司法协助书、申请书以及文件送达问题：该条款中英语或者阿非利卡语可以“其他官方语言”替换

31.用以调查事实材料的被递交文件

(1)该法院任何诉讼程序中的任何当事人以及该法院在任何诉讼程序中承认的法庭之友有权利用根据本规约递交于书记员的文件，以调查没有被案卷特别提及但却与决定该法院处理事项有关的事实材料，如果这些事实情况：

(a)是常见现象或者不会有争议；或者

(b)具有官方性、科学性、技术性或者统计性，因此非常易于确认。

(2)所有其他当事人有权在该规约允许的时间期限内，对该文件的内容作出回应，以在对该法院作出相关决定必要且适当的范围内，承认、否认、提出争议或者深入分析相关事实。

32.违反本规约

该法院或者首席大法官可以：

(1)根据自己的决定或者在收到申请时，如果证明有充足的理由，可以对规定在本规约中的任何时间期限进行延长或者压缩，并对违反本规约的情况不允追究；

(2)针对各种诉讼活动、程序，或者对上诉请求、申请以及其他事项，在该法院或者首席大法官认为公正且有便利时时，作出指示意见。

33.执行：1995年《宪法法院补充法案》(1995年第13号法案)第3条

该法院的诉讼成本裁定应当由治安法院以如下方式执行：

(1)该关于诉讼成本的裁定应当具有治安法院的民事判决的效力，该诉讼成本裁定支持的一方应被视作判决债权人，反对的一方应被视为判决债务人。

(2)诉讼成本裁定支持的一方当事人,应当在该诉讼成本裁定没有被遵守时,向书记员提交1份宣誓书,详细说明该诉讼成本裁定书的具体内容,并说明该诉讼成本裁定书没有被执行,或者没有得到全面执行的情况,根据具体情况确定以及未支付的款额,并应当要求书记员向其提供1份获得核实的该诉讼成本裁定的副本。

(3)书记员应当在检查相关法院文件后核实该宣誓书内容的真实性,并向本条第2款中的当事人提供经过核实的1份该诉讼成本裁定副本,并在该法院的文件中记录提供了该案卷的行为。

(4)本条第2款中涉及的当事人应当向其居住、营业或者受雇地的区民事法院的书记员递交1份相应的文件副本。

(5)该裁定应当根据1944年《治安法院法》(1944年第32号法案),以及公布在1968年6月21日第R.1108号《政府公报》上的《治安法院规约》中,关于针对动产和不动产财产执行保障措施、颁布薪酬附加令状和扣押令状的相关经修订的规定执行。

34. 过渡规定

如果根据本规约确定了相关期限,但是该期限的计算将在本规约生效前开始,那么该期限的开始日期应当从本规约生效之日起计算。

35. 废除规则

过去公布的《宪法法院规约》应当在本规约实施之日废止。但是以书面形式作出,涉及处理某一已经进入处理程序的争议或者案件决定问题的程序的指示意见应当继续有效,除非首席大法官以书面形式废止了该指示意见。

36. 简称

本规约应当被称为2003年《宪法法院规约》。

附录 1——表格

表格号

1. 申请书(对书记员)

2. 申请书(对书记员和被上诉人)

表格 1

通知书

(对书记员)

在南非宪法法院

案件号:

关于以下当事人的事项:

____(申请人名)

提请通知注意以上申请人向该法院申请令状以处理以下事项:

(a)____

(b)____

(c)____

以及由__________提供的宣誓书,附录在后,以支持以上请求。

谨将相关事项提交首席大法官根据本规约第 11.4 条处理。

日期:

申请人或代理人

递交与上述法院的书记员

表格 2

申请书

(对书记员与被上诉人)

案件号:

对于涉及当事人之间的事项

____(上诉人)

和

____(被上诉人)

通知________(以下简称上诉人)有意申向该法院关于(a)________(b)________(c)________(在此详细说明申请的令状形式)的令状,同时递交的_________宣誓书将用以支持相应的请求。

同时通知申请人已经指定_____________(在此处详细说明一处地址)作为其在这些程序中接收通知或者文件送达的地址。

同时通知如果您有意反对该申请,您需要(a)以书面形式在______(日期)以前通知申请人的代理人并(b)在您收到该通知后 15 日内,为通知您反对该申请的意愿提交答辩宣誓书,如果有的话;而且您应当在该通知书中指定一个将用于在这些程序中接收通知或文件送达的地址。

如果没有提交表达反对申请意愿的通知,申请人将要求书记员将相关事项提交予首席大法官以根据本法第 11.4 条处理。

日期

申请人或者代表人签名

(1)被上诉人:

地址:

(2)该法院书记员

附录 2——费用

	兰特
递交任何申请(不含最初文件)	10.00
递交答辩宣誓书(每一份)	10.00
递交上诉或者交叉上诉通知	15.00
准予上诉的法院令状	15.00
书记员核实文件副本的真实性(每一份)	1.00
在每一事项中关于费用的税务活动	25.00

韩　　国

韩国宪法裁判所法*

（1988 年 8 月 5 日法律第 4017 号）

目　录

---

* 在中国，宪法学术界广泛使用“宪法法院”和“宪法法院法”；而在韩国，一般使用“宪法裁判所”和“宪法裁判所法”。“裁判所”一词来自日本，其实“法院”和“裁判所”是一个意思，但就韩国人而言，“宪法法院”因为有两个“法”字被重复使用，所以发音不太自然，顾选用了“宪法裁判所”。虽然在中国一般使用“宪法法院”和“宪法法院法”，但在此忠实于原文，直接使用“韩国宪法裁判所”和“韩国宪法裁判所法”。这样，还可以避免韩国宪法裁判所“所长”在中国变成宪法法院“院长”的结果，也可以避免两国法院之间交流中会出现不必要的误解。——译者注

第一章 总 则

第 1 条 目的

本法的目的为规定宪法裁判所的组织、运作及有关审判程序的必要事项。

第 2 条 管辖事项

宪法裁判所管辖下列各号之事项：

（1）根据法院的提请，进行法律违宪与否的审判；

（2）弹劾审判；

（3）政党的解散审判；

（4）国家机关相互之间、国家机关与地方自治团体之间及地方自治团体相互之间权限争议的审判；

（5）有关宪法诉愿的审判。

第 3 条 组成

宪法裁判所由 9 名裁判官[1]组成。

第 4 条 裁判官的独立

裁判官依照宪法和法律的规定，依良心独立审判。

第 5 条 裁判官的资格

（1）裁判官在从事下列各号中的一项职业 15 年以上，且年龄 40 周岁以上的人中任命。但从事下列各项两种职业以上者，合算其在职期限。

①法官、检察官、律师；

②具有律师资格的人，在国家机关、国营·公营企业、依照《有关公共机关运行的法律》第 4 条规定的公共机关或其他法人中从事法律业务者；

③具有律师资格的人，在公认的大学具有法律学助教授以上职称者。

---

[1] 在韩国，一般法院（初等法院、中等法院、大法院等法院）的法官被称为“法官”或“判事”，而宪法裁判所的法官被称为“裁判官”。《韩国宪法裁判所法》中也分别使用“法官”和“裁判官”，即宪法裁判所的法官为“裁判官”，而除此之外的任何法官为“法官”。因此，在此也分别依照韩国《韩国宪法裁判所法》的原文和习惯使用，以免读者混同。——译者注

(2)符合下列各项中任一情形者不能被任命为裁判官。

①依据其他法令不能任用为公务员者；

②被判处禁锢以上的刑罚者；

③因弹劾被罢免后未满5年者。

第6条　裁判官的任命

(1)裁判官由总统任命,且裁判官中3人从国会选出的人中任命,3人从大法院[1]院长指名的人中任命。

(2)裁判官得经国会的人事听证会任命、选出或者指名。在此种情况下,总统在任命裁判官(由国会选出的人或由大法院院长指名的人除外)前,大法院院长在指名裁判官前得要求人事听证会。

(3)当裁判官任期届满或在任期中退职年龄届至时,得直至任期届满日或退职年龄到来日为止任命继任者。

(4)任期中裁判官缺员时,得自缺员之日起30日内任命继任者。

(5)虽有第3款及第4款的规定,但如果在国会中选出的裁判官在国会闭会或休会中任期届满或缺员时,国会须自下届集会开始之日起30日内选出继任者。

第7条　裁判官的任期

(1)裁判官任期6年,可连任。

(2)裁判官退职年龄为70岁。

第8条　裁判官的身份保障

除下列各项情形外,裁判官不得违背裁判官本人意思将其解任。

(1)已作出弹劾决定时；

(2)被宣告处禁锢以上刑罚时。

第9条　禁止裁判官参与政治

裁判官不得加入政党或参与政治。

第10条　规则制定权

(1)宪法裁判所在本法与其他法律相不抵触的范围内,可以就审判程

[1] 韩国的大法院相当于中国的最高法院。本文按照原文使用“大法院”。——译者注

序、内部纪律及事务处理制定规则。

(2)《宪法裁判所规则》在官报上予以公布。

第10条之2　提出立法意见

宪法裁判所所长认为需要制定或修改有关宪法裁判所的组织、人事、运行、审判程序及其他有关宪法裁判所业务的法律时,可向国会以书面形式提出意见。

第11条　经费

(1)宪法裁判所的经费须独立,单独列入国家预算。

(2)第1款的经费中包括预备金。

第二章　组　　织

第12条　宪法裁判所所长

(1)宪法裁判所设宪法裁判所所长。

(2)宪法裁判所所长经国会同意,由总统从裁判官中任命。

(3)宪法裁判所所长代表宪法裁判所,统一管理宪法裁判所事务,指挥、监督所属公务员。

(4)当宪法裁判所所长缺位或因不得已之事不能履行职务时,依照《宪法裁判所规则》规定的顺序由其他裁判官代行其权限。

第13条　(1991年11月30日已删除)

第14条　禁止裁判官的兼职

裁判官不得兼任下列各号中的任何一项职务,也不得从事以营利为目的的事业。

(1)国会或地方议会议员的职务;

(2)国会、政府或法院公务员的职务;

(3)法人、团体等的顾问、管理人员或职员的职务。

第15条　宪法裁判所所长等的待遇

宪法裁判所所长的待遇与报酬依照大法院院长的标准发放,裁判官为政务职,其待遇与报酬依照大法官的标准发放。

第 16 条　裁判官会议

(1)裁判官会议由裁判官全员组成,宪法裁判所所长任议长。

(2)裁判官会议须由裁判官 7 人以上出席,并由出席人员过半数赞成议决。

(3)议长在议决中享有表决权。

(4)下列各号事项须经裁判官会议的议决:

①《宪法裁判所规则》的制定、修改及依据第 10 条之 2 的规定提出立法意见的相关事项;

②有关预算要求、预备金支出与决算的事项;

③有关事务处长、事务次长、宪法裁判研究院院长、宪法研究官及 3 级以上公务员任免的事项;

④作为特别重要的事项由宪法裁判所所长付诸裁判官会议的事项。

(5)有关裁判官会议运作的必要事项由《宪法裁判所规则》规定。

第 17 条　事务处

(1)为处理宪法裁判所的行政事务,在宪法裁判所设事务处。

(2)事务处设事务处长与事务次长。

(3)事务处长依照宪法裁判所所长的指挥,统一管理事务处的事务,指挥、监督所属公务员。

(4)事务处长可出席国会或国务会议,就宪法裁判所的行政事务发言。

(5)对宪法裁判所所长所作出的处分提起的行政诉讼,被告为宪法裁判所事务处长。

(6)事务次长辅助事务处长处理事务,在事务处长因不得已的事由无法履行职责时代行其职责。

(7)事务处设室、局、课。

(8)室设室长、局设局长、课设课长,在事务处长、事务次长、室长或局长所属下,可设辅佐政策规划,计划的立案,研究、调查,审查、评价及宣传业务的审议官或负责官员。

(9)对在本法中未规定的事务处组织、职务范围、事务处公务员的定员及其他必要事项由《宪法裁判所规则》规定。

第18条　事务处公务员

(1)事务处长为政务职,其报酬金额等同于国务委员。[1]

(2)事务次长为政务职,其报酬金额等同于副部长。

(3)室长被任命为1级或2级,局长被任命为2级或3级,审议官及负责官员分为从2级至4级,课长被任命为3级或4级的一般职国家公务员。但负责官员中1人可被任命为相当于3级或4级的另定职国家公务员。

(4)事务处公务员由宪法裁判所所长任免。但3级以上的公务员须经裁判官会议的决议。

(5)宪法裁判所所长对其他国家机关,可以要求其派遣其所属公务员到宪法裁判所事务处工作。

第19条　宪法研究官

(1)在宪法裁判所,依照《宪法裁判所规则》规定的名额,设宪法研究官若干名。

(2)宪法研究官为特定职国家公务员。

(3)宪法研究官依照宪法裁判所所长的命令,从事案件审理及有关审判的调查、研究工作。

(4)宪法研究官从符合下列各项中任一项要求者中,由宪法裁判所所长经裁判官会议的议决任用。

①具有法官、检察官或律师资格者;

②在公认的大学具有法律学助教授以上职称者;

③在国会、政府或法院等国家机关中,作为4级以上的公务员,从事相关法律事务5年以上者;

④获得有关法律学方面的博士学位,并在国会、政府、法院或宪法裁

[1] 国务委员一般都被任命为行政各部部长。——译者注

判所等国家机关从事法律相关事务5年以上者。

⑤获得有关法律学方面的博士学位，并在《宪法裁判所规则》所规定的大学等公认的研究机关从事法律相关事务5年以上者。

(5)(2003年3月12日已删除)

(6)符合下列任一号条件者不得被任命为宪法研究官。

①符合《国家公务员法》第33条任一号条件者。

②被判处禁锢刑以上者。

③依据弹劾决定被罢免后未满5年者。

(7)宪法研究官任期为10年，可连任，退休年龄为60岁。

(8)宪法研究官符合第6款任一项条件时，当然退职。但符合《国家公务员法》第33条第5项的情形除外。

(9)宪法裁判所所长可以要求其他国家机关派遣其所属公务员担任宪法研究官。

(10)事务次长可兼任宪法研究官。

(11)宪法裁判所所长可任命宪法研究官从事与案件审理、审判有关的调查、研究工作以外的职务或令其兼任该职务。在此种情况下，宪法研究官的人数依照《宪法裁判所规则》确定，并且其报酬按照规定中的高额支付。

第19条之2　宪法研究官辅〔1〕

(1)任用新宪法研究官，先任命其为宪法研究官辅，工作满3年后，考虑其工作业绩，任用其为宪法研究官。但考虑经历及业务能力，可依照《宪法裁判所规则》的规定，免除宪法研究官辅的任用或缩短其期间。

(2)宪法研究官辅由宪法裁判所所长经裁判官会议议决后任用。

(3)宪法研究官辅为另定职国家公务员，其报酬和晋升标准参照宪法研究官之例。

(4)若宪法研究官辅工作业绩不良者，可经裁判官会议议决后免职。

---

〔1〕“宪法研究官辅”是辅佐宪法研究官工作的职员，可以理解为“宪法研究官助理”。——译者注

(5)宪法研究官辅的工作勤务期间计入本法及其他法令规定的宪法研究官的在职期间。

第19条之3　宪法研究委员

(1)宪法裁判所可设宪法研究委员。宪法研究委员从事与案件审理及审判有关的专业调查、研究工作。

(2)宪法研究委员在3年内确定其任命期间。

(3)宪法研究委员是与2级或3级相当的另定职公务员或《国家公务员法》第26条之5规定的任期制公务员,其职制及资格等依照《宪法裁判所规则》确定。

第19条之4　宪法裁判研究员

(1)为了宪法和宪法裁判研究以及宪法研究官、事务处公务员等的教育,在宪法裁判所设宪法裁判研究院。

(2)宪法裁判研究院的定员包含1名院长在内,不超过40名。在院长下,设部长、组长、研究官及研究员。

(3)院长由宪法裁判所所长经裁判官会议议决后,任命为宪法研究官或1级一般职国家公务员。

(4)部长被任命为宪法研究官或2级或3级一般职国家公务员,组长被任命为宪法研究官或3级或4级一般职国家公务员,研究官及研究员被任命为宪法研究官或一般职国家公务员。

(5)研究官及研究员是符合下列各项中任一项条件者,由宪法裁判所所长任命或接受宪法裁判研究院院长的提请,由宪法裁判所所长任命。

①宪法研究官;

②具有律师资格者(包括外国律师资格);

③获得学士或硕士学位,且拥有依照《宪法裁判所规则》所规定的实绩或经历者;

④获得博士学位者。

(6)其他宪法裁判研究院的组织和运作所需事项依照《宪法裁判所规则》确定。

第 20 条　宪法裁判所所长秘书室等

(1)在宪法裁判所,设宪法裁判所所长的秘书室。

(2)宪法裁判所所长秘书室设秘书长 1 人,秘书室长被任命为相当于 1 级别定职国家公务员,按照宪法裁判所所长的命令,统一管理有关机密的事务。

(3)对于有关宪法裁判所所长秘书室的组织与运作的必要事项,第 2 款中未尽的规定由《宪法裁判所规则》确定。

(4)在宪法裁判所设裁判官的秘书官。

(5)裁判官的秘书官被任命为 4 级的一般职国家公务员或相当于 4 级的另定职国家公务员,依照裁判官的命令,统一管理有关机密的事务。

第 21 条　书记及法警

(1)在宪法裁判所设书记及法警。

(2)宪法裁判所所长从事务处职员中指名书记及法警。

(3)书记依照审判长的命令,承担有关案件文件的制作、保管或送达的事务。

(4)法警维持审判庭的秩序及执行审判长命令的其他事务。

第三章　一般审判程序

第 22 条　审判部

(1)除本法特别规定外,宪法裁判所的审判由裁判官全员组成的审判部主持。

(2)宪法裁判所所长为审判部的审判长。

第 23 条　审判法定人数

(1)审判部由 7 人以上裁判官出席审理案件。

(2)审判部对案件的决定,由参与终局审理的裁判官过半数赞成作出。但若属于下列各项中任一项,须经裁判官 6 人以上赞成。

①法律的违宪决定、弹劾决定、政党解散的决定或有关宪法诉愿的认容决定;

②变更宪法裁判所已作出的有关宪法或法律的解释、适用的意见。

第24条　回避

(1)如符合下列各项情形之一,裁判官从职务执行中回避:

①裁判官是当事人或当事人配偶或曾经是配偶;

②裁判官与当事人之间是亲属关系或曾经是亲属关系;

③裁判官对案件提供证言或鉴定时;

④裁判官在本案件中担任当事人的代理人或曾经担任代理人;

⑤裁判官在宪法裁判所之外,因职务或与职业有关的理由参与了其他案件时。

(2)审判部依职权或当事人的申请,作出回避决定。

(3)有难以期待裁判官公正审判的事情时,当事人可提出回避的申请。但辩论期日出席并对本案作出陈述时不在此限。

(4)当事人对同一案件,不得对2名以上裁判官提出回避申请。

(5)裁判官如有第1款或第3款事由时,经审判长的许可申请回避。

(6)有关当事人回避申请的审判,准用《民事诉讼法》第44条,第45条,第46条第1款、第2款及第48条的规定。

第25条　代表者、代理人

(1)在各种审判程序中如政府为当事人(包括参加人,下同)时,则由法务部部长作为其代表。

(2)在各种审判程序中,作为当事人的国家机关或地方自治团体可选任律师或具有律师资格的所属职员作为代理人,履行有关审判事宜。

(3)在各种审判程序中,作为当事人的私人,如未选任律师为代理人,则不得请求审判或随行审判。但如当事人本人具有律师资格时不在此限。

第26条　审判请求的方式

(1)宪法裁判所的审判请求,依照审判程序规定的事项向宪法裁判所提交请求书。但在违宪法律审判中可用法院的提情书代替申请书,在弹劾审判中可用国会的追诉议决书正本代替请求书。

(2)在请求书上可附必要的证据文件或参考资料。

第27条　请求书的送达

(1)当宪法裁判所接受请求书时,应立即将副本送达被请求机关或被请求人(以下称被请求人)。

(2)当有违宪法律审判提请时,向法务部部长及该诉讼案件当事人送达提请书的副本。

第28条　审判请求的补正[1]

(1)审判长认为审判请求不合理或可补正时,应要求在一定期限内补正。

(2)对于依照第1款补正的书面材料,援用第27条第1款的规定。

(3)依照第1款的规定有补正时,应视为从开始便有合法的审判请求。

(4)依照第1款规定而进行的补正期限不计入第38条规定的审判期限之内。

(5)审判长认为有必要时,可向裁判官中一名赋予依照本条第1款要求补正的权限。

第29条　答辩书的提交

(1)收到请求书或补正书面材料的被请求人可向宪法裁判所提交答辩书。

(2)答辩书中记载审判请求的趣旨和对应于理由的答辩。

第30条　审理方式

(1)有关弹劾审判、政党解散的审判及权限争议的审判以口头辩论的形式进行。

(2)有关违宪法律的审判和宪法诉愿的审判以书面形式审理。但审判部认为必要时可进行辩论,听取当事人、利害关系人及其他参考人的陈述。

---

〔1〕《韩国宪法裁判所法》原文明确使用"补正",而不是"补充"。因此,原来的审判请求若有错误,可以通过补正命令予以纠正。——译者注

(3)审判部在进行辩论时,须确定日期,传唤当事人与相关人员。

第31条　证据调查

(1)审判部为审理案件认为必要时,可依职权或当事人的申请,对如下各项证据进行调查:

①讯问当事人或证人;

②要求当事人或利害关系人提交持有的文书、账簿、物件或其他证据资料,并领置;

③向具有特别的学识与经验的人要求鉴定;

④检证必要的物件、人、场所或其他事物的性状或状况。

(2)审判长认为必要时,可指定一名裁判官要求依照第1款规定进行证据调查。

第32条　要求提出资料等

审判部有权作出决定,可要求国家机关或公共团体机关核实审判所必要的事实,送付记录及提交有关资料。但对正在进行中的审判、追诉或犯罪侦查案件的记录,不得要求送付。

第33条　审判地点

审判的辩论和终局决定的宣告在审判庭进行。但宪法裁判所所长认为有必要时,可在审判庭以外的地点进行辩论或终局决定的宣告。

第34条　审判的公开

(1)审判的辩论与决定的宣告须公开。但书面审理和评议不得公开。

(2)对于宪法裁判所的审判,准用《法院组织法》第57条第1款但书、同条第2款及第3款的规定。

第35条　审判的指挥与法庭警察权

(1)审判长指挥法庭的秩序与辩论,并整理评议。

(2)宪法裁判所审判庭秩序的维持与用语的使用,准用《法院组织法》第58条至第63条的规定。

第36条　终局决定

(1)审判部结束审理后作出终局决定。

(2)作出终局决定时,制作记载如下各项事项的决定书,须由参与审判的全部裁判官署名和盖章。

①案件的编码与名称;

②当事人、审判随行者及代理人的表示;

③主文;

④理由;

⑤决定日期。

(3)参与审判的裁判官应在决定书上表示其意见。

(4)一旦终局决定被宣告,书记须立即制作决定书正本,送达当事人。

(5)终局决定依照《宪法裁判所规则》的规定,公布于官报或以其他方式公示。

第37条　审判费用等

(1)宪法裁判所的审判费用由国家负担。但依申请人的申请而进行的证据调查费用依照《宪法裁判所规则》的规定可由申请人负担。

(2)宪法裁判所可命令宪法诉愿审判的请求人缴纳《宪法裁判所规则》所规定的保证金。

(3)宪法裁判所符合下列各项中任一项情形时,依照《宪法裁判所规则》的规定,可命令将保证金的全部或部分交归国库:

①不受理宪法诉愿的审判请求时;

②驳回宪法诉愿审判请求时,其审判请求被认定为权力滥用的情况。

第38条　审判期限

宪法裁判所须自接受审判案件之日起180日内宣告终局决定。但因裁判官的缺位导致出席人数少于7人时,其缺位期限不计入审判期限内。

第39条　一事不再理

宪法裁判所对已审理过的同一案件不得重新审判。

第39条之2　已审结案件记录的阅览、复制

(1)任何人皆可为权利救济、学术研究或公益目的申请阅览、复制已审结的案件记录。但宪法裁判所所长对符合下列各项情形之一者,可限制其阅读、复制已审结案件记录。

①在非公开进行辩论的情形下；

②公开案件记录可能会显著侵害国家安全保障、善良风俗、公共秩序或公共利益时；

③公开案件记录可能会显著侵害相关人士的名誉、个人隐私、商业秘密(《防止不正当竞争及商业秘密保护法》第 2 条第 2 项中规定的商业秘密)、生命・身体安全或生活稳定时。

(2)宪法裁判所所长依照第 1 款但书限制阅读或复制案件记录时，须明示其原因并告知申请人。

(3)对第 1 款案件记录的阅读或复制等相关必要事项，由《宪法裁判所规则》确定。

(4)阅读或复制案件记录者不得利用其阅读或复制得知的事项侵害公众秩序、善良风俗，毁损相关人的名誉或其生活的稳定。

第 40 条　准用规定

(1)宪法裁判所有关审判程序，除本法特别规定外，在不违背宪法裁判性质的限度内，准用有关民事诉讼的法令。此时，弹劾审判准用有关刑事诉讼的法令，权限争议审判及宪法诉愿审判还同时准用《行政诉讼法》。

(2)在第 1 款后段的情况下，如有关刑事诉讼的法令或《行政诉讼法》同有关民事诉讼的法令相抵触时，不准用有关民事诉讼的法令。

第四章　特别审判程序

第一节　违宪法律审判

第 41 条　违宪与否审判的提请

(1)当法律的违宪与否成为裁判的前提时，承担该案件的法院(包括军事法院，下同)根据职权或依当事人申请作出的决定，向宪法裁判所提请违宪与否的审判。

(2)第 1 款的当事人申请，依据记载第 43 条第 2 项至第 4 项内容的书面形式。

(3)关于审查第2款的书面申请,准用《民事诉讼法》第254条的规定。

(4)对有关违宪与否审判提请的决定不得抗告。

(5)除大法院外其他法院作出第1款所规定的提请时,须经过大法院。

第42条　裁判的停止等

(1)当法院向宪法裁判所提请法律的违宪与否审判时,该诉讼案件的裁判停止至宪法裁判所作出违宪与否的决定时。但法院认为紧急时,可进行除终局裁判以外的诉讼程序。

(2)依照第1款本文的规定停止裁判的期限不计入《刑事诉讼法》第92条第1款、第2款及《军事法院法》第132条第1款、第2款的拘束期限和《民事诉讼法》第199条的判决宣告期限。

第43条　提请书的记载事项

法院向宪法裁判所提请法律的违宪与否审判时,提请书上应记载以下各项的事项:

(1)提请法院的名称;

(2)案件及当事人;

(3)解释为违宪的法律或法律的条款;

(4)解释为违宪的理由;

(5)其他的必要事项。

第44条　诉讼案件当事人等的意见

该诉讼案件的当事人及法务部部长可向宪法裁判所提出有关法律违宪与否的意见书。

第45条　违宪决定

宪法裁判所仅对被提请的法律或法律条款的违宪与否作出决定。但认为因法律条款的违宪决定不能实施该法律的全部时,可对其全部法律作出违宪决定。

第46条　决定书的送达

宪法裁判所自决定之日起14日内将决定书正本送达提请法院。如提请法院不是大法院时,须经过大法院。

第 47 条　违宪决定的效力

(1)法律的违宪决定羁束法院及其他国家机关及地方自治团体。

(2)决定为违宪的法律或法律的条款自作出其决定之日起失效。

(3)尽管第 2 款规定,有关刑罚的法律或法律条款不溯及既往。但对于相关法律或法律条款对先前被判定为合宪的案件,则追溯到作出决定的次日失效。

(4)在第 3 款的情形下,对以判定为违宪的法律或法律条款为依据作出的有罪判决,可申请再审。

(5)有关第 4 款的再审准用《刑事诉讼法》的规定。

第二节　弹 劾 审 判

第 48 条　弹劾追诉

属于下列各项中任何一项的公务员,在职务执行中违背宪法或法律时,国会可依照《宪法》及《国会法》的规定议决弹劾追诉。

(1)总统、国务总理、国务委员及行政各部部长;

(2)宪法裁判所裁判官、法官及中央选举管理委员会委员;

(3)监查院院长及监查委员;

(4)其他法律规定的公务员。

第 49 条　追诉委员

(1)在弹劾审判时,由国会法制司法委员会委员长任追诉委员。

(2)追诉委员向宪法裁判所提出追诉议决书的正本请求弹劾审判,在审判辩论时可讯问被请求人。

第 50 条　权限行使的停止

受到弹劾追诉议决者直至宪法裁判所开始审判前,停止其权限的行使。

第 51 条　审判程序的停止

当刑事诉讼以对被请求人的弹劾审判请求同一事由进行时,审判部可停止审判程序。

第 52 条　当事人的不出席

(1)当事人在辩论期日不出席时,应另订日期。

(2)如在另订的期日当事人仍不出席时,可在其缺席情况下进行审理。

第 53 条　决定的内容

(1)当弹劾审判请求有理由时,宪法裁判所宣告将被请求人从公职中罢免的决定。

(2)如被请求人在宣告决定之前已被罢免公职,宪法裁判所应驳回其审判请求。

第 54 条　决定的效力

(1)弹劾决定不能免除被请求人的民事或刑事责任。

(2)依据弹劾决定被罢免者,自决定宣告之日起 5 年内不得成为公务员。

第三节　政党解散审判

第 55 条　政党解散审判的请求

当政党的目的或活动违背民主的基本秩序时,政府经国务会议[1]的审议,可向宪法裁判所请求解散政党审判。

第 56 条　请求书中记载事项

有关政党解散审判请求书中应记载如下事项:

(1)表明要求解散的政党名称;

(2)请求理由。

第 57 条　临时处分

宪法裁判所受理政党解散审判的请求时,根据职权或请求人的申请,直至宣告终局决定,可作出停止被请求人活动的决定。

第 58 条　请求等的通知

(1)当有政党解散审判请求时、作出临时处分决定及其审判终了时,

---

〔1〕 国务会议审议属于政府权限的重要政策。国务会议由总统、国务总理和 15 人以上、30 人以下的国务委员组成。总统担任国务会议议长,国务总理担任副议长(韩国《宪法》第 88 条)。——译者注

宪法裁判所所长应将其事实通知国会和中央选举管理委员会。

(2)命令解散政党的决定书除被请求人外，还须送达国会、政府及中央选举管理委员会。

第 59 条　决定的效力

当解散政党命令的决定被宣告时，该政党即被解散。

第 60 条　决定的执行

命令解散政党的宪法裁判所的决定，由中央选举管理委员会依照《政党法》的规定执行。

第四节　权限争议审判

第 61 条　请求事由

(1)当各国家机关之间、国家机关与地方自治团体之间及各地方自治团体之间关于权限有无或范围发生争议时，该国家机关或地方自治团体可向宪法裁判所请求权限争议审判。

(2)第 1 款的审判请求仅在被请求人的处分或不作为侵犯了宪法或法律赋予请求人的权限或存在侵害的显著危险时才能提起。

第 62 条　权限争议审判的种类

(1)权限争议审判的种类有如下各项：

①各国家机关之间的权限争议审判：

国会、政府、法院及中央选举管理委员会之间的权限争议审判。

②国家机关与地方自治团体之间的权限争议审判：

甲、政府与特别市、广域市、特别自治市、道或特别自治道之间的权限争议审判；

乙、政府与市、郡或作为地方自治团体的区(以下简称自治区)之间的权限争议审判。

③地方自治团体之间的权限争议审判：

甲、特别市、广域市、特别自治市、道或特别自治道之间的权限争议审判；

乙、市、郡或自治区之间的权限争议审判；

丙、特别市、广域市、特别自治市、道或特别自治道与市、郡或自治区之间的权限争议审判。

(2)如果权限争议是依照《关于地方教育自治的法律》第2条规定的有关教育、学艺的地方自治团体事务时，教育监成为第1款第2项及第3项的当事人。

第63条　请求期间

(1)权限争议审判须自知道其事由存在的60日内，或自事由存在之日起180日内提出请求。

(2)第1款的期间为不变期限。

第64条　请求书上的记载事项

权限争议审判的请求书上应记载以下各项事项：

(1)请求人或请求人所属机关及审判随行者或代理人；

(2)被请求人；

(3)作为审判对象的被请求人的处分或不作为；

(4)请求理由；

(5)其他必要事项。

第65条　临时处分

当宪法裁判所受理权限争议审判的请求时，根据职权或请求人的申请，直至宣告终局决定，对作为审判对象的请求人的处分，可作出停止其效力的决定。

第66条　决定的内容

(1)宪法裁判所就成为审判对象的国家机关或地方自治团体的权限有无作出判断。

(2)在第1款的情况下，宪法裁判所将对权限侵害的原因的被请求人的处分，可撤销或确认其无效；宪法裁判所对不作为的审判请求作出认容决定时，被请求人须依据决定的趣旨作出处分。

第67条　决定的效力

(1)宪法裁判所对权限争议审判的决定羁束一切国家机关和地方自

治团体。

(2)撤销国家机关或地方自治团体处分的决定,不影响对处分相对方已生效部分的效力。

第五节　宪法诉愿审判

第 68 条　请求事由

(1)因公权力的行使或不行使,导致宪法保障的基本权利受侵害者,除法院审判外,可向宪法裁判所请求宪法诉愿审判。但其他法律中规定救济程序的,经其一切程序后才可提起请求。

(2)依照第 41 条第 1 款的规定,法律的违宪与否审判的提请申请被驳回时,提起申请的当事人可向宪法裁判所请求宪法诉愿审判。此时,其当事人在该案件的诉讼程序中,不得以同一事由再次申请违宪与否审判的提请。

第 69 条　请求期限

(1)依据第 68 条第 1 款规定的宪法诉愿审判,应自知道其事由之日起 90 日内,或自事由存在之日起 1 年内提出请求。但经其他法律的救济程序的宪法诉愿的审判,应自收到最终决定通知之日起 30 日内提起请求。

(2)依据第 68 条第 2 款规定的宪法诉愿审判,应自收到违宪与否审判的提请被驳回决定的通知之日起 30 日内提起请求。

第 70 条　国选代理人

(1)如请求宪法诉愿审判者无资力选任律师为代理人时,可向宪法裁判所提出选任代理人的申请。此时,依第 69 条规定的请求期限的确定,以提出选任国选代理人申请之日为基准。

(2)虽有第 1 款,宪法裁判所认为在公益上必要时可选任国选代理人。

(3)有第 1 款的申请时或第 2 款的情况时,宪法裁判所依照《宪法裁判所规则》的规定,从律师中选定国选代理人。但如果审判请求明显不适法、无理由,或是被认定为滥用权力的情况,则可不为其选定国选代理人。

(4)宪法裁判所决定不为其选定国选代理人时，应立即将其事实告知申请人。此种情况下，自申请人提交选任申请之日至接收通知之日，此期间不计入第69条规定的请求期间。

(5)依据第3款选定的国选代理人，自被选定之日起60日内，应将记载有第71条所规定事项的审判请求书提交至宪法裁判所。

(6)对依第3款规定而选定的国选代理人，依照《宪法裁判所规则》的规定从国库中支付其报酬。

第71条　请求书的记载事项

(1)依据第68条第1款规定的宪法诉愿的审判请求书中应记载以下各项事项：

①请求人及代理人的表示；

②被侵害的权利；

③作为侵害原因的公权力的行使或不行使；

④请求理由；

⑤其他必要事项。

(2)依据第68条第2款规定的宪法诉愿的审判请求书的记载事项，准用第43条的规定。在此种情况下，第43条第1项中的“提请法院的表示”视为“请求人及代理人的表示”。

(3)宪法诉愿的审判请求书中应附有证明选任代理人的资料或国选代理人的选任通知书。

第72条　事前审查

(1)宪法裁判所所长在宪法裁判所可设立由裁判官3人组成的指定审判部，使之承担宪法诉愿审判的事前审查。

(2)(已删除)

(3)指定审判部如有下列各项中任一项情况时，依据指定审判部裁判官全员一致意见的决定，驳回宪法诉愿的审判请求。

①有依据其他法律的救济程序，但未经其全部程序或对法院的审判已提起宪法诉愿的审判请求时；

②宪法诉愿请求的提出，超出第69条规定的请求期限时；

③没有依照第25条选任代理人而提起请求时；

④其他宪法诉愿审判的请求不合法，无法补正其缺陷时。

(4)指定审判部未以全员一致的意见作出第3款的驳回决定时，须以决定将宪法诉愿，回附于审判部审判。请求宪法诉愿审判后，过30日仍未作出驳回决定时，视为有回附于审判的决定(以下简称审判回附决定)。

(5)关于指定审判部的审理，准用第28条、第31条、第32条及第35条的规定。

(6)有关指定审判部的组织与运作的必要事项，由《宪法裁判所规则》规定。

第73条　驳回及审判回附决定的通知

(1)指定审判部在驳回宪法诉愿或作出审判回附决定时，须自决定之日起14日内向请求人或其代理人及被请求人通知其事实。第72条第4款后半段的情况亦同。

(2)当宪法诉愿依照第72条第4款回附于审判部审判时，宪法裁判所所长须将事实立即通知如下各项所列者：

①法务部部长；

②依照第68条第2款规定进行的宪法诉愿审判时，非请求人的案件当事人。

第74条　利害关系机关等的意见提出

(1)与宪法诉愿审判有利害关系的国家机关或公共团体和法务部部长，可向宪法裁判所提出有关其审判的意见书。

(2)依照第68条第2款规定的宪法诉愿回附于审判部审判时，准用第27条第2款及第44条的规定。

第75条　认容决定

(1)宪法诉愿的认容决定羁束一切国家机关和地方自治团体。

(2)当认容为依据第68条第1款进行的宪法诉愿时，在认容决定书的主文中应明示指出被侵害的基本权利和作为侵害原因的公权力的行使或不行使。

(3)在第2款的情况下,宪法裁判所可撤销作为基本权侵害原因的公权力的行使或确认其不行使的违宪性。

(4)当宪法裁判所对不行使公权力的宪法诉愿作出认容决定时,被请求人应按照决定趣旨作出新的处分。

(5)在第2款的情况下,当宪法裁判所认为公权力的行使或不行使是基于违宪的法律或法律条款作出时,可在认容决定中宣告该法律或法律条款违宪。

(6)在第5款的情况及认容为依据第68条第2款进行的宪法诉愿时,准用第45条及第47条的规定。

(7)依据第68条第2款进行的宪法诉愿被认容时,如果与该宪法诉愿有关的诉讼案件已确定,当事人可申请再审。

(8)依照第7款的规定进行再审时,对刑事案件准用《刑事诉讼法》的规定,对其他案件准用《民事诉讼法》的规定。

第五章　通过电子信息处理组织进行的审判程序的随行

(2009年12月29日新设)

第76条　电子文书的接收

(1)各审判程序的当事人或其他相关人员,可使申请书或依照本法应提交的其他书面文件电子文书(指通过计算机等具有信息处理能力的设备以电子的形式制作并收发或储存的信息,下同)化,该电子文书可利用信息网络通过宪法裁判所指定、运作的电子信息处理组织(指具有将审判程序所需电子文件制作、提交、送达等信息处理能力的电子设备,下同)提交。

(2)依据第1款规定提交的电子文书与依据本法提交的书面文书具有同等法律效力。

(3)利用电子信息处理系统提交的电子文书,在以电子方式记载于电子信息处理系统时,视为接收。

(4)依据第3款规定接收的电子文书,宪法裁判所应依据《宪法裁判所法规则》中的有关规定,以电子方式及时告知当事人或相关人员其接收的事实。

第77条　电子签名等

(1)当事人或其他相关人员向宪法裁判所提交的电子文书中,须包含依据《宪法裁判所法规则》规定的能够确认为本人的电子签名。

(2)裁判官、书记员将与案件审判相关的文件制作成电子文书时,须依照《电子政府法》第2条第6项的规定签署行政电子签名(以下简称行政电子签名)。

(3)第1款中的电子签名和第2款中的行政电子签名,均可视为《有关宪法裁判所审判程序的法令》规定的签名、签名捺印或记名捺印。

第78条　电子送达等

(1)宪法裁判所可使用电子信息处理系统以及与之相连的信息通信网络,向当事人或其他相关人员送达决定书及依照本法规定的各种文书。但当事人或其他相关人员不同意除外。

(2)宪法裁判所将对当事人或相关人员送达的决定书等文件输入、记载于电子信息处理系统后,依照《宪法裁判所规则》规定,须将其记载事实以电子方式通知。

(3)依照第1款规定,利用电子信息处理系统送达的文书与书面送达文书具有同等法律效力。

(4)在第2款的情况中,接收送达者依据《宪法裁判所规则》规定的内容确认已记载的电子文书时,视为该文书已送达。但自通知记载事实之日起2周内文书记载情况未得以确认的,则自通知记载事实之日起满2周时,视为已送达。

(5)虽有第1款规定,但若由于电子信息处理系统障碍使得无法进行电子送达或有其他依据《宪法裁判所规则》规定的事由时,可依照《民事诉讼法》的规定进行送达。

第六章　处　　罚

第 79 条　处罚

属于下列各项中任一情形者,处 1 年以下有期徒刑或 100 万元以下罚款:

(1)经宪法裁判所传唤或委托的证人、鉴定人、口译员或翻译人员,无正当理由拒绝出席者;

(2)接收宪法裁判所提交证物的要求或提交命令后,无正当理由未提交者;

(3)无正当理由拒绝、妨碍或回避宪法裁判所的调查或检查者。

附则(第 4017 号法律,1988 年 8 月 5 日)

第 1 条　施行日期

本法自 1988 年 9 月 1 日起施行。但依据本法对宪法裁判所所长、常任裁判官及裁判官的任命等其他与本法施行相关的准备工作,可在本法施行前进行。

第 2 条　废止法律

废止第 2530 号法律《宪法委员会法》。

第 3 条　对在审案件的临时措施

本法施行时,宪法委员会应将正在审理的案件移送至宪法裁判所。在此种情况下已作出的裁判行为的效力不受影响。

第 4 条　对先前事件的临时措施

本法对本法施行前发生的事项同样适用。但本法施行前已经依据《宪法委员会法》规定发生的效力不受影响。

第 5 条　对原职工的临时措施

本法施行时,宪法委员会事务局的公务员视为被任命为宪法裁判所事务处所属的公务员。

第 6 条　与预算有关的临时措施

本法施行时,宪法委员会管理的预算即视为宪法裁判所管理的预算。

第 7 条　权利义务的继承

本法施行时，宪法委员会享有的权利和承担的义务由宪法裁判所继承。

第 8 条　其他法律的修改

(1)《法院组织法》中作如下修改：

删掉第 7 条第 1 款第 4 项的内容。

(2)《行政诉讼法》中作如下修改：

第 3 章第 4 项增设如下内容。

但依照《宪法裁判所法》第 2 条的规定，有关宪法裁判所管辖事项的诉讼除外。

(3)《国家公务员法》中作如下修改：

第 2 条第 3 款第 1 项乙号中的"宪法委员会常任委员"改为"宪法裁判所常任裁判官及事务处长"。

(4)《政党法》中作如下修改：

第 40 条，第 41 条第 3 款，第 42 条及第 43 条第 2 款中的"宪法委员会"均改为"宪法裁判所"。

(5)《行政审判法》中作如下修改：

第 5 条第 2 款第 2 项中的"宪法委员会"改为"宪法裁判所"。

(6)《预算会计法》中作如下修改：

第 22 条中的"宪法委员会"改为"宪法裁判所"。

(7)《公务员退休金法》中作如下修改：

第 77 条中的"宪法委员会"改为"宪法裁判所"。

(8)《关于集会及示威的法律》中作如下修改：

第 3 条第 1 款第 1 项中的"宪法委员会"改为"宪法裁判所"。

(9)《民防卫基本法》中作如下修改：

第 2 条第 2 项中的"宪法委员会事务局局长"改为"宪法裁判所事务处处长"。

(10)《褒奖功勋法》中作如下修改：

第5条第1款中的“法院行政处长”改为“法院行政处长、宪法裁判所事务处长”。

(11)《公职人员伦理法》中作如下修改：

第5条第1款第4项中“第3项以外的”修改为“第4项以外的”，并将修改后的第4项作为该条该款的第5项，新增如下内容作为该条该款的第4项：……(4)宪法裁判所所长、常任裁判官及宪法裁判所所属公务员即为宪法裁判所事务处的组成人员。

附则(第4408号法律，1991年11月30日)

第1条　施行日期

本法自公布之日起实施。

第2条　临时措施

本法施行当时，常任裁判官及非常任裁判官的裁判官依据本法视作被任命为裁判官，其任期自本法施行前被任命为常任裁判官或裁判官时起算。

第3条　其他法律的修改

(1)《行政审判法》中作如下修改：

第5条第2款第2项中的“宪法裁判所”改为“宪法裁判所事务处长”。

第6条第3款但书中的“以大法院规则”之后插入“若为宪法裁判所事务处长则以《宪法裁判所规则》”。

(2)《国家公务员法》中作如下修改：

第2条第3款第1项乙号中的“宪法裁判所的常任裁判官及事务处长”改为“宪法裁判所的裁判官及事务处长”。

(3)《公职人员伦理法》中作如下修改：

第5条第1款第4项中的“常任裁判官”改为“宪法裁判所裁判官”。

第9条第1款本文中“大法院”后插入“、宪法裁判所”，同条第2款第3项中的“第1项及第2项”改为“第1项至第3项”，并将其作为同款第4

项,同款新设第3项如下,同条第3款中的“大法院规则”后插入“、宪法裁判所规则”。③宪法裁判所公职人员伦理委员会关于除宪法裁判所裁判官等其他宪法裁判所所属公务员和已退休公职人员的事项。

第17条第2款中的“大法院规则”后插入“、宪法裁判所规则”。

第18条中“大法院规则”后插入“、宪法裁判所规则”。

第19条第1款中的“法院行政处长”后插入“,在宪法裁判所是宪法裁判所事务处处长”。第21条中的“大法院规则”后插入“、宪法裁判所规则”。

(4)《民事诉讼法》中作如下修改:

第275条第2款中的“国会议长和大法院院长”改为“国会议长、大法院院长及宪法裁判所所长”。

(5)《关于集会及示威的法律》中作如下修改:

第11条第1项中“各级法院”后插入“,宪法裁判所”,同条第2项中的“大法院院长公馆”后插入“,宪法裁判所所长公馆”。

(6)《预算会计法》中作如下修改:

第14条第2款前半段中的“国会议长和大法院院长”改为“国会议长、大法院院长及宪法裁判所所长”,“国会的事务总长和大法院的法院行政处长”改为“国会的事务总长、大法院的法院行政处长及宪法裁判所的事务处长”。同条后半段中的“国会的事务总长和大法院的法院行政处长”改为“国会的事务总长、大法院的法院行政处长及宪法裁判所的事务处长”。同条第3款中的“国会议长和大法院院长”改为“国会议长、大法院院长和宪法裁判所所长”。

(7)《物品管理法》中作如下修改:

第16条第1款但书中的“国会和大法院”改为“国会、大法院和宪法裁判所。”

(8)《国家债券管理法》中作如下修改:

第2条第2款中“大法院院长”之后插入“、宪法裁判所所长”。

附则(第 4815 号法律,1994 年 12 月 22 日)

本法自公布之日起施行。

附则(第 4963 号法律,1995 年 8 月 4 日)

本法自公布之日起施行。

附则(第 5454 号法律,1997 年 12 月 13 日)

(《关于根据政府部门名称等的变更、整备建筑法等的法律》)

本法自 1998 年 1 月 1 日起施行。

附则(第 6622 号法律,2003 年 1 月 19 日)(《国家公务员法》)

第 1 条　施行日期

本法自公布之日起施行。(省略但书)

第 2 条　(略)

第 3 条　其他法律的修改

(1)及(2)(略)

(3)《宪法裁判所法》作如下修改:

第 15 条第 1 款中的“以大法院院长为例,裁判官的待遇和报酬”改为“以大法院院长为例,并且裁判官为政务职,其待遇和报酬”。

附则(第 6626 号法律,2002 年 1 月 26 日)(《民事诉讼法》)

第 1 条　施行日期

本法自 2002 年 7 月 1 日起施行。

第 2 条至第 5 条　(略)

第 6 条　其他法律的修订修改

(1)至(25)(略)

(26)《宪法裁判所法》中作如下修改:

第24条第6款中的"《民事诉讼法》第40条,第41条,第42条第1款、第2款及第44条"改为"《民事诉讼法》第44条,第45条,第46条第1款、第2款及第48条"。

第41条第3款中的"《民事诉讼法》第231条"改为"《民事诉讼法》第254条"。

第42条第2款中的"《民事诉讼法》第184条"改为"《民事诉讼法》第199条"。

(27)至(29)(略)

第7条 (略)

附则(第6861号法律,2003年3月12日)

(1)施行日期

本法自公布之日起3个月后施行。

(2)临时措施

本法施行当时,作为一般职国家公务员或另定职国家公务员的宪法研究官及宪法研究官助理,依据本法分别被视作任用为特定职国家公务员的宪法研究官和作为另定职国家公务员的宪法研究官助理。但在本法施行前,任职宪法研究官及宪法研究官助理勤务的时间,应计入本法及其他法令规定的宪法研究官及宪法研究官助理在职时间,在国家机关任职4级公务员勤务的时间为定岗年薪时,视为任职宪法研究官助理勤务的时间。

(3)其他法律的修改

《公职人员伦理法》中作如下修改:

第3条第1款中如下增设第5项之2;

第5项之2 宪法裁判所宪法研究官。

附则(第7427号法律2005年3月31日)(《民法》)

第1条 施行日期

本法自公布之日起施行。但……省略……附则第7条(第2款及第

29 款除外)的规定自 2008 年 1 月 1 日起施行。

第 2 条至第 6 条　(略)

第 7 条　其他法律的修改

(1)至(25)(略)

(26)《宪法裁判所法》的一部分作如下修改:

第 24 条第 1 款第 2 项中的“亲属、户主、家属”改为“亲属”。

(27)至(29)(略)

附则(第 7622 号法律,2005 年 7 月 29 日)

本法自公布之日起施行。

附则(第 8729 号法律,2007 年 12 月 21 日)

本法自 2008 年 1 月 1 日起施行。

附则(第 8893 号法律,2008 年 3 月 14 日)

本法自公布后之日起满 3 个月后施行。

附则(第 9839 号法律,2009 年 12 月 29 日)

本法自 2010 年 3 月 1 日起施行。但第 28 条第 5 款的修改规定自公布之日起施行。

附则(第 10278 号法律,2010 年 5 月 4 日)

本法自公布之日起施行。但第 19 条之 4 的修改规定自公布之日起满 6 个月后施行。

附则(第 10546 号法律,2011 年 4 月 5 日)

本法自公布之日起施行。

附则(第11530号法律2012年12月11日)
(《国家公务员法》)

第1条　施行日期

本法自公布之日起满1年后施行。(省略但书)

第2条至第5条　(略)

第6条　其他法律的修改

(1)至(26)(略)。

(27)对《宪法裁判所法》的部分内容作如下修改:

第19条之3第3款中的“合同职公务员”改为“依照《国家公务员法》第26条之5规定的任期制公务员”。删除第19条之4第3款。

第7条　(略)

附则(第12597号法律,2014年5月20日)

本法自公布之日起施行。

附则(第12897号法律,2014年12月30日)

本法自公布之日起满6个月后施行。但第7条第2款的修改规定自公布之日起施行。

附则(第15495号法律,2018年3月20日)

本法自公布之日起施行。

加　拿　大

加拿大权利和自由宪章

本法制定并生效于 1982 年。

目　录

承认上帝至上与法治为加拿大立国之根本：

权利与自由之保证

第 1 条

《加拿大权利与自由宪章》规定之权利与自由受保证，且仅可以自由民主社会允许之合理限制约束之。

基本自由

第2条

每个人享有如下基本自由:

(1)良心与宗教自由;

(2)思想、信仰、观点与表达之自由,包括出版与其他沟通媒介之自由;

(3)和平集会之自由;以及

(4)结社之自由。

民主权利

第3条

任何加拿大公民有权在议会或立法会成员选举中投票,并有资格被选举为其中一员。

第4条

第1款 议会或立法会届期自其成员之选举令状被交回之日起不得逾5年。

第2款 在战争或受到战争威胁,被入侵或发生暴乱时,视具体情形,若议会或立法会成员反对者不超过1/3,则该届议会或立法会届期可逾5年。

第5条

议会或立法会每12个月至少召开1次会议。

流动自由

第6条

第1款 每个加拿大公民有权进入、居于或离开加拿大。

第2款 每个加拿大公民和每个持有加拿大永居之人有权

(1)迁徙并定居于任何省;同时

(2)在任何省谋生。

第3款 本条第2款规定之权利受限于：

(1)一省之任何法律或有效之一般惯例，除非该法律或惯例本质上属于对旧有或现有省籍之歧视。

(2)为规定获取社会公共服务之资格而含有合理的定居要求之任何法律。

第4款 本条第2款与第3款不禁止就业率低于全国的省所制定的旨在帮助那些在社会或经济上处于不利地位之个人的任何法律、计划或行动。

法定权利

第7条

每个人有权享受生命、自由与安全；禁止剥夺上述权力，除非基于基本的司法正义原则。

第8条

任何人有权免遭不合理之搜查或没收。

第9条

任何人有权免遭恣意拘留或监禁。

第10条

任何人有权在被逮捕或羁押时：

(1)立即知晓被逮捕或羁押之原因；

(2)立即获得并咨询律师，且该权利应被告知；同时

(3)以人身保护令之方式确保羁押之合法性，若羁押非法，应被释放。

第11条

任何被控犯罪之人有权：

(1)知晓其被指控之具体罪名，且不可无理拖延；

(2)在合理时间内被裁判；

(3)就其被指控之罪行拒绝自证其罪；

(4)在被独立且公正之裁判庭于公平且公开之聆讯中根据法律被认定有罪之前,应被推定无罪;

(5)无公正的理由,不应被拒绝保释;

(6)除依照军事法律接受军事裁判庭裁判之指控,陪审团审判适用于最高刑罚为监禁5年或更严厉刑罚之指控;

(7)除非在其故意或过失之行为发生时,根据加拿大法律、国际法或民族共同体确认之一般法律原则,其行为具有刑事违法性,否则应被认定为无罪;

(8)如果已被判无罪,免于二次审判;如果已被判有罪且已被处罚,免于再次审判或处罚;

(9)若被判有罪且对应之处罚在宣判后执行前发生变化,适用较轻者。

第12条

任何人有权免遭任何形式的酷刑。

第13条

任何程序中的证人都有权拒绝自证其罪,但伪证罪、提供矛盾证据罪的刑事诉讼除外。

第14条

任何程序中的某一方或证人,如无法理解相关程序所用语言或无法以该语言表达或属于听力障碍人士,有权获得翻译协助。

平 等 权

第15条

第1款 人人在法律面前平等,且有权不受歧视地获得平等的法律保护,尤其禁止基于种族、民族或血统出身、肤色、宗教、性别、年龄、身体或心理障碍的歧视。

第2款 前款规定不妨碍任何以改善弱势个人或群体之待遇为目标的法律、项目或行动;所谓弱势个人或群体包括那些因种族、民族或血统出身、肤色、宗教、性别、年龄、身体或心理障碍而处于不利地位之人或群体。

加拿大的官方语言

第 16 条

第 1 款 英语和法语为加拿大官方语言，为加拿大议会或行政机关使用时，二者具有同等的地位与效力。

第 2 款 英语和法语为新不伦瑞克省的官方语言，为新不伦瑞克省立法或行政机关使用时，二者具有同等的地位与效力。

第 3 款 本法不限制议会或立法机关对英语或法语的地位、使用作出优先性的规定。

第 16 条(增补)

第 1 款 新不伦瑞克省英语社区和法语社区有平等的地位、平等的权利与特惠，包括有权为保护和提升这些社区设立各自的教育机构与文化机构。

第 2 款 新不伦瑞克省立法与行政机关保护和促进前款规定之地位、权利和特惠的义务已获确认。

第 17 条

第 1 款 在议会的辩论或其他程序中，每个人可以自由使用英语或法语。

第 2 款 在新不伦瑞克省立法机关的辩论或其他程序中，每个人可以自由使用英语或法语。

第 18 条

第 1 款 议会的立法、档案和日志须以英语和法语的形式印刷出版，且两种语言版本皆具权威性。

第 2 款 新不伦瑞克省立法机关的立法、档案和日志须以英语和法语的形式印刷出版，且两种语言版本皆具权威性。

第 19 条

第 1 款 在任何法院的任何程序中，每个人可以自由使用英语或法语。

第 2 款 在新不伦瑞克省任何法院的任何程序中,每个人可以自由使用英语或法语。

第 20 条

第 1 款 加拿大公众有权以英语或法语的形式同加拿大议会或行政机关的主要部门进行沟通进而获得相关服务;符合以下两种情况时,该项权利也可对其他机关或其他部门主张:

(1)对某一机关或部门以某种语言进行沟通进而获得服务的需求格外明显;或

(2)就某一机关或部门本身的性质而言,从其获得英语和法语的沟通与服务是合理的。

第 2 款 新不伦瑞克省公众有权以英语或法语的形式同新不伦瑞克省立法或行政机关的任何部门进行沟通并获得相关服务。

第 21 条

本法第 16 条至第 20 条未废除或减损其他宪法条款确定之与英语、法语有关的权利、特惠或责任。

第 22 条

本法第 16 条至第 20 条未废除或减损任何其他语种此前或在此法生效之后可能获得、享有之任何法定或习惯性权利、特惠。

以少数语言人群受教育的权利

第 23 条

第 1 款 加拿大的公民有权使其子女在相应省份以相应语言接受小学和中学教育:

(1)如果英语或法语作为其学习且仍掌握的第一语言在定居地区属少数语言;或

(2)如果其已经以英语或法语在加拿大接受过小学教育且定居在一个以英语或法语为少数语言的地区。

第 2 款 子女在加拿大已接受或正在接受英语或法语形式小学或中学教育的加拿大公民,有权使其所有子女以同样语言接受小学或中学教育。

第 3 款 前两款规定之加拿大公民有权使其子女在相关省份以英语或法语作为少数语言接受小学或中学教育:

(1)如果该省份有如此权利之儿童的数量可以保证少数语言教育公共基金之拨款是必需的,那么该权利应该得到贯彻;同时

(2)该权利也包括在上述儿童数量可以保证的情况下,使子女在公共基金支持下的少数语言教育设施内接受教育的权利。

本法之实施

第 24 条

第 1 款 任何人受本法保证之权利或自由受到侵犯或被否认,可以向有管辖权的法院申请获得适当且公正的救济。

第 2 款 在前款所述程序中,若法院查明相关证据是以侵犯或否认本法保证之任何权利或自由的方式获得,确认对相关证据的采纳会破坏司法公正,则该证据应被排除。

一 般 条 款

第 25 条

对本法相关权利和自由的保证不应被理解为对加拿大土著人之原住民、条约性或其他任何权利与自由的废除或减损,包括:

(1)1763 年 10 月 7 日《皇家宣言》承认之任何权利与自由;以及

(2)通过或可能通过土地权协议获得之任何权利与自由。

第 26 条

对本法相关权利和自由的保证不应被理解为是对已存在于加拿大的任何权利与自由的否认。

第 27 条

对本法之解释应贯彻对加拿大多元文化传统之保护和提高。

第 28 条

本法规定之权利与自由的保证对男性与女性是一致的。

第 29 条

本法未废除或减损《加拿大宪法》保证之有关宗教学校的任何权利与特惠。

第 30 条

本法所指省、省级立法机关或立法会包括育空地区和西北地区及其相应的立法部门。

第 31 条

本法未扩大任何个人或机构之立法权限。

本法之适用

第 32 条

第 1 款 本法

(1)适用于议会及其授权加拿大政府所为之任何事项,包括有关育空地区或西北地区的事项;同时

(2)适用于省级立法机关及其授权省级政府所为之任何事项。

第 2 款 作为前款之例外,本法第 15 条在本条生效之日起 3 年内无效力。

第 33 条

第 1 款 议会或省级立法机关可视情况在立法中明确宣告一项法案或一项法案中某一条款之实施,即使其与本法第 2 条或第 7 条至第 15 条之规定不一致。

第 2 款 上述法案或条款的实施须符合相关宣告且明确宣告引用之本法相关条款的规定。

第 3 款 宣告自其生效后 5 年或依宣告本身期限最晚不超过 5 年,停止适用。

第 4 款 议会或省级立法机关可以重新制定本条第 1 款规定之

宣告。

第 5 款 本条第 3 款规定之 5 年期限同样适用于第 4 款规定之新宣告。

第 34 条

本法可被引用为《加拿大权利与自由宪章》。

加拿大联邦法院法(节选)

本法制定并生效于1985年,最新修订于2019年。

第18条

第3款之2 联邦总检察长可在任何程序阶段向任何联邦级别委员会、理事会或裁判庭(《国防法》规定之专门法院除外),就某项议会法律或依其制定之某项法规在宪法上的有效性、可适用性或可操作性等任何问题或争议,发出询问、寻求听证和解决。

第18条

第4款之1 前3款规定之申请或询问请求应毫不延迟地以简捷的方式获得听证和解决。

第19条至第56条(略)

第57条

第1款 若某项议会法律或依其制定之某项法规在宪法上之有效性、可适用性或可操作性在联邦上诉法院、联邦法院或任何联邦级别委员会、理事会或裁判庭(《国防法》规定之专门法院除外)之程序上被质疑,在未依第2款之规定通知联邦总检察长或各州检察长前,不应被裁定为无效、不具可适用性或不具可操作性。

第2款 前款规定之通知应先于相关宪法问题被提出之日至少10日送达;除非依案情,联邦上诉法院、联邦法院或联邦级别委员会、理事会或其他裁判所另有规定。

第3款 就相关宪法问题提出之上诉或司法审查申请,应通知联邦总检察长和各州检察长。

第4款 联邦总检察长和各州检察长有权就相关宪法问题向联邦上诉法院、联邦法院或联邦级别委员会、理事会或其他裁判所提交证据。

第5款 若联邦总检察长或各州检察长提交相关证据,则其应成为有关宪法问题的上诉程序中的一方。

加拿大最高法院法(节选)

本法制定并生效于1985年,最新修订于2019年。

第53条

第1款 总理可向最高法院就下列重大法律和事实问题发出询问并请求听证:

(1)宪法性法律的解释;

(2)任何联邦或州法律的合宪性及解释;

(3)1867年宪法法案或其他法律规定之有关教育事务的上诉管辖;

(4)议会、州立法机关或政府既定或未定之权力。

第2款 若总理认为适当,其可向最高法院就重大法律和事实问题发出询问并请求听证,即使依该院意见相关问题并非与前款列举之事项属同类。

第3款 任何由总理向最高法院提出的有关前两款规定之事项的问题应属重大问题。

第4款 根据第**1**款和第**2**款向最高法院发出询问时,最高法院须听证并回答相关问题;且应向总理确认其对每个问题的意见与对应的原因;意见应以类似最高法院上诉案件判决之形式进行宣告,持不同意见的少数法官亦须表明其意见和理由。

第5款 若问题涉及某项州立法或某项州立法之条款的合宪性,或州政府对问题有特殊利益,最高法院应以令状通知州检察长参加听证并以适当形式发表意见。

第 6 款 最高法院应通知任何有利益关系的个人或有利益关系的群体的代表参加有关询问的听证并指导他们发表意见。

第 7 款 依其裁量权,最高法院可要求顾问就案件可能的影响发表看法,由此产生的费用由议会批准之财政部诉讼专项经费支付。

新　西　兰

新西兰权利法案

本法制定并生效于1990年，最新修订于2011年。

目录

本法案旨在

a）确认、保护和促进新西兰的人权与基本自由；并

b）确定新西兰在《公民权利和政治权利国际公约》中的承诺。

第1条　简称与生效

（1）该法案可简称《1990年新西兰权利法案》。

（2）该法案自得御批之日起第28日生效。

第一章　一般条款

第 2 条　权利确认

本法所规定之权利与自由已经确认。

第 3 条　适用

本法适用于下列所述法律:

(1)立法、行政或司法机关制定;或

(2)任何人或组织为履行其法定职能、权力或责任而制定。

第 4 条　未受影响之其他法律

对于其他法律,任何法院无权仅以其中某一规定与本法案之规定不一致而:

(1)裁定其他法律的某一规定被默认废除,撤销,或以任何方式被认定无效;或

(2)拒绝适用其他法律之任何规定。

第 5 条　合理限制

依据第 4 条,本法案所规定之权利与自由仅得基于法律被合理限制,且限制得为一自由民主社会所接受。

第 6 条　同本法案一致之解释优先

若某一法律可得同本法案所规定之权利与自由一致之解释,则该解释优先于其他解释。

第 7 条　待决草案与本法案不一致时总检察长得向议会汇报

下列草案被提交至议会表决,总检察长应适时提醒议会注意草案之某一规定与本法案所规定之权利与自由不一致:

(1)对于一项行政立法草案,应在介绍该草案之时;或

(2)对于其他立法草案,尽快且可行地于该草案被介绍之后。

第二章　公民及政治权利

生命与人身安全

第 8 条　免于被剥夺生命之权利

任何人不应被剥夺生命，除非基于法律或司法之基本原则。

第 9 条　免受折磨或酷刑之权利

任何人有权免受折磨或残酷、有辱人格、过分苛刻之对待与惩罚。

第 10 条　拒绝药物或科学试验之权利

未获其本人同意，任何人有权拒绝参与药物或科学试验。

第 11 条　拒绝接受治疗之权利

任何人有权拒绝接受任何形式之治疗。

民主与公民权利

第 12 条　选举之权利

任何年满 18 周岁之新西兰公民：

(1)有权在定期议会选举中投票，该选举同票同权且秘密投票；同时

(2)有资格成为议会成员。

第 13 条　思想、内心以及宗教信仰之自由

任何人得享有思想、内心、宗教以及信仰之自由，包括不受干涉地采纳与持有观点。

第 14 条　表达自由

任何人得享有表达自由，包括以任何形式的探寻、接受和传授信息与观点。

第 15 条　表达宗教信仰之权利

任何人有权通过礼拜、仪式、实践或讲授表达其宗教信仰，无论单独还是与他人一同，无论公开还是在私人之间。

第 16 条　和平集会之自由

任何人得享有和平集会之自由。

第 17 条　结社自由

任何人得享有结社之自由。

第 18 条　迁徙自由

(1)任何人有权在新西兰合法地自由迁徙与定居;

(2)任何新西兰公民有权进入新西兰;

(3)任何人有权离开新西兰;

(4)非属新西兰公民但合法居此之任何人,非得基于法定理由,不应被要求离开。

非歧视与少数群体权利

第 19 条　免受歧视

(1)基于《1993 年人权法案》任何人免受歧视。

(2)以善意之目的帮助或扶助受非法或有悖《1993 年人权法案》歧视之不利个人或群体的措施不构成歧视。

第 20 条　少数群体之权利

一个在种族上、宗教信仰上或语言上属于新西兰少数群体之人,与该少数群体其他成员一同,不应被否认享有其文化,信奉和实践其信仰或使用其语言之权利。

搜查、逮捕与羁押

第 21 条　不合理之搜查与扣押

任何人有权免遭不合理之搜查与扣押,无论针对人身、财产、信件或其他。

第 22 条　人身自由

任何人有权免遭恣意逮捕或羁押。

第 23 条　被逮捕人或被羁押人之权利

(1)基于法律被逮捕或羁押之任何人:

①应于被逮捕或羁押时被告知理由;同时

②有权立即获得律师建议与指导,且该权利应被告知;同时

③有权立即获得人身保护令以确保逮捕或羁押之合法性,受非法逮捕或羁押之人应被释放。

(2)对任何因涉嫌犯罪被逮捕之人的指控不可拖延,否则其应获释放。

(3)任何因涉嫌犯罪被逮捕且未获释放之人,有权尽快获得法庭或适当裁判庭之审判。

(4)基于法律,任何人因涉嫌犯罪或疑似犯罪

①被逮捕;或

②被羁押。

有权保持沉默,且应被告知享有该项权利。

(5)基于人的尊严,任何自由受限之人应被人道地对待。

第 24 条　受指控者之权利

因涉嫌犯罪而受指控之任何人:

(1)应立即被告知该指控之性质与原因;同时

(2)除非继续羁押之理由正当,应在合理的条件下获释放;同时

(3)有权获得律师建议与指导;同时

(4)有权获得充足的时间与能力以准备辩护;同时

(5)对其罪行之处罚为两年以上监禁时,除非因涉嫌违反军法而应受军事法庭管辖,其有权获得陪审团审判;同时

(6)基于司法正义之要求,若该人难以自行获得法律援助,其有权获得免费的法律援助;同时

(7)若不能理解法庭所用语言或不能以该语言表达,其有权获得免费的翻译援助。

第 25 条　刑事程序最低标准

对指控的审理,因涉嫌犯罪而受指控之任何人,有权获得如下基本权利:

(1)有权获得一个独立且公正的法院公平且公开的审讯;

(2)对该人之审判不可无正当理由拖延；

(3)在被证明有罪之前,应被假设无罪；

(4)有权拒绝自证其罪；

(5)有权出庭并进行辩护；

(6)有权询问控方证人,与控方一样有权使己方证人出庭接受询问；

(7)对已证实之犯罪的定罪量刑,有权获得其中较轻者；

(8)对已证实之犯罪,有权根据法律向上级法院针对该犯罪之定罪与量刑提出上诉；

(9)若其为儿童,案件须考虑儿童年龄。

第26条　禁止追溯性处罚与双重危险

(1)若任何人涉嫌犯罪的行为若根据其发生时的新西兰法不构成犯罪,则该人不应在日后受追究。

(2)禁止针对同一犯罪,使任何已经被宣布无罪、认定有罪或赦免之人,再次受到审判与处罚。

第27条　获得司法救济之权利

(1)任何有权对他人之权利、义务或受法律保护与承认之利益作出决定之裁判庭或其他公权力机关均应遵守自然正义原则。

(2)任何人所享有之权利、义务或受法律保护与承认之利益若因任何裁判庭或任何公权力机关之决定受影响,得有权根据法律申请对该决定之司法审查。

(3)任何人有权提起民事诉讼,并有权在以国家名义提起的民事诉讼中进行抗辩,根据法律该类诉讼,应获得与自然人之间民事诉讼相同的审讯。

第三章　其他条款

第28条　未规定之其他权利与自由

禁止仅以一项权利或自由未被该法案规定或该法案仅部分规定的理由宣称该权利或自由已被废除或受限制。

第29条　对法人的适用

除非明确规定禁止，本法于可行范围内，对所有法人和自然人一致适用。

新西兰议会常规(节选)

本规则制定并生效于1996年,最新修订于2017年。

第265条

第1款 若总检察长认为某项草案的内容与《1990年新西兰权利法案》规定之权利和自由不一致,其应向议会报告该不一致的内容并书面说明如何与《1990年新西兰权利法案》不一致。

第2款 总检察长应将该书面说明于下列时间呈交议会:

a)对于一项政府提交的草案,于介绍该草案之时;

b)对于其他草案,在可行的前提下尽快于介绍该草案之后。

第3款 若议会认为某项草案之介绍实属紧急,总检察长可于介绍该法案之时,依本常规之规定呈交1份书面说明。

第4款 在议会授权下,可公开书面说明。

第5款 书面说明之呈交应寻求特别委员会审查。该说明应由书记官分发至一最适合之特别委员会。

新西兰人权法案(节选)

本法制定并生效于1993年,最新修订于2018年。

第5条

第1款(略)

第2款 为承担第1款规定之首要职能,委员会具有如下责任:

a)~k)(略)

ka)向首相或大臣报告其认为可能影响人权之已生效或已提议之立法、行政法规或政策。

第20条L 违反本章规定之行为或疏忽:

第1款 违反《1990年新西兰权利法案》第19条规定之行为或疏忽(包括以立法的形式)系违反本章规定之行为或疏忽。

第2款 依前款之规定,下列行为或疏忽系违反《1990年新西兰权利法案》第19条规定之行为或疏忽:

a)限制《1990年新西兰权利法案》第19条规定之免于歧视的权利;

b)不属于《1990年新西兰权利法案》第5条规定之正当限制。

第3款 为消除歧义,前两款亦对法律授权或允许之行为与疏忽适用。

第92条B

第1款 ……委员会可就下列事项向人权审查裁判庭提起诉讼:

a)(略)

b)就以立法或以立法、其他法律授权之行为、疏忽为形式的违反行为(第20条L所指行为或疏忽——译者注)起诉总检察长或《1990年新西兰权利法案》第3款B规定之人或机构,要求其承担违反责任。

第92条G

第1款 总检察长可就下列案件亲自或由律师代理出庭并发言:

a)针对违反行为(包括第20条所指行为或疏忽——译者注)于人权审查裁判庭对《1990年新西兰权利法案》第3款B规定之人或机构提出的指控。

b)下列任何法院中有关上述指控的程序:

i. 区法院

ii. 高级法院

iii. 上诉法院

iv. 最高法院

第2款 无论总检察长是否为人权审查裁判庭相关程序中的一员,第1款规定之出庭权与发言权应被保证。

第3款 若出席第1款规定之程序,总检察长有权出示证据和交叉询问证人,除非该程序是上诉程序。

第92条J

第1款 若人权审查裁判庭查明一项立法构成违法行为(第20条所指行为或疏忽——译者注),该裁判庭仅可发出本条第2款规定之宣告作为唯一救济。

第2款 若前款得适用,则裁判庭应宣告相关立法与《1990年新西兰权利法案》第19条规定之免于歧视的权利不一致。

第3款 除非得裁判庭成员全体或多数支持,裁判庭不得作出第2款规定之宣告。

第4款 本条不影响《1990年新西兰权利法案》。

第92条K

第1款 第92条J规定之宣告

a)不影响其针对之相关立法的效力、适用与实施;

b)不影响其针对之相关行为、疏忽或政策之连续性。

第2款 依第92条J作出之宣告,若上诉期期满或上诉得维持,对相关立法负责之政府部长应对议会呈交:

a)1份提请议会注意此宣告的报告;同时

b)1份建议政府如何回应此宣告的报告。

第3款 前款规定之政府部长应在对此宣告之上诉得维持之日或上诉期期满之日起120日内履行前款规定之责任。

西　班　牙

西班牙宪法法院法

西班牙《宪法法院法》于1979年10月5日颁布，后历经1984年（Ley Orgánica 8/1984）、1985年（LO4/1985）、1988年（LO7/1988）、1999年（LO7/1999）、2000年（LO1/2000）、2007年（LO6/2007）、2010年（LO1/2010）、2010年（LO8/2010）、2015年（LO12/2015）、2015年（LO15/2015）等10次立法修改。本法最后一次的修改日期为2015年10月17日。

目　录

唐·胡安·卡洛斯一世,西班牙国王:

众人皆应晓谕:议会已经以基本法律[1]的形式通过了本法,[2]我现

〔1〕 对宪法上争议事项享有管辖权之机关的地位,与对之进行规范的"法"的位阶,密切相关。宪法法院的人事构成、程序及机构运作,是由西班牙《宪法》第81条规定的"基本法律"进行规范的。在西班牙,宪法具有最高法律效力,宪法之下一个效力等级的就是"法律"。西班牙的法律分为"基本法律"与"普通法律",二者没有效力等级的不同,但在依法保留的管辖事项上各有分工。根据《宪法》第81条,基本法律是规范的内容涉及基本权利和公共自由、地方自治大区条例及选举基本制度,基本法律在功能上类似于德国学理上的"宪法律";基本法律的通过、修改和废止,应以众议院绝对多数表决通过。国内已有的西班牙宪法的文本,将《宪法》第81条规范的法律译为组织法,是不确切的。(西班牙部分的脚注均为译者注)

〔2〕 该法西班牙语名称及编号为:Ley Orgánica 2/1979, de octubre, del Tribunal Constitucional。该法经过 Ley Orgánica 8/1984、4/1985、7/1988、7/1999、1/2000、6/2007、1/2010、8/2010、12/2015、15/2015 等10部基本法律的10次修订。

予签署并使之生效。

第一编 宪法法院

第一章 宪法法院的组织与权力

第1条

(1)西班牙宪法法院是西班牙宪法的"最高解释者",[1]其独立于宪法上的其他机关,并仅忠于西班牙宪法及本法。

(2)西班牙宪法法院一审终审,其管辖西班牙全国范围内的宪法案件。[2]

第2条

(1)宪法法院依本法规定的形式,受理以下案件:

①对法律或其他具有法律效力的规范性文件或行为的"不合宪性"(inconstitucionalidad)提起的"不合宪救济"程序案件[3]及"不合宪问题"程序案件;[4]

②依《宪法》第53.2条,因侵犯基本权利与公共自由而提起的宪法诉愿程序案件;

③国家和地方自治大区之间、自治大区之间的宪法上的权限冲突

---

〔1〕 根据西班牙议会网站上的宪法评注,西班牙在1873年《宪法草案》的第77条,就规定最高院可以中止违反宪法的法律的效力,但该规定只停留在草案阶段。1931年《宪法》的第九编第121条及以下条款,真正规定了"宪法保障法院"的制度,该宪法保障法院于1933年正式开始运作,但到了1936年,西班牙内战爆发,这个与奥地利、捷克等同为第二次世界大战前享有宪法裁判管辖权的机关,终结了运作。及至1978年西班牙宪法立宪之时,欧洲大陆的德国、意大利、法国都各自建立了宪法保障机关。对历史的反思、国内政治权力的重新整合及融入欧盟的现实需要,促使西班牙建立了宪法法院制度。在西班牙人看来,这一制度包含了其自身的历史传承和比较法继受的双重因素。资料来源:西班牙众议院网:https://app. congreso. es/consti/constitucion/indice/sinopsis/sinopsis. jsp? art = 1&tipo = 2. ,2020年11月18日最后访问。

〔2〕 说西班牙是一个单一制国家并不准确,事实上,有西班牙宪法学者将西班牙的国家结构形式概括为"半联邦制"。但无论如何,正是西班牙的议会君主制和国家结构形式,决定了西班牙"仅能有一个"宪法法院作为西班牙宪法的最高解释者(参见第1条第1款)。西班牙的立法权、行政权是在中央与地方之间依法分配的,但是,地方自治大区是没有自己独立的司法系统的,其更没有自身的宪法裁判机关。西班牙宪法法院是《宪法》第九章单独规范的宪法机关,其不从属于西班牙的司法系统,司法系统是《宪法》第六章加以规范的。

〔3〕 对法律合宪性的抽象控制。

〔4〕 在普通司法裁判的具体个案中附带提出的、对"法律合宪性"的具体控制。

案件;

④国家的宪法机关之间的权限冲突案件;

④(增补)为保卫地方自治而产生的权限冲突案件;

⑤宣布国际条约合宪与否的案件;

⑤(增补)依本法第 79 条的规定,对地方自治法草案或修正案的不合宪问题的事前控制程序案件;

⑥针对依《宪法》第 161 条第 2 款规定提起的、针对地方自治大区一般规范性文件和决议的争议程序案件;

⑦对宪法法院法官提名人选的审查,以确定该人选是否符合宪法及本法规定的任职条件;

⑧审查宪法及本法授权其审查的其他事项。

(2)在本法的框架下,宪法法院可以针对宪法法院的功能运行、组织结构、人事安排、内外服务等事项发布条例。该条例应由宪法法院全体会议通过,该条例经宪法法院院长批准后,由《西班牙国家政府公报》发布。

第 3 条

宪法法院的管辖权将延伸至非其管辖但与宪法法院管辖事项有直接关系的"先决问题"或"附属问题"的受理与裁决,此管辖延伸的唯一目的在于确定其管辖事项的"合宪性"。

第 4 条

(1)在任何情况下,都不得质疑宪法法院的管辖范围及管辖权限。宪法法院将界定其自身的管辖范围,并采取必要措施维护其管辖权限,这其中包括将任何减损其管辖权的行为或裁决宣布为无效。宪法法院也可依职权(de oficio)或者依一方的申请(a instancia de parte)评估其自身是否具有管辖权。

(2)国家的任何司法机关不得对宪法法院的裁决进行裁判。

(3)在听取公共检察署(Ministerio Fiscal)及作出上述行为或裁决的机关的意见后,宪法法院可宣布与本条前两款相违背的行为或裁决无效。

第 5 条

宪法法院,由 12 名"宪法法院法官"(Magistrados del Tribunal Constitucional）组成。

第 6 条

（1）宪法法院分别以“全体会议”（Pleno）、“厅”（Sala）或“庭”（ección）的会议方式进行运作。

（2）宪法法院全体会议由全体宪法法院法官组成，会议由宪法法院院长（Presidente del Tribunal）主持；宪法法院院长缺席时，由副院长主持会议；院长及副院长均缺席时，由在宪法法院法官任上年资最深之宪法法院法官主持会议，如出现年资相同的情况，则由年资相同法官中年龄最长的宪法法院法官主持会议。

第 7 条

（1）宪法法院由两个厅（dos Salas）组成。每个厅包含 6 名宪法法院法官，每厅的宪法法院法官由宪法法院全体会议提名通过。

（2）宪法法院院长也是第一厅的厅长，由其主持第一厅的会议；当其缺席时，由在宪法法院法官任上年资最深之宪法法院法官主持会议；如出现年资相同的情况，则由年资相同法官中年龄最长的宪法法院法官主持会议。

（3）宪法法院副院长主持第二厅的会议；当其缺席时，由在宪法法院法官任上年资最深之宪法法院法官主持会议；如出现年资相同的情况，则由年资相同法官中年龄最长的宪法法院法官主持会议。

第 8 条〔1〕

（1）针对有判断是否允许受理宪法程序（procesos constitucionales）而开展的司法活动、裁决及相关建议的实际工作需要，宪法法院及其厅将进

〔1〕 本条是根据 2007 年《宪法法院改革法案》的规定新增的条款。根据提交至宪法法院案件类型的不同，宪法法院以“全体会议”“厅”或“庭”的形式审理案件。在 2007 年之前，宪法法院全体会议负责抽象控制的“不合宪救济”和“权限冲突”两种程序审查；宪法法院的“厅”负责宪法诉愿程序审查，宪法法院的“庭”负责宪法诉愿程序受理的审查。2007 年《宪法法院改革法案》通过之后，原宪法法院全体会议的很多职能已委托给其两个“厅”行使，而“厅”下面的“庭”则被赋予更多的“驳回诉愿请求”的权力。宪法法院的两个“厅”之间，其功能相近而没有明确的分工。2007 年前后的这种变化，当然是由宪法诉愿程序等类案件数量年复一年的增加与宪法法院的法官数量有限的矛盾决定的。

一步下设相应的“庭”(Secciones),庭由宪法法院院长(或代其主持会议的宪法法院法官)及2名宪法法院法官组成。

(2)宪法法院的庭将向宪法法院全体会议提出是否受理全体会议管辖范围内的宪法程序案件的建议。针对宪法法院全体会议决定受理的案件,宪法法院全体会议可将相应案件交由厅依法审理。

(3)厅下设的庭将审理并裁决厅依法交办的诉愿案件。

第9条

(1)从宪法法院法官成员中,宪法法院全体法官将以秘密投票方式选出宪法法院院长,并将该人选提交国王任命。

(2)第一轮投票获得绝对多数(la mayoría absoluta)的宪法法院法官将当选。如果没有任何人获得绝对多数,则将举行第二轮选举,获得最多选票的宪法法院法官将当选。如果第二轮选举无法选出得票最多的候选人时,将举行最后一轮投票。如果最后一轮投票仍无法选出得票最多的候选人时,则在宪法法院任职年资最深的宪法法院法官将当选,如果出现年资相同的宪法法院法官的情况,则其中年龄最大的宪法法院法官将当选。

(3)当选宪法法院院长的人员名单将呈交国王并由国王任命。宪法法院院长每届任期3年。宪法法院院长任期届满时,可最多可再当选一次。

(4)宪法法院全体会议将根据本条第2款的程序规定,从宪法法院法官中选举副院长。副院长的一届任期为3年。因宪法法院院长职位空缺、宪法法院院长缺席或其他事由时,其将代为行使宪法法院院长职权。宪法法院副院长主持宪法法院第二厅的工作。

第10条

(1)宪法法院全体会议受理如下案件:

①宣布国际条约合宪与否的案件;

②针对法律(las leyes)或其他具有法律效力的规范(demás disposiciones con valor de ley)的“不合宪救济”程序案件。如仅为“既存宪法判

解适用问题”，则应通过受理程序，交由厅处理；当交由厅受理时，宪法法院全体会议应当向其指明所应适用的“宪法判解原理”（doctrina constitucional）；

③宪法法院全体会议选择处理的“不合宪问题”程序案件。其他的“不合宪问题”程序案件应交由相应的厅轮流处理；

④ 国家与地方自治大区的权限冲突或地方自治大区之间的权限冲突案件；

④（增补）对地方自治法草案或地方自治法修正案的“不合宪性的事前救济”（los recursos previos de inconstitucionalidad）；[1]

⑤针对依《宪法》第161条第2款规定提起的、针对地方自治大区一般规范性文件和决议的争议程序案件；

⑥为保卫地方自治而产生的权限冲突案件；

⑦国家的宪法机关之间的权限冲突案件；

⑧本法第4.3条规定的、为保护宪法法院管辖权而提起的无效诉讼；

⑨宪法法院法官提名资格的审查；

⑩对构成各厅的宪法法院法官的提名；

⑪宪法法院法官的回避；

⑫本法第23条规定的宪法法院法官的免职；

⑬通过与修改宪法法院的条例；

⑭经宪法法院院长或3名宪法法院法官提请宪法法院全体会议审议的、属于宪法法院管辖的或属于本法明确管辖的其他事项。

（2）关于是否受理前款第4项至第6项规定的事项，可轮流由相应的厅作出裁定，裁定的内容应通知当事各方。

（3）为维系宪法法院作为宪法上的机关的自治（autonomía）地位，宪法法院全体会议应当制定其预算，此预算作为国家一般总预算的独立组成部分。

---

〔1〕 对应于第六编（增补）：“关于地方自治法草案或修正案的不合宪性的事前救济程序”。

第 11 条

(1)宪法法院的厅受理宪法法院管辖且不属于宪法法院全体会议受理事项的案件。

(2)宪法法院的厅,对于其已经交由相应的庭听审的案件,如果其认为因案件的重要性应由其裁决的,该厅可以亲自受理此类案件。

第 12 条

宪法法院的两厅之间的案件分配,根据宪法法院院长的建议并由宪法法院全体会议确定的排案顺序决定。

第 13 条

当宪法法院的厅认为有必要改变宪法法院之前的"判解观点"(punto de la doctrina constitucional precedente)时,其动议将交由宪法法院全体会议决定。

第 14 条

宪法法院全体会议作出裁决时,至少需全体法官 2/3 以上出席;宪法法院的厅作出裁决时,至少需厅 2/3 以上法官出席;宪法法院的庭作出裁决时,需要其两名以上法官出席,当出席人员出现意见分歧时,需要该庭的全体 3 名法官出席。

第 15 条

宪法法院院长对外代表宪法法院,召集并主持宪法法院全体会议,负责召集厅的会议。宪法法院院长负责采取必要措施保障宪法法院及其下设的厅、庭的正常运转。当出现宪法法院法官的职位空缺时,宪法法院院长应通知议会两院、中央政府及司法权总委员会(el Consejo General del Poder Judicial)。[1] 宪法法院院长有权任命法律顾问、召集竞聘公务人员

---

〔1〕 该司法权总委员会,负责管理西班牙各级法院的行政管理事务,撰写关于司法的立法建议等。司法权总委员会由 20 名委员构成,其中 12 名人选来自法官团体并由议会的委员会任命、4 名由众议院 3/5 多数选举产生、4 名由参议院 3/5 多数选举产生,该委员会任命最高法院院长,并由最高法院院长主持该委员会。同时,就宪法法院制度而言,该委员会有两票的宪法法院法官的提名权(参见第 16 条第 1 款),因此其地位十分重要。资料来源:司法权总委员会网:http://www.poderjudicial.es/cgpj/es/Poder - Judicial/Consejo - General - del - Poder - Judicial/Informacion - Institucional/Que - es - el - CGPJ/Mision - /. ,2020 年 11 月 18 日最后访问。

及行政管理人员的职位,并行使宪法法院的人事管理权力。

第二章　宪法法院法官

第16条

(1)按照《宪法》第159条第1款的规定,[1]依议会两院、中央政府和司法权总委员会之提名,国王将任命宪法法院法官。

根据参议院的条例,参议院提名的宪法法院法官人选将从地方自治大区提交的候选人中选举产生。[2]

(2)众议院和参议院推选的宪法法院法官人选将根据各该推选议院的条例,出席其议院相应的委员会举行的听证。

(3)宪法法院法官的任期为9年,宪法法院1/3的法官每隔3年更换一次。在每隔3年更换法官之时,宪法法院的院长及副院长将依本法第9条重新选举一次。如果被任命为宪法法院院长及副院长的3年任职期限与宪法法院更换法官的期限不一致的,宪法法院院长及副院长的任职期限将延长至最近一次的宪法法院更换法官之期为止;此时,新选举出来的宪法法院法官将依本法规定被选举为新的宪法法院的院长及副院长。

(4)在另一个法官更换期限内,不得立即向国王提名同一法官以开始其第二任期,除非该法官任职并不超过3年的时间。

(5)非因任期届满而导致的宪法法院法官职务空缺,将依照选举产生该空缺的法官时的任职程序而选举新的法官,该新法官的任职期限将覆

---

[1] 西班牙《宪法》第159条第1款规定:宪法法院由国王任命的12名成员组成。其中,4名由众议院以3/5多数提名,4名由参议院以同样多数提名,2名由政府提名;2名由司法权总委员会提名。

[2] 宪法法院编号为STC49/2008的判决,对这一点有所修正。此即如果地方自治大区的候选人没有得到3/5的多数提名,则参议院有权选择其他候选人。通过"参议院"的通道提名地方自治大区推荐的候选人,对于宪法法院的组成的正当性来说,是非常重要的:一方面,参议院作为西班牙议会中代表地区的一院,其是不同于众议院的,参议院不推举宪法法院法官人选,是说不过去的;另一方面,更为重要的,西班牙宪法法院运作过程中,其最具争议的案件常常就是处理中央与地方自治大区关系的案件,无论其案件类型是抽象救济的"不合宪救济程序""权限争议程序"还是其他特定程序。可以说,中央与地方关系问题,是西班牙1978年《宪法》遗留下来的最重要问题。因此,如果不给予自治大区推选宪法法院法官的制度可能性,那么,由宪法法院裁判形成的活的宪法制度,就会受到部分地方人士的质疑,因为这些裁判是没有地方推选的宪法法院法官参与的。

盖该职位空缺的剩余任期。当 1/3 的宪法法院法官的依法更换延迟时，延迟更换法官的期间将从新任命法官的任期中扣减。[1]

第 17 条

(1)在任期届满前的 4 个月,宪法法院院长应当邀请有责任提名新的法官的机关的院长实施有关法定程序。

(2)宪法法院的法官应当任职到新的法官接替他的职务为止。

第 18 条

宪法法院法官应当从担任法官、检察官、大学教授、公务员或者律师的西班牙籍公民中任命,同时,这些候选人应当是在各自的职业或者岗位上工作了 15 年以上的法学家。

第 19 条

(1)宪法法院法官不得兼任下述职务:①护民官;②众议院议员或者参议院议员;③国家机关、地方自治大区、省或地方公法组织中的任何政治职务或行政职务;④与法官或者是检察官职责活动有关的职务;⑤被各级各类法院或法官雇佣的职务;⑥在政党、工会、社团、基金会和职业团体中担任的管理职务或者是以任何形式被雇佣为上述机构服务的职务;⑦从事职业或商业活动的人职务。另外,关于不适宜担任司法权人员的规定,也于此适用。

(2)如果被提名担任宪法法院法官的人存在担任了作为宪法法院法官不适宜担任的职务或者从事了不适宜从事的活动的情况,该被提名的人在任职前必须从不适宜任职的岗位上辞职或者是停止从事不适宜的活动。如果自被提名之日起 10 日内仍然没有辞去有关的职务或者是停止有关活动的,应当视为被提名的人不接受宪法法院法官的职务。同样的规则应当适用于可能产生不适宜职务或者是不适宜从事的活动的任何情况。

---

〔1〕 这一方面是出于尊重制度、保障法官按时更换的考虑,但更是为了防止议会中的政党出于政治的因素阻碍法官的任命。

第 20 条

从事司法或检察工作的人员及各类公务员，自其被任命为宪法法院法官或者宪法法院法律顾问之日起，其原岗位保留，但处于“特殊事假”状态。

第 21 条

宪法法院的院长和其他法官在就职时应当在国王面前作下列宣誓或保证：

“我宣誓（我保证）始终维护和捍卫西班牙宪法，忠于国王，履行作为宪法法院法官的职责。”

第 22 条

宪法法院法官应当根据植根于他们崇高职务中的公平和尊严履行其职责，其在履行职责时所发表的观点不受指控。除本法另有规定外，宪法法院法官不得被调离、免职或者是停职。

第 23 条

（1）下列事项构成免除宪法法院法官职责的理由：①辞呈被宪法法院院长所接受；②任职届满；③有任何一种无能力继续担任司法权成员的法律理由存在；④后续出现了不适于担任宪法法院法官的情况；⑤没有尽职履行自己的职责；⑥违反职业操守；⑦被认定为在民事程序中有欺诈行为或者是被判犯有故意的犯罪或者是严重的过失犯罪行为。

（2）上述第 1 款所规定的第一种和第二种情况以及在去世的情况下，由宪法法院院长决定宪法法院法官的免职或者宣布空缺。在第三种或第四种情况下，由宪法法院全体会议以简单多数决定；在其他情况下，由宪法法院法官 3/4 多数决定。

第 24 条

在受到指控或者是按照上述规定应当立即终止履行职责的情况下，相关宪法法院法官应当停职。对于该停职事项，要有宪法法院全体会议 3/4 法官的赞成票，方可实施。

第 25 条

（1）服务至少 3 年的宪法法院法官，在其离岗时，应当得到 1 份 1 年的过渡性津贴。

(2)如果宪法法院的法官属于一个享有退休金待遇的官方机构,那么,该津贴数额应当在考虑其在宪法法院服务的时间及宪法法院法官任内最后一年总收入的基础上决定。

第26条

宪法法院法官的刑事责任仅应由最高法院刑事审判庭审判。

第二编　宣布不合宪的程序

第一章　一般规定

第27条

(1)根据本编所规定的宣告不合宪程序,宪法法院应当保证宪法的最高权威,并对争议中的法律、规定或者行为是否合宪作出裁判。

(2)下列事项可以成为不合宪程序的客体:

①自治法和其他组织法律。

②国家具有法律效力的其他法律、规范性文件和规定。对于立法性法令(授权立法),根据《宪法》第82条的规定,宪法法院应当不带偏见地予以审查。

③国际条约。

④参众两院及全体国会之程序规则。

⑤具自治大区的法律效力的法律、规范性文件和规定,按照上述第2项所规定的、关于授权立法的规定进行审查。

⑥自治大区立法会议之条例。

第28条

(1)为评估国家或地方自治大区的法律、具有法律效力的规范性文件或行为是否符合宪法,宪法法院除需考虑宪法规范外,还要考虑在宪法整体制度框架下“界定国家与地方自治大区权限的法律”及“规范及协调上述权限行使的法律”。[1]

(2)基于违反《宪法》第81条[2]之理由,宪法法院可以宣布立法性指令、立法性条例或者是1项法律违宪,即使上述规范性文件的规范内容本应由基本法律设定、修改或废止(无论该规范性文件的内容如何)的,亦不例外。

第29条

(1)不合宪之裁判可经由下列任一程序完成:

①“不合宪救济”程序;

②“不合宪问题”程序。

(2)基于形式之理由,不支持针对法律、具法律效力的规定或命令提起的“不合宪救济”程序请求的,不得成为阻碍针对上述程序客体而提起“不合宪问题”程序的请求的理由。

第30条

受理“不合宪救济”程序或者“不合宪问题”程序请求的,不得中止有关法律具有法律效力的规范性文件规定或命令的效力,[3]中央政府根据

---

〔1〕 这一条十分重要。宪法赋予地方大区自治法以分配自身权限的“优先性”,因此,这就间接界定了国家手中剩余的管理地方自治大区事务的权能。在这一意义上,违反地方大区自治法,就是间接地违反了宪法。关于西班牙的中央与地方(以地方自治大区为代表)的关系,必须理解西班牙《宪法》第149条第3款及第150条。可以说,这两个条款不仅是宪法在这一问题上的核心条款,也是整部宪法的核心条款。不理解这两条,就难以理解西班牙的国家结构形式。西班牙有学者认为西班牙的国家结构形式为“半联邦制”,就是围绕着这两条为核心的宪法制度而说的。

〔2〕 西班牙《宪法》第81条:[基本法律]:基本法律是关于行使权利与公共自由、批准自治法和选举通则的法律,以及宪法规定的其他法律。基本法律的通过、修改或废除,由众议院在整个法律议案的最后表决中以绝对多数通过。

〔3〕 当国家的法律受到质疑或攻击时,宪法法院是不能采取中间措施中止该法律的适用的,这一点可见西班牙宪法法院编号为ATC90/2010的裁定,但不能中止法律适用,但这有时也有问题。作为西班牙两大长期执政之一的PSOE党(西班牙工人社会党,首相桑切斯为党魁的左翼政党),就在宪法法院挑战了一部关于在一定期限内免税的议会授权法规,在其提起的这个案件中,除非法院非常快速的裁决,否则,到最终裁判作出之时,该法规的免税效果就出现了,这与该党提起该案的初衷就相悖了;这是挑战国家法律的程序进程中不能中止法律适用的情况。相反的情况是,根据西班牙《宪法》第161条第2款,如果中央政府在宪法法院通过本法第五编的争议程序挑战地方自治大区颁布的规范性文件或决议,则该地方自治大区的规范或决议之适用将中止。这一法条完整地反映了上述两种情况。该条的后半句程序的适用客体,应当结合本法第五编的规定加以正确理解。

《宪法》第161条第2款的规定针对法律、具有自治大区法律效力的规范或命令提出异议的情况除外。

第二章 不合宪救济程序

第31条

对法律、具有法律效力的规范性文件或规定所提起的不合宪救济程序可以自官方公布上述规范性文件之日起提出。

第32条

(1)下列主体有权针对地方自治法、国家基本法律、普通法律或者是国家或者地方自治大区的具有法律效力的规范性文件和规定、国际条约、国会及其两院的条例提起不合宪救济程序:

①政府总理;

②护民官;

③50名众议员;

④50名参议员。

(2)地方自治大区的行政合议机构和议会,根据上述规定,也有权针对可能会影响其自治权的国家法律、具有法律效力的规范性文件或规定提起不合宪救济程序。

第33条

(1)在相关法律、具有法律效力的规范性文件或规定公布之日起3个月内,可以向宪法法院提交发起"不合宪救济"程序的起诉书,该起诉书应当写明起诉的个人或机关的身份等情况,如有代理人的,写明代理人的身份情况。同时,起诉书中应当指明作为程序客体的全部或部分的法律、规范性文件或规定,说明起诉方主张的、程序客体所违反的宪法规范。

(2)尽管有前款规定,政府总理及地方自治大区行政合议机关在满足下列条件的情况下,在法律、具有法律效力的规范性文件或规定公布之日起9个月内,对之提起"不合宪救济"程序,以避免相关争议:

①在国家的行政机关或地方自治大区的行政机关中一方的提议下,二者组成的双边合作委员会已经召开会议;

②在前述双边合作委员会之协助下,委员会之双方已经达成协议,[1]该协议对发起谈判以解决争议作出规定,并视具体情况建议修改相关条文。该协议可以规定在本款规定的"不合宪救济"程序提起的情况下,是否中止程序所涉规范的效力。

③前述机关达成的协议已经通知宪法法院。上述谈判及协议,应当在诉争法律、具有法律效力的规范或行为公布之日起3个月内作出,其并应分别公布于《西班牙国家政府公报》及地方自治大区的《官方公报》。

(3)前款之规定,不影响相关机关或个人依本法32条之规定提起"不合宪救济"的程序权利。

第34条

(1)"不合宪救济"请求被受理的,宪法法院应当依法将有关起诉书副本通过参众议院的议长分别转交给参议院和众议院,通过司法部部长转交给中央政府,或者当该不合宪救济程序涉及由地方自治大区所制定的具有法律效力的1项法律或规定时,应将起诉书副本转交给有关自治大区的立法和行政机关,以便前述相关机关参加"不合宪救济"程序,陈述其答辩意见。

(2)应当给予15日的期限,以便相关主体参与程序、提出答辩意见。宪法法院应当在前述期限届满之日起10日内作出决定;除非宪法法院基于说明理由的裁定认为应当延长裁决期限的,才可以延长该期限,但宪法法院作出裁决的期限绝不应超过30日。

第三章 由法官或法院提出的"不合宪问题"程序

第35条

(1)当法官或法院,依照职权或者是基于一个当事人的请求,认为应当适用于一个案件的具有法律效力的法律规范可能违宪时,并且其审理案件之判决依赖于该规范时,此时法官或者法院根据本法的规定应当将该"不合宪问题"提交宪法法院。

---

[1] 这种"先礼后兵"的程序规定,是制度化的"商谈"程序了。

(2)法院在结束审判活动后、在作出判决所规定的时间内可以提出“不合宪问题”。该法院应当详细说明合宪性存在争议的法律或效力相当于法律的规范,被违反的宪法规范,并且应当提出并论证司法裁决依赖于存有争议的法律或规范的理由。在确定作出提起“不合宪问题”的裁定前,法院应当要求当事人和公共检察署在不得被延长的10日内提出是否有必要提出“不合宪问题”的意见。法官应当在随后的3日内作出上述裁定。针对该裁定不得上诉。然而,不合宪问题在后续审级中仍可提出,直到作出最终判决为止。

(3)“不合宪问题”程序之提起,将使所涉之司法程序暂停,该暂停直至宪法法院作出判决为止。

第36条

法院应当在向宪法法院提出有关违宪问题的同时,应当提交上条规定所涉及的主要诉讼以及辩论的记录证明材料,如果上述材料存在的话。

第37条

(1)当宪法法院收到所有文件后,应当按照本条第2款所规定的程序来开展活动。然而,在决定是否予以受理时,宪法法院应当在听取国家总检察长的意见后,如其认为缺少本程序应当具备的程序条件或者不合宪问题明显不存在的情况下,可以基于一项决定,不受理有关不合宪问题的请求。上述决定应当说明理由。

(2)“不合宪问题”程序受理之信息,应当公布于《国家政府公报》中。该程序之当事方应当在上述信息公布之日起15日内至宪法法院出庭,并应在上述期限届满之日起的另一个15日内提出各自之主张。

(3)宪法法院应当将提起不合宪问题之文书副本通过参众议院之议长分别告知参议院和众议院,通过司法部部长告知国家总检察长及政府,当不合宪问题涉及一个地方自治大区的一项法律或者是具有法律效力的规定,通知该自治大区的立法和行政机构。所有当事人应当在不得被延长的15日期限内到宪法法院提出他们关于不合宪问题的主张。期限届满,宪法法院应当在15日内作出一份判决,除非宪法法院基于一个说明理由的裁定认为可以延长期限的,才可以延长该期限,但宪法法院作出裁决的期限绝不应超过30日。

第四章 不合宪程序的判决及判决之效力

第38条

(1)不合宪程序的判决[1]应当具有既判力(cosa jusgada),其应当对所有的公权力机关具有拘束力,判决应当自其在《国家政府公报》公布之日起就具有普遍的拘束力。

(2)对于提起的"不合宪救济程序"或"为维护地方自治而提起的权限冲突诉讼"(conflictos en defense de la autonomia local)作出的"不支持请求的判决"(las sentencias desestimatorias),其内在效力将阻却未来"以同一宪法规则受到侵害"为由而意图提出的不合宪救济程序或不合宪问题程序。

(3)对"不合宪问题"程序案件已作出判决的,宪法法院应立即将该判决通知有关法院以便其判决。该法院应当将宪法法院的判决通知有关当事人。宪法法院判决应自有关法官或者法院知悉该判决时起拘束该法官或法院,自有关当事人知悉该判决时起拘束该当事人。

第39条

(1)当判决争议规范不合宪时,应当同时宣布该规范无效。视案件情况,这种无效可根据其联系或者影响可以扩展到同一法律、法规和具有法律效力的规定中的其他规定。

(2)无论在"不合宪问题"程序进行中是否已经说明理由,宪法法院都应当在裁决中基于所违反的宪法规范,说明宣布"不合宪"的法律理由。

---

〔1〕 宪法法院的"判决"一般分为四个部分:(1)前言(Preámbulo);(2)先前之案情(antecedentes);(3)法律理由(fundamentos jurídicos);(4)判决结果(fallo)。宪法法院判例是宪法这一实体法与宪法程序法的结合点。不完整地读宪法法院的判决、裁定、决定,很难全面理解宪法程序法。

第40条[1]

(1)宣布法律、具有法律效力的规范或者是规定“不合宪”的判决不能成为重启已经产生既判力判决的程序的理由;除非是在有关刑事诉讼或者是涉及行政处罚的行政诉讼将不得不减少刑罚或处罚的,或者涉及相关责任的排除、豁免及限制的,才可以重启相关程序。

(2)在所有情况下,与宪法法院作出判决所涉的法律、法规或者是规定有关的法院的判决应当根据宪法法院的上述判决进行相应修正。

第三编　宪法诉愿程序

第一章　宪法诉愿程序的依据及提起[2]

第41条

(1)《宪法》第14条至第29条所肯认的基本权利和公共自由[3]应当依据本法所规定的情况和形式受到宪法诉愿制度的保护,该诉愿制度的实施无违于法院司法对于上述权利和自由的整体保障。宪法诉愿也应当适用于《宪法》第30条所规定的良心自由。

---

〔1〕 本条为“依据本章程序宣布法律等‘不合宪’的判决,对普通法院判决是否产生影响这个问题”,设定了裁量标准。读者只需记住两条:(1)对于产生“既判力”的司法判决,原则上不能启动重新审核,除非有第1款所列情况;(2)如司法判决没有产生既判力,而相关法条已被宪法裁判所修正,则司法判决应根据宪法裁判作相应修正。

〔2〕 根据《宪法》第53.2条,有权提起诉愿的主体为“公民”,但是在西班牙注册的公司等法人及在西班牙合法居住的外国人及欧盟公民,也有权提起宪法诉愿。另外,关于宪法诉愿的提起资格,该程序解决的核心情势是基本权利或公共自由被侵害,但依据STC19/1983等宪法判例,在相关案件中具有合法利益之人即有资格提起宪法诉愿,而并不局限于其基本权利被侵害的权利人。

〔3〕 从西班牙《宪法》第一章“基本权利与义务”的条文上看,诉愿制度保护的权利,是围绕着第14条的平等权、第一分节的“基本权利与公共自由”及第30条的良心自由展开的,其第二分节、第三分节涉及的经济权、社会权、文化权不包括在内。但是,现实的宪法判例也会有一定的弹性拓展,如第31条的税收公平原则可以凭借第14条的平等权而得到适用。又如,《宪法》第27条第10款的“大学自治”,旧有学理认为是一项“制度保障条款”,但是STC26/1987号宪法判例已将该条判定为基本权利条款,相关权利受诉愿程序保护。

(2)根据本法规定,宪法诉愿旨在防止下述主体作出的规范、[1]法律上的公权力之作为或者是不作为,甚至是事实行为侵犯本条前款规定的权利和自由:国家公共权力机构、地方自治大区或者是其他地域性公法主体或者是法人或者是机构的公共权力部门以及它们的官员或者是代理人。

(3)宪法诉愿只应因"重建"(restablecer)或"保护"(preservar)基本权利及公共自由之主张而提起。[2]

第 42 条

议会及其任一机构或地方自治大区立法会议及其机构作出的非法律之决定或行为(lasdecisions o actos sin valor de Ley),侵犯受到宪法诉愿制度保护的基本权利和公共自由的,[3]可在依议会或大区立法会议内部规则而确定作出上述行为之日起 3 个月内提出宪法诉愿。

第 43 条

(1)因前述之公权力主体的规范、行为或不作为或政府、政府的权力机构或者其官员、地方自治大区的行政机关或者是它的机构、官员或雇员的事实行为,侵害了基本权利和公共自由的,当针对上述侵害已穷尽司法救济时,可以提起宪法诉愿。

(2)自最终之司法裁决的通知送达当事人之日起 20 日内,可以提起宪法诉愿程序。

(3)宪法诉愿只能建立在一项确定的公权力之实施侵犯了受到宪法

---

〔1〕 此处应当注意两点:(1)就法律等规范性文件这一大类而言,只有公共行政组织的条例(reglamentos)才可能成为诉愿程序的追诉客体,而法律及具有法律效力的规范性文件,根据本法第 31 条及第 35.1 条,是不合宪救济程序(抽象控制程序)或不合宪问题程序的客体;(2)拓展而言,从动态的程序上看,如果在诉愿程序中,发现案件中适用的法律条文不合宪的,则本诉愿程序中止,而应在另外一个不合宪问题程序中,宣布此不合宪的法律条文的"不合宪性",此点见本法第 55 条第 2 款。诉愿程序本身是不能用来裁判法律的不合宪性的,从此点可以看出,西班牙在诉愿程序与不合宪问题程序在程序客体的区隔上,是比较分明的。在德国法上,诉愿程序的客体可以是法律。参见[德]克劳斯·施莱希、斯特凡·科里奥特:《德国联邦宪法法院:地位、程序与裁判》,刘飞译,法律出版社 2007 年版,第 214 页。

〔2〕 此处指出了提起宪法诉愿程序的目的指向和范围,根据编号为 STC78/1997 等判决,宪法诉愿针对的是"具体发生"的基本权利侵害。

〔3〕 在此情形下,无穷尽司法救济原则之适用。

诉愿制度保护的基本权利和公共自由的基础之上的。

第 44 条

(1)当宪法所保护的权利和自由之受侵犯是司法机关一项作为或者不作为的随即发生的直接结果时,如果符合下列条件可以作为提起诉愿的理由:

①所有有效的司法救济程序已经穷尽;

②侵犯基本权利和公共自由是司法机关的一项作为或者不作为的随即和直接的结果,上述作为或不作为应当独立于引发该司法程序的其他事实,也无论宪法法院绝对不可能对此事实作出判决的情况;

③如果当事人知晓被侵犯的宪法权利的,只要有机会,就应在知道上述情况时在审判程序中作出相应的正式陈述。

(2)提出宪法诉愿之期限为 30 日,自司法程序中之终局裁决的通知送达当事人之日起计算。

第 45 条 (已废止)

第 46 条

(1)下列主体有资格提起宪法诉愿:

①根据第 42 条和第 45 条的规定,直接的受害人、护民官和公共检察署;

②根据第 43 条和第 44 条的规定,在相应的司法程序中的当事人、[1]护民官和公共检察署;

(2)如果宪法诉愿由护民官或者是由公共检察署提起,有权听取宪法诉愿案件的宪法法院的厅应当通知已经了解到的可能受到伤害的人,并应当将诉愿之提起刊登在《国家政府公报》上以便其他利害关系人能够申请权利。这样的公告应当具有优先地位。

第 47 条

(1)因被提起诉愿的决定、行为或者是事实而受益的人或者是具有法

---

〔1〕 根据 STC46/1982、STC191/2011 等宪法判例,本应成为之前的司法程序的当事人,并非由于自身的原因,而没有成为司法程序中的当事人的,亦有提起诉愿之资格。

律上的利益的人可以作为被告或者是第三人参加诉讼。

(2)公共检察署应当参加所有的宪法诉愿程序,以维护合法性、法律所保障的公民的权利和公共利益。

第二章　宪法诉愿之受理

第 48 条

宪法诉愿之受理,由宪法法院相应的厅受理;视案件情况,宪法诉愿可交由相应的庭受理。

第 49 条

(1)宪法诉愿应当依据一份"申请书"(demanda)而提出。[1] 该申请书应当清楚和明了地说明诉愿申请人所处的状况,相关事实所违反的宪法规范和需要得到诉愿保护的基本权利和公共自由。在任何情况下,申请书都应当论证起诉所涉案件具有的"特别的宪法意义"(especial trascendencia constitucional)。

(2)申请书应当附有下列文件:

①证明有权代理诉愿申请人的文件;

②视案件情况,提交终结相应司法程序或行政程序的决定的复印件、通知或者证明;

(3)申请提交的文件应当根据之前的法律程序中当事人的人数进行复印,也应当向公共检察署提供 1 份复印件。

(4)如前款规定之任一条件没有满足,司法机关应当通知诉愿申请人在 10 日内补充相关资料,并明确告知该申请人:如仍有不符之情形,将不予受理诉愿申请。

第 50 条

(1)宪法诉愿是"程序性的受理决定"(una decision de admission a tramite)的审查客体。在满足下列条件的情况下,宪法法院的庭经其全体

---

[1] 诉愿之请求,概括地说,有两点核心要素:(1)诉因(la causa petendi),权利或自由被侵犯的事实及依据;(2)诉求(el petitum),包括确认侵权之行为或事实无效,也包括确认并重建被侵犯的权利或自由。任何对上述核心要素的更改,都是诉愿请求的更改。

成员一致同意,可以决定全部或部分地准予受理诉愿请求:

①诉愿申请满足本法第 41 条至第 46 条及第 49 条设定之条件;

②该案的诉愿申请因其“特别的宪法意义”(especial trascendencia constitucional)[1]而使受理决定值得作出;该“特别的宪法意义”将体现在宪法解释与适用的重要性、解释与适用宪法后产生的一般效力,以及基本权利的内容与范围上;

(2)受理程序中,尽管获得了多数同意意见但没有获得庭(la Seccion)的全体一致意见时,该庭应将该案件上交相应的厅(la Sala)处理。

(3)宪法法院的庭或厅作出的不予受理的裁定,应当指明该诉愿请求未满足的法定条件,并应当将裁定通知诉愿申请人(el demandante)及公共检察署。对上述裁定重新审核的请求只有公共检察署才有权提起,而且应当在 3 日内以书面形式提出。对于重新审核的请求的任何裁定(auto),都应说明理由,此裁定为终局裁定,对此裁定不得再寻求任何救济。

(4)如果宪法诉愿的申请包含了一项或者多项可以被纠正的缺陷,应当适用本法第 49.4 条进行纠正;如果在规定的期限内没有纠正的,宪法法院应当以一项决定(providencia)不予受理该申请,对此决定不得再寻求任何救济。

第 51 条

(1)如果宪法诉愿申请被受理,相应的厅应当立即要求原作出决定、行为或者涉及有关事项的机构或者当局或者是前审裁判的法院或法官,在不超过 10 日的期限内向宪法法院提供各项记录或有关文件。

(2)收到受理通知的机构、当局、法院或法官应当在上款所规定的期限内邮寄上款所述记录或文件,并将该诉愿程序之情况通知之前法律程序中的当事人,以使他们能够在 10 日内参加宪法诉愿程序。

---

[1] 这是 2007 年《宪法法院法》的改革重点,“特别的宪法意义”为新增的要点。在操作上,诉愿申请人应当主张并证明其诉愿具有“特别的宪法意义”。在实践中,不予受理诉愿的裁定,主要的理由,也落在这一点上。

第 52 条

(1)在当事各方接到通知且传唤期限届满后,宪法法院的厅应当将收到的记录或文件出示给诉愿人、将要在宪法诉愿程序中出庭的当事人各方、国家律师、有关政府部门(如案件涉及)和公共检察署。对于所有诉愿参与人提出主张的时间不超过 20 日,在此期限内,诉愿参与人应当提出相关主张。

(2)诉愿参与人的相关主张提出后或者提出主张的时间结束后,当案件可以适用宪法法院的既有判理进行裁决时,宪法法院或厅可将案件交由某一个庭裁决;或视案件情况,宪法法院的厅可以指定听证时间、审议该案、投票表决以作出裁决。

(3)宪法法院厅或负责裁决相关诉愿案件的庭,应当在指定的听证时间或审议案件的时间结束之日起 10 日内作出裁决。

第三章　宪法诉愿之裁决及其效力

第 53 条

宪法法院的厅或者在适当的情况下宪法法院的庭,在审查案件的所有方面之后,应当作出如下判决:

(1)支持诉愿之判决;

(2)不支持诉愿之判决。

第 54 条

宪法法院的厅或者在适当的情况下宪法法院的庭,在审理涉及法院或法官裁决的诉愿案件后,其关注重点应集中于确定诉愿人的基本权利或公共自由是否受到侵犯,其职能应仅限于保护或恢复此等基本权利和公共自由,而不应考虑司法机关其他行为。

第 55 条

(1)支持诉愿之判决应当包括下列中的一项或几项:

①宣布妨碍基本权利和公共自由全面行使的决定、行为或裁决的无效;视案件情况,说明涉案权利或自由的效力范围;

②依宪法规定,确认诉愿人所享有的基本权利或者公共自由;

③采取适当措施，全面恢复诉愿人的基本权利或公共自由；依案件情况，对相关基本权利或公共自由加以保护。

(2)当宪法法院的厅或庭，认为诉愿人之诉愿应得到支持是由于案件中的法律本身侵犯了基本权利与公共自由的，则根据本法35条及以下相关条款，本诉愿程序中止，并应将该法律的合宪性问题提交宪法法院全体会议裁决。[1]

第56条

(1)提起诉愿不中止诉争之行为或判决的法律效力。

(2)然而，当诉愿追诉之行为或判决的执行给诉愿人造成的损害可使诉愿之目的不达时，宪法法院的厅或庭依本法第52条第2款之规定，可以依职权或者依诉愿人的申请，下令全部或部分中止该行为或判决的执行，但前提是该中止不对宪法所保护的利益或他人的基本权利或公共自由造成严重干扰。

(3)同时，宪法法院的厅或庭在判决前，可依案件性质采取任何适当的预防性措施或临时裁决，保障诉愿程序有序进行，并避免诉愿程序在最终判决前失去其受理时本具之意义。

(4)本条所述之中止或预防性措施，可以在诉愿程序判决或其他形式的终局裁决前的任何时间提出。中止执行之动议可以在不超过3日的期限内在所有各方当事人以及检察官出席的听证会上予以审查，如果宪法法院的厅或庭提出要求的，负责执行的有关当局应当向听证会报告有关情况。如可能对第三人的权利造成严重损害时，宪法法院的厅或庭可以向诉愿人提出不支持中止执行的条件，如提供担保以应对可能产生的损害。

(5)宪法法院的厅或庭可以设定执行中止及采取预防性措施的条

---

[1] 这一条规范的程序在西班牙宪法学界也被称为“不合宪性的自我提问”(autocuestión de inconstitucionalidad)、“不合宪性的内部问题”(cuestión interna de constitucionalidad)或“不合宪性的后续控制”(control sucesivo de constitucionalidad)，在这一程序启动前，诉愿人可以主张法律的不合宪性。

件，如及时、充足的保证，以担保上述执行中止或预防性措施可能对利益相关方产生的损害，上述担保的类型和数额可以交由由普通法院确定。

(6)在例外的紧急情况出现时，执行中止或预防性、临时性措施可以在诉愿受理决定中作出。公共检察署或诉愿中的其他当事方可以在上述执行中止或预防性、临时性措施作出通知之日起5日内对其提出异议，宪法法院的厅或庭可以针对上述异议作出裁定，对该裁定不能寻求任何形式的救济。

第57条

诉愿程序的中止或该中止的解除，可以在诉愿程序进行过程中依职权或依当事人的申请变更。变更时，应考虑新出现的相关情况或者作出中止决定时并不知道的情况。

第58条

(1)对于因执行中止的批准或拒绝而产生的损害赔偿请求，应由普通法院或法官管辖，对于该种损害赔偿请求应当向普通法院或法官提供担保。

(2)因上述程序事项产生的损害赔偿请求，应当在宪法法院判决公布之日起1年内提出。

第四编　宪法冲突诉讼程序

第一章　一般规定

第59条

(1)宪法法院应当受理由宪法(la Constitucion)、自治法(Estatuto de Autonomia)、基本法律(las leyes organicas)及普通法律(las leyes ordinarias)设定的权限或职责产生的纠纷，以划定国家及自治大区的权限范围及产生的冲突：

①在国家与一个或多个地方自治大区之间；

②在两个或多个地方自治大区之间；

③在中央政府与参议院、众议院、司法权总委员会之间及这些宪法上的权力机关之间。

(2)宪法法院也受理省或市为保卫地方自治之目的而向国家或地方自治大区提出的权限冲突诉讼。

第二章　国家与地方自治大区之间及地方自治大区之间的权限争议诉讼

第60条

国家与地方自治大区之间的权限争议诉讼、地方自治大区之间的权限争议诉讼可由中央政府或地方自治大区的行政合议机关按本法之后续相应条款提起,消极的权限争议诉讼也可由具法律上利害关系的自然人或法人提出。

第61条

(1)国家机关或地方自治大区权力机关作出的决定、裁决或行为,或者上述机关之各类不作为,是提起权限争议诉讼的前提。

(2)当前款所述之权限争议诉讼与任何法院在司法审理中涉及的决定、裁决或行为有关时,该司法程序中止,直至该权限争议诉讼作出裁决为止。

(3)宪法法院之裁决,拘束全部公权力主体并具对世效力。[1]

第一节　积极权限争议诉讼[2]

第62条

当中央政府认为,由地方自治大区作出的一项规范或决议与宪法、自治法或者有关基本法律所确定的权力分配原则相违背时,可以在两个月的期限内将有关权限争议提交宪法法院,或者宪法法院可依下列条文所

〔1〕 根据STC158/2004(FJ4)号判例,不但是"裁决结果",而且是"裁判中的法律理由和裁判标准",均拘束公权力主体。这实际是宪法法院判决既判力的内容拘束范围的问题。这个问题依不同国家制度有些变化,如在智利,智利宪法法院的裁决仅具有个案效力;在墨西哥,只有最高院作出的宪法裁决才具有对世效力(erga omnes),等等。

〔2〕 根据STC95/2016(FJ8)号判例,此类权限争议诉讼的目的有:(1)确定法律规范或决议等是否合宪;(2)解释或确定宪政秩序,明确何种主体有哪些权限,而不在于具体解决某一个案件争议。

规定的方式通知中央政府自己缺少管辖权,但不得忽视中央政府根据《宪法》第161条第2款的规定在相同程序中所享有的程序权利。

第63条

(1)如果一个地方自治大区的最高行政机关认为由另外一个自治大区或者是中央政府作出的规范、决议或者行为与宪法、自治法或者是有关法律所确立的权力分配关系相违背,如果由此影响了本自治大区的权力的话,它应当请求有问题的权力机构废止相关规范、撤销有争议的决议或行为。

(2)关于缺少权限的请求可以在被认为是超越权限的规范、决议或者行为公布、公开之日起2个月内提出,并应当直接通知中央政府或者是其他的地方自治大区的最高行政机关,在通知其他的地方自治大区的最高行政机关的时候,也应当通知中央政府。

(3)请求应当清楚地说明规范的有关规定或者被认为是产生了与宪法或法律规定相违背的决议或者是行为的特征。

(4)当一个接到有关请求的机关认为请求理由正确的话,它应当在收到请求后不超过1个月的期限内采取相应的措施,通知申请人;当政府不是申请人时,也应当通知政府。如果它认为请求没有根据的话,它可以在同样的期限内予以拒绝,对请求予以答复的期限届满时仍未答复的,视为拒绝相关请求。

(5)作出请求的机关,在收到拒绝的通知1个月内对答复不满意或者上款规定的答复期限届满时,可以将有关的争议提交至宪法法院,并证明上述请求程序不成功以及说明争议诉讼所依据的法律理由。

第64条

(1)宪法法院应当在10日内将诉讼提起之情况,通知中央政府或者是相关的地方自治机关,并应当确定不超过20日的期限要求其提交所有有关的文件和争议。

(2)在地方自治大区作出某一行为后,如果中央政府依《宪法》第161条第2款的规定提起争议诉讼,宪法法院应立即作出通知,中止引起上述诉讼的规范、决议或行为的效力。

(3)在其他场合,提起权限冲突争议的机构在说明有关侵害是不可能或者是难以救济的情况下,可以申请宪法法院中止存在争议的规范、决议或者是行为,宪法法院对是否准予相关申请,可以自由裁量。

(4)中央政府提起之争议诉讼,宪法法院中止规范、决议或行为之裁定应当通知利害关系人并在宪法法院之公报中公布。

第 65 条

(1)宪法法院可以要求有关当事人提供法院认为对作出裁决有必要之任何情况、说明或者是具体材料,应在当事人提出主张期限届满之日起15 日内作出裁决。视案件情况,宪法法院可以确定提供附加的情况、说明或者具体材料的期限。

(2)在上条第 2 款所规定的情况下,如果在提起冲突诉讼 5 个月内宪法法院未作出任何判决,宪法法院应当在上述期限内作出一份理由充足的裁定,裁定内容应集中于是否维持或取消"由中央政府之诉讼行为引起的、对地方自治大区的行为、决议或规范的中止效力"。

第 66 条

宪法法院的判决应当明确争议中权限之合法主体,视案件情况,撤销引发争议且实为无权作出的规范、决议或者行为。它可以针对案件在事实上或法律上之情势采取必要的措施。

第 67 条

如果争议中的管辖权是由法律或具法律效力的规范确立的,那么,管辖权冲突将从发起该争议诉讼,或者自按"不合宪救济"程序规定的方式援用相关授权法条时开始计算。

第二节　消极的权限冲突诉讼

第 68 条

(1)有关自然人或法人在向国家行政机关提交申请,该机关以请求事项属于一个地方自治大区管辖的理由认为它无权受理由该人所提出的请求时,该人可以向该机关所属的部寻求行政救济;在穷尽上述行政救济后,该人可以再向被认为是有权受理的地方自治大区的合议行政机关提出请求。相似的行为也可适用于当有关的地方自治大区以中央政府或者是其他地方自治大区的行政机构有权管辖为由而拒绝受理当事人提出的请求的情况。

(2)被寻求上述行政救济的行政机关应当在1个月内决定其是否享有管辖权。如果同意管辖,则应当接受该请求;如果拒绝管辖,它应当通知当事人,并且明确说明作出该决定的理由。

(3)如果上款所提到的行政机关拒绝管辖或者在规定期限内没有作出任何肯定性决定,当事人可以向宪法法院提出请求。在这种情况下,当事人应当在拒绝管辖的通知1个月内或者是在上述规定的期限届满时仍没有明确的结果时,应当提出一份恰当的申请,请求宪法法院对该消极权限冲突进行审查和作出决定。

第69条

(1)应以起诉书提起管辖权争议请求,附随起诉书的,应有证明穷尽前一法条规定程序的文件及相应已决裁决。

(2)如果宪法法院认为,行政机关拒绝管辖是由于该机关对宪法、自治法、基本法律或普通法律对于国家和自治大区的特定管辖权划分的不同解释所致,那么,它将以裁定(auto)受理该管辖权争议,该裁定应自递交提请该管辖权争议起诉书之日起10日内作出。裁定书副本应立即分别送达起诉方、该争议相关的行政机关及宪法法院认为与该案有利害关系的适格当事方,附随该裁定书副本送达的,还应有起诉书及证据等相关文件的复印件。宪法法院应当给予各方当事人1个月的时间,以使各方提出相应理由陈述以便该管辖权冲突之解决。

第70条

(1)确认哪一行政机关具有管辖权的判决,应当在前款规定的期间截止日之后的1个月内作出,或者在法院为当事人澄清案件信息或细节而设定的期间截止日之后的1个月内作出。

(2)行政机关履行法定义务的期限已经届满的,在确认管辖权判决公布之日起重新开始计算。

第 71 条

(1)在中央政府要求自治大区最高行政机关依据其自治法或者“委托或转移管理权力”的基本法律行使其管辖权而得到“无管辖权”的否定答复时,中央政府可以向宪法法院提起消极的权限冲突诉讼。

(2)在中央政府为相应的行政机关确定的行使权力的期限内没有采取相应行动的,将视为相应的行政机关“默示”了其无管辖权。中央政府确定的上述期限在任何时候都不得超过 1 个月。

第 72 条

(1)中央政府依上一条规定向自治大区提出要求而被“明示”或“默示”拒绝后,中央政府可以向宪法法院提起消极的权限冲突诉讼。中央政府应在起诉书中指明中央政府认为“地方自治大区应当行使其权限”的主张所依据的宪法、地方大区自治法及其他法律的相应条文。

(2)宪法法院应当将中央政府的起诉书副本发至地方自治大区的最高行政机关,并为其确定 1 个月的期限,以便其陈述其认为恰当的答辩理由。

(3)诉讼相对方答辩期限届满之日起 1 个月内或者在给予国家或地方自治大区回复澄清、增加信息或细节之期限届满之日起 1 个月内,宪法法院应当作出判决,该类判决有以下两种形式:

①宣布该诉请是有法律依据的,并进而确定自治大区行使相应职权的期限;

②宣布该诉请无法律依据。

第三章　国家的宪法机关之间的权限冲突诉讼

第 73 条

(1)当本法第 59 条所述之宪法上的机关,以全体会议的形式认定:另一个宪法机关的决定侵犯了宪法或基本法律赋予其的权力,则其应自知道该机关“擅自用权的决定”之日起 1 个月内通知该决定机关,并要求该决定机关撤销其决定。

(2)当前款所述的被通知机关主张其是在行使宪法或法律赋予的权力时,或者当该被通知机关没有在接到通知之日起1个月内采取通知机关所要求的纠正措施时,主张权力被不当侵犯的通知机关将在本款所述期间届满之日起1个月内向宪法法院提起权限冲突诉讼。为实现上述诉讼目的,该机关应当在起诉书中指明其主张的、被违反的法律条款,并提出其认为恰当的法律主张。附随该起诉书提出的,应有其认为与本案有关的法律证明文件及依前款规定已经作出通知的证明材料。

第74条

收到起诉书之日起10日内,宪法法院应当将该起诉书副本送达被诉机关,并给该机关指定1个月的时间,以便该机关提出其认为重要的答辩意见。同样的起诉书副本与传票应当送达其他有资格提起本类权限冲突诉讼的机关,如果此类机关认为,本冲突争议的解决影响其自身权能的,此类机关可以参加本程序以支持本权限争议诉讼的原告与被告。

第75条

(1)宪法法院可以要求为其裁判所需要的任何信息或事实方面的澄清,并应在前款规定的答辩期届满之日起1个月内作出判决。当需要补充信息、澄清或解释事实时,宪法法院作出判决的期限最多可以再延长30日。

(2)本诉讼程序中的宪法法院判决,将确定争议中的宪法权限归属哪一机关,宣布在侵犯争议权限的前提下作出的执行行为无效,并视情况采取适当措施纠正前述行为造成的不当法律状态。

第四章　为维护地方自治而提起的权限冲突诉讼

第75条(增补第1条)

(1)当具法律效力或地方自治大区层级法律效力之条例或其他规范侵犯宪法保障之地方自治时,可以通过本节规定之程序提起诉讼。

(2)宪法法院之裁决,拘束所有公权力主体并具对世效力。

第75条(增补第2条)

(1)下述主体有权提起本节所述之诉讼:

①作为前一条法律唯一规范对象的市或省；

②占前一条法律适用地域范围 1/7 面积且人口数占该地域内官方统计人口 1/6 的各个市；

③占前一条法律适用地域范围一半以上面积且人口数占该地域内官方统计人口的一半以上的各个省。

(2)为提起本条所述之诉讼,应当由地方政府全体会议以绝对多数票通过授权此项诉讼的决议。

(3)一旦上款之要求被满足,在提交本节规定的权限冲突诉讼之前,根据提起诉讼的地方政府是从属于多个或一个地方自治大区的不同,应由国政院(Consejo de Estado)或者所属地方自治大区的咨询机关发表一个必须强制性发表但不具有拘束力的意见。在没有咨商机关的自治大区,该意见将由国政院发表。

(4)地方政府协会(las asociaciones de entidades)将协助有资格提起诉讼的地方政府满足实现本节程序之要求。

第 75 条(增补第 3 条)

(1)前款规定的意见应当在“被认为侵犯地方自治的法律”公布之日起 3 个月内提出。

(2)在收到国政院或相应地方自治大区咨商机构提出的意见之日起 1 个月内,有资格的市或省可以向宪法法院提起本节规定的权限争议诉讼,其应提出满足本节前一条规定的程序要求,并提出支持其诉讼请求的法律理由。

第 75 条(增补第 4 条)

(1)在相关主体提起本节规定的权限争议诉讼后,宪法法院可以出具有说理之裁定,不予受理该权限争议诉讼。裁定中不予受理的相关理由可以是缺乏诉讼主体资格、不满足其他必备而无法满足的程序要求或该争议明显无理由。

(2)在受理本节规定的权限争议诉讼后,宪法法院应当将受理裁定副本送达颁布争讼法律之地方自治大区立法机关或行政机关;同时,受理裁定副本应在任何情况下均送达国家的立法机关或行政机关。相关主体的出庭及相应主张应该在收到受理裁定副本之日起 20 日内完成。

(3)宪法法院应将本节规定之诉讼的提起通知利益相关方,并将诉讼之相关情况公布在宪法法院的公报上。

(4)宪法法院为裁判之需要,可以要求当事人补充相关信息、情况解释或明确相关主张,并应在当事人提出相关主张期满之日起 15 日内作出裁判;或者在为补充前述信息等情况而确定相应期限时,应在此期限届满之日起 15 日内作出裁判。

(5)前款之判决,应当宣布是否有"宪法保障的地方自治"(la autonomía local constitucionalmente garantizada)被侵犯,根据诉讼情况确定争议中的权力或权责归属,并视案件情况解决因侵犯地方自治而可能出现的事实争议或法律争议。

(6)在裁决本节所述之权限冲突并宣告有侵犯地方自治之情形后,依案件之情形有宣告法律之情况的,则应在宪法法院法官全体会议提出不合宪问题程序后作出新判决以宣告之。上述不合宪问题应依本法第 37 条及相关条款所列之程序而进行处理,相应之判决具本法第 38 条及以下条款规定之效力。

第五编　对地方自治大区的一般规范性文件和决议合宪性的争议程序(按《宪法》第 161.2 条之规定)

第 76 条

中央政府可以针对地方自治大区的"非法律性规范性文件"(las disposiciones normativas sin fuerzas de Ley)和"决议"(resoluciones)向宪法法院提起诉讼。该诉讼应在上述文件或决议公布之日起 2 个月内提出;在没有公布的情况下,应在中央政府知悉上述文件或决议之日起 2 个月内提出。

第 77 条

本编所规范之争议程序,无论其提出的理由为何,皆应按照本法第 62

条至第67条规定的积极权限争议程序的规范展开。相关争议诉讼之通知,将令所争议之规范性文件或决议之效力暂停,该暂停效力直至宪法法院在不超过5个月的期限内作出维持或取消上述效力暂停的裁定为止。法院针对相关争议提前作出判决的,上述之暂停效力亦随之解除。

第六编　国际条约合宪性之决定

第78条

(1)中央政府或者议会中两院的任何一院,在西班牙所欲签订的条约文本已最终确定但并未获得西班牙王国的正式批准时,均可以要求宪法法院就宪法与国际条约之条款是否有冲突之问题,进行裁决。

(2)在收到裁决请求之后,宪法法院应当根据前款之规定,传唤裁决申请方及其他相关法定机关,在1个月内就裁决所涉事项发表意见。在前句所设1个月的期限届满后的1个月内,除下一款规定的情形外,宪法法院应当根据《宪法》第95条的规定,作出决定,该决定具有法律上的拘束力。

(3)宪法法院可以在本节所述裁决程序中的任何时候,要求前款规定之机关、自然人或法人、国家的其他机关或自治大区,提出任何其认为必要的事实澄清或信息增补。为回应其前述咨询之需要,宪法法院前款之作出裁决的期限,可以最多延长30日。

第六编(增补)　关于地方自治法草案或地方自治法修正案的不合宪性的事前救济程序

第79条

(1)对地方自治法的草案或地方自治法修正案,可以提起事前的不合宪救济程序。

(2)前款所述之草案或修正案一经被议会批准,针对该草案或修正案确定文本的本节争议程序即可提起。

(3)有权提起本节程序之主体,与根据宪法和本法之规定有权针对地方自治法提起不合宪救济程序的主体一致。

(4)在《议会官方公报》通过相关草案或修正案之日起3日内,可以提起本节所述之程序。本节所述之程序一经提出,与该草案或修正案相关的后续法律程序自动中止。

(5)当地方自治法草案或者其修正案需要在条例对应之自治大区举行公投以批准生效时,只有当宪法法院作出允许公投的裁决(有时,视情况需要,由西班牙议会移除或修改相应的不合宪条款)后,相应公投方可举行。

(6)本节规定的事前不合宪救济程序,应依本法第二编第二章规定的程序展开,自该程序提起之日起6个月内,宪法法院必须作出裁决,此6个月的期限不可延长。宪法法院在判决中,可以制定必要的约束性裁决条款以确保宪法法院裁决的有效履行,宪法法院亦可缩短宪法法院裁决的通常履行期限,并在宪法法院正在审理中的诸多类型案件中,在任何情况下,给予本类案件以“优先审理、早作判决”的特殊顺位。

(7)当宪法法院判决相关地方自治法的草案或其修正案的不合宪性不存在时,此相关草案或修正案将继续剩余的法律程序直至其生效;此处的立法程序,视相关法律规定,可包括召集、举行公投的程序。

(8)当宪法法院判决上述草案或修正案之相关条文不合宪时,宪法法院应当在判决中指明不合宪条文、与不合宪条文相关或作为其后果的条文及所违反的宪法条文。在西班牙议会没有移除或修改上述不合宪条文前,该案所涉草案或修正案之法律程序不能继续进行。

(9)按本节规定的程序、针对相关地方自治法的草案或其修正案作出的不合宪事前救济程序的判决,不影响上述草案或修正案生效并具法律效力后对之提出的“不合宪救济程序”或“不合宪问题程序”,不影响依上述两种程序作出的判决。

第七编　程序上的共通规定

第80条

(1)在本法没有明确规定的情况下,《司法权力法》和《民事诉讼法》

的相关规范在宪法程序的以下方面补充适用:出庭、法官回避、“裁判文书、公告及司法协助文书的公布与形式”、工作日与时、日期计算、裁判合议与投票、诉讼截止时间、诉讼的撤销与撤回、官方语言与法警配置及使用。

(2)在本法没有明确规定的情况下,《行政诉讼法》的相关规范在宪法法院裁决的执行方面补充适用。

第81条

(1)具有合法利益而有权参加宪法程序的自然人或法人,作为诉讼当事人或第三方,应当由诉讼代理人代理并在法律顾问的指导下参加诉讼。具法律学士学位者,可出庭代理其自身的案件,即使其并不从事诉讼代理人或律师工作。

(2)只有西班牙律师协会的执业律师成员,才可以作为律师在宪法法院出庭。

(3)曾任宪法法院之法官或法律顾问者,不得作为律师出庭。

第82条

(1)宪法或本法确定之有权提起宪法程序的宪法机关或一定数量的参议员、众议员,将指定其自身的一个或几个成员或者其他特定的代理人,代理其参加宪法程序。

(2)国家或地方自治大区的行政机关,将由其各自的律师代理并出庭提供法律服务。国家的行政机关参加的宪法程序,将由国家律师代理并出庭提供法律服务。

第83条

在听取当事人的出庭意见后,对于有相关之程序客体以致相关之程序及裁决合并确属合法、合理时,宪法法院可以在任何时间依职权或依当事人的请求,将相关程序合并。前述听取当事人出庭意见的时间,不得超过10天。

第84条

在作出最终裁决前,宪法法院在任何时候都可以询问出庭当事方,是否有支撑其诉请的其他重要法律理由,以方便宪法法院对是否受理或是否支持诉讼请求作出裁决。出于上述目的,视情况需要时,宪法法院可以针对各当事方举行联合听证,联合听证的时间不超过10天,在该听证进行时,宪法法院作出最终裁决之期限应中止。

第85条

(1)宪法程序之提起,应以起诉书形式为之。该起诉书陈述之请求及理由,应简明扼要。

(2)启动宪法程序之起诉书,应在法定期限内送达位于马德里的宪法法院。宪法诉愿起诉书,最晚可于宪法诉愿提起时限截止日后之第一个工作日的头15个小时内送达宪法法院登记处;根据《民事诉讼法》(la Ley 1/2000)第135条第1款的规定,宪法诉愿起诉书亦可于上述时限内送达任何地点的民事法院或法庭的办公室或登记中心。

为达成上述目的,宪法法院应充分使用并有效管理其技术、电子、计算机及网络通信手段。

(3)宪法法院全体会议或宪法法院的厅,可以决定举行"口头审理"(vista oral)。

第86条

(1)宪法程序之终局裁判,应采"判决"(sentencia)之形式。但针对初始之不予受理、驳回请求及超出程序时限之情形,除本法明定其他裁判形式外,应采"裁定"(auto)之形式。其他的裁判形式,则根据具体裁判内容之要求不同,如属需说明理由的,则采"裁定"(auto)之形式;如无须说明理由的,则采"决定"(providencia)之形式。

(2)判决及本法第六编规定之决定,应当于裁判作出之日起30日内发布于《西班牙国家政府公报》上。当宪法法院认为有必要时,也可命令出版其裁定文书。

(3)尽管有前款之规定,宪法法院仍有权通过其他媒体等手段,出版其判决或其他类型的裁决,在这种手段选择过程中,当具体案情表明涉案当事人有需要保护的、《宪法》第18.4条规定的“个人数据保护基本权”[1]时，宪法法院应在出版其裁判文书时，采取适当措施以保护之。

第87条

(1)所有公权力主体均有义务履行宪法法院作出的裁决。为保障其裁决之履行，宪法法院可以视情况需要，向任何公权力主体或其公共雇员发出指定相对人名称之具体通知。

(2)在宪法法院提出司法协助之要求时，普通法院及其法官应以“优先加急”(preferente y urgente)之标准，提供宪法法院要求之司法协助。在此意义上，宪法法院之判决及其他类型的裁决，具有执行权能。[2]

第88条

(1)只要与宪法程序审查之公权力裁决或行为相关的，宪法法院可以要求公权力主体及公共行政机关，提供相关的记录、报告及文件。如相关的程序救济申请已被受理，宪法法院可以为相关当事方设定一个沟通涉案记录、信息或文件的时限，以便当事方可以提出与此相关的权利声请。

(2)宪法法院应在程序中采取必要措施保护受特定文件的秘密和因特定程序的终局裁决而产生的秘密。

第89条

(1)视案情需要，宪法法院可以依职权或依当事人之申请，作出取证决定。该取证的实现形式不受限制，取证的时间不得超过30日。

(2)如宪法法院传唤的证人只有获得其主管机关之批准才能出庭时，则该证人之主管机关应视案件具体情况，向宪法法院通报其拒绝该证人出庭的理由。宪法法院在知悉该通报情况及理由后，应作出该证人是否出庭的最终决定。

---

[1] 西班牙《宪法》第18条第4款，明确规定了“个人数据保护基本权”这一基本权利，该条规定：“法律限制信息的使用，以保障荣誉权、个人及家庭的隐私权及其他一切个人权利的全面行使。”西班牙宪法法院通过SSTC254/1993、290/2000等判例完成了对该权利独立性的论证。《宪法》第18条第4款与欧盟的《通用数据保护条例》(GDPR)一道，于2019年年初，“催生”了西班牙的《个人数据与数字权利保障法》。也就是说，如果西班牙的律师要为西班牙的企业或个人提供数据合规服务，其要同时考虑GDPR及《个人数据与数字权利保障法》。

[2] 此宪法法院裁判的“执行权能”应结合本法第92条之“执行措施”加以理解。

第 90 条

(1)除本法另有规定外,宪法法院的裁决应由按本法规定分别在宪法法院全体会议、厅、庭审理的宪法法院法官的多数意见作出。在法官投票出现僵局时,宪法法院院长将投票作出最终决定。

(2)在案件审议过程中,宪法法院院长或法官对其一直坚持的、对裁决或裁决理由的不同意见正式提出“异议意见”(Opinión discrepante)。该异议意见应当包含在各类裁决中,当涉及“判决”“说明理由的裁定”“决定”时,该异议意见应当一并公布于《西班牙国家政府公报》中。

第 91 条

如宪法程序涉及刑事程序时,宪法法院可以中止宪法程序直至该刑事程序终结。

第 92 条

(1)宪法法院应确保其裁决的有效履行。宪法法院可以在其判决、裁决或后续行为中,确定裁判的执行主体、必要的执行措施,视案情需要,确定保障执行的中间措施。

对于与其行使管辖权过程中作出的裁判相悖的任何裁决,宪法法院可以在其执行裁决时否决上述相悖裁决的效力,但前提是宪法法院应当听取公共检察署和作出相悖裁决的机关的意见。

(2)为保障宪法宪法法院裁决的有效性,宪法法院可以要求公权力主体或公共行政组织进行援助和法律合作,上述公权力主体或公共行政组织应当按照“优先加急”的原则予以办理。

(3)依据本条第 1 款的规定,宪法程序当事方可以提出诉请,要求宪法法院采取必要措施以保障宪法法院裁决的有效履行。

(4)如在具体案件中,出现不履行宪法法院裁决的可能性时,宪法法院应当依职权或依宪法程序当事一方的请求,要求与履行宪法法院裁决所涉的公权力机关、其他公权力主体、该机关或主体的公共雇员或其他个人,报告其履行宪法法院裁决的期限。

在收到上述报告后或者有义务作出报告的主体在报告的履行期限内

未履行的，如宪法法院经评估已有全部或部分未履行其裁决之情势的，宪法法院可采如下措施：

①可以向裁决执行所涉、不履行宪法法院裁决的公权力主体、公共雇员或个人，处以3000～30,000欧元的罚款，该罚款决定可以重复作出直至宪法法院裁决得到完全履行为止。

②如相关公权力主体或行政机关的公共雇员对相关宪法法院裁决的不履行负有责任的，在保障宪法法院裁决得到有效遵守的必要期间内，宪法法院可以作出决定，暂停上述公权力主体的权力行使或使公共雇员暂停其职务。

③视案件情况，宪法法院可以决定其裁决的"替代履行"方式。在这种情况下，宪法法院可以要求中央政府按照其指定的方式，采取必要措施以保障宪法法院裁决的履行。

④发出必要的声明，要求相关主体承担刑事责任。

(5)如遇执行"为中止争议中的规范、行为或裁决而作出的裁决"且该宪法程序关涉"特别的宪法意义"(especial transcendencia constitucional)[1]时，宪法法院可以依职权或依中央政府的申请，采取必要措施保障该裁决的正当履行而无须听取宪法程序当事方的意见。在上述相同类型的裁决作出的情况下，宪法法院亦可听取宪法程序当事方及公共检察署的意见，该听取意见的时间总计不得超过3日。在听取完上述意见后，可以撤销、确认或者修改其之前采取的措施。

第93条

(1)针对宪法法院之裁决，没有任何类型的救济措施。但在宪法法院裁决公示之日起2日内，宪法程序当事人可以要求宪法法院对于裁决中

---

〔1〕 此处"特别的宪法意义"不同于诉愿程序的受理环节评估案件时的"特别的宪法意义"，此处实是为宪法法院执行措施履行而豁免涉及"正当程序"(debido proceso)要求(听取当事方意见)的一种规定。在程序法上，有"程序武器平等原则"；在宪法上，有"比例原则"。在宪法程序法上，怎样协调二者的关系，让宪法程序法中的措施有效而不离于"程序公正"的要求，是需要思考的。一个极端的例子是，加泰罗尼亚政府针对西班牙议会2015年通过的"《宪法法院法》关于执行制度的改革法案"提起不合宪救济诉讼，其理由之一就是该法设定的关于执行的罚款，设定的不合比例，等等。参见STC7466/2015号案例。

的相关部分作出说明。

(2)针对宪法法院作出的“决定”(providencias)和“裁定”(auto),只可以视案件情况提出“复核申请”(recurso de suplica),该复核申请不中止相关决定或裁定的效力。在程序当事方共同参与的3日听证结束后,该复核决定应在接下来的2日内作出。

第94条

宪法法院应依当事人的申请或依职权,在作出判决前应纠正或确认在宪法程序中出现的程序错误。

第95条

(1)向宪法法院提起宪法程序,不收取费用。

(2)当发现一方或多方当事人,轻率或不诚信地向宪法法院提出毫无根据的程序请求时,宪法法院可以要求上述当事人承担提起宪法程序的费用。

(3)对于涉嫌轻率或滥用权利地提出不合宪救济程序或诉愿程序的当事人,宪法法院可以对之处以600~3000欧元的罚款。

(4)对于本法第92条第4款第1项设定的罚款幅度,可以随时由法律加以修正。

第八编　宪法法院之人事制度

第96条

(1)服务于宪法法院的公务人员组成如下:

①秘书长(El Secretario General);

②法律顾问(Los letrados);

③司法秘书(lossecretaries de justicia);

④其他服务于宪法法院的公务人员。

(2)宪法法院的公务人员将按照本法及宪法法院1990年7月5日通过的执行条例加以管理;前述法律及条例管理规定不明时,规范司法人员管理之现行法律可补充适用。

(3)本条列举之职位及其相关职能,与任何其他职位、岗位或责任不相兼容,其亦与任何产业、商业与职业的活动不相兼容,本条列举之人员亦不得从事咨询与顾问的工作。依宪法法院的判断,具本条职位的人员可在做好其职位相关的工作的情况下,从事教学与科研。

第97条

(1)法律顾问为宪法法院的工作提供协助。法律顾问的选择或者基于法律专业毕业且加入了机关或A级组织的公务员的竞争性考试的结果而定,或者依据宪法法院的规则而临时确定的选择机制从律师、大学教授、法官、检察官或其他法律专业毕业并进入机关或A级组织的公务员中确定。法律顾问在服务于宪法法院期间,其原来的工作岗位保持不变,此岗位处于特殊事假状态。

(2)根据本法第81.3条的规定,在离开其在宪法法院的法律顾问职务之日起3年内,该曾经的法律顾问不得作为律师在宪法法院出庭代理案件。

第98条

宪法法院法官全体会议将从法律顾问中选举一个总书记官,该总书记官将由宪法法院院长任命。该总书记官的职责,将全面地服务于宪法法院院长、宪法法院及宪法法院的厅的工作。

第99条

(1)在宪法法院院长领导和指示下,总书记官行使以下职权:

①管理和协调宪法法院的各项服务工作和人事工作;

②汇总、分类并出版宪法法院的判例;

③在技术人员的协助下,准备、执行预算及决算;

④根据宪法法院的条例确定的其他职能。

(2)宪法法院的条例可以规范宪法法院院长对总书记官的授权规则。同样,宪法法院的条例也可以规定总书记官向其他相关职员的授权规则。

(3)针对总书记官的决定,可以向宪法法院院长提出申述,宪法法院院长作出的决定,将是宪法法院系统内部的最终决定。针对宪法法院院长的上述决定,可以进一步提起行政诉讼。

第 100 条

根据宪法法院的人员设置规划确定的司法秘书将为宪法法院提供服务。司法秘书将从司法管理机关的司法秘书库中的人员中录用。宪法法院的司法秘书岗位出现空缺时,将从有资格服务于最高院的人员中考试录用。

第 101 条

司法秘书将保障宪法法院及宪法法院的厅的法律文件的真实性,根据宪法法院的基本法律和程序法律的规定,司法秘书代表宪法法院或者宪法法院的厅行使其职责。

第 102 条

根据宪法法院条例确定的条件,宪法法院将录用司法管理机关的工作人员或其他公务员为宪法法院的各项工作提供服务。针对并不属于直接或间接行使宪法法院职权的岗位,即针对技术支持类或行政管理类岗位,宪法法院可以依据劳动法的规定雇佣相关人员。对于上述人员的雇佣,应当依“公平、特长、能力”等考量因素签约录用。

过 渡 条 款

第 1 条

(1)本法生效之日起 3 个月内,众议院、参议院、中央政府及司法权总委员会将向国王提交其各自提名并由国王任命的宪法法院法官人选。如议会恰逢闭会期间,则前述之相应期限将中止。

(2)如果在议会的同一次会议期间,所有提名人均已提交,则宪法法院应当在最终任命公布之日起 15 日内组成。否则,当议会的一次会议结束后,8 名宪法法院法官的任命已经完成时,则宪法法院应当在该 8 名法官任命完成之日起 15 日内组成并开始履行职能,而不必考虑其他法官没有得到任命的原因,即使有本法第 5 条的规定仍需遵守。

(3)在首次竞争性考试中,宪法法院全体会议将指定一个由宪法法院院长主持的委员会,该委员会负责宪法法院法律顾问的选择。

第 2 条

(1)如据以提起不合宪救济、宪法诉愿或宪法冲突诉讼的法律、规范性文件、裁决或行为在宪法法院组成之日前即已存在且其仍未失去法律效力的,则依据本法提起不合宪救济、宪法诉愿或宪法冲突诉讼之时限,根据前条之规定,应自宪法法院组成之日起计算。

(2)当《宪法》第 53.2 条规定的、前置于宪法诉愿的保护权利和基本自由的司法路径没有明确规定时,则该司法路径应为普通的行政诉讼程序或《基本权利司法保护法》(1978 年第 62 号法律),前述司法路径保护的客体,应扩展至《宪法》第 53.2 条规定的所有权利与自由。

第 3 条

(1)《宪法》过渡条款第 9 条规定的抽签,将在宪法法院的法官首次任命之日起 3 年或 6 年任期届满前的 4 个月内完成。

(2)本法第 16.2 条的限制性规定,将不适用于依据宪法的过渡性条款第 9 条而产生的、任期自任命之日起 3 年期满即结束的宪法法院法官。

第 4 条

中央政府将为宪法法院的运作提供资金,直至其宪法法院拥有属于自身的预算为止。

第 5 条

除非纳瓦拉根据《宪法》过渡性条款第 4 条行使其加入巴斯克总委员会或巴斯克自治大区的权利,则其根据本法第 2 条第 1 款第 3 项有权提起权限冲突诉讼;本法第 32 条赋予地方自治大区权利的规定,适用于纳瓦拉代表会议及纳瓦拉地方议会,其有资格提起不合宪救济程序。

附 加 条 款

第 1 条

(1)本法第 97.1 条规定之以竞争性考试为基础选择的法律顾问,不得超过 16 人。

(2)宪法法院拟议的人事规划,只能由国家总预算法修改。

第2条

(1)宪法法院起草自身的预算,其将是国家总预算的一部分。

(2)宪法法院的总书记官,在技术人员的协助下,负责准备与执行宪法法院的预算,并负责决算。

第3条

(1)本法所指的省,包括巴利阿里自治大区及加那利群岛大区中的岛。

(2)除本法第75条增补第2条第1款规定之有资格提起保护地方地方自治权限冲突诉讼的地方政府外,就加那利群岛大区及巴利阿里自治大区通过的自治大区级别的法律及同级别的规范性文件、加那利群岛大区的3个岛的代表会议、巴利阿里自治大区的两个岛的代表会议,尽管其没有达到本法第75条增补第2条第1款规定之人口比例要求,亦有资格提起保护地方自治的权限冲突诉讼。

第4条

(1)巴斯克自治大区的机关与其历史地域的机关之间的管辖权冲突,将依《巴斯克地方自治法》第39条裁断。

(2)就巴斯克自治大区的管辖范围而言,除本法第75条(增补第2条)第1款规定的有权主体外,该自治大区历史地域中的地方会议和地方代表会议可以依据本法第75条(增补第1条)之规定,提起保卫地方自治的权限冲突诉讼。

第5条

(1)宪法法院将受理针对阿拉瓦、圭布乔及维斯卡亚三地的地方税务条例提起的不合宪救济程序,该条例所规范的排他管辖权是由宪法附加条款第1条所保障,且亦被巴斯克大区自治法(1979年第3号基本法律)所肯认。

当司法机关审判的案件与上款条例之相关条款的效力相关时,宪法法院将受理关于该条例条款先决问题的案件。

前述地方税务条例之效力，将以本法第 28 条为裁量之依据。

(2)前款规定涉及之程序提起及效力、发起程序之资格、程序进展及相关救济或问题涉及的最终判决，将依据本法第二编对“不合宪救济”程序及“不合宪问题”程序之各自规定，而具体规范之。

本法第 34 条及第 37 条适用于本条之情形时，应联系此处之地方大会及地方代表会议加以理解。

本增补条款规范之“不合宪救济”程序及“不合宪问题”程序，将依本法第 10 条、第 11 条规范之宪法法院全体会议及宪法法院的厅的各自管辖条款加以适用。

(3)为保卫宪法及巴斯克自治大区自治法中的历史区域的自治，可以针对具有法律效力的国家法律规范提起权限冲突诉讼。

阿拉瓦、圭布乔及维斯卡亚的地方代表会议或地方大会，在通过决议之后，可以提起以上述诉讼。

上述权限冲突诉讼的程序及最终裁决，将以本法第 63 条及以下相关条款之规定为具体规范。

因此，

我要求全体西班牙公民、所有西班牙王国宪法管辖范围内的自然人及公权力主体，悉知并遵守这部基本法律。

马德里，1979 年 10 月 3 日公布。

胡安·卡洛斯国王

政府首相

阿道夫·苏亚雷斯·冈萨雷斯

附录:西班牙《宪法法院法》的程序特点

李大鹏

任何程序法都是用来解决实体法律问题的,西班牙《宪法法院法》也不例外。西班牙《宪法法院法》,是1978年《西班牙王国宪法》的宪制方案的一部分,其宪法依据是该《宪法》第九章“宪法法院”。该章主要介绍了宪法法院的组成(《宪法》第159条、第160条)、宪法法院运作的几种主要程序类型(其中,《宪法》第161条为各类主要程序类型的总概括,第162条规范了具“抽象控制”特点的“不合宪救济”的合格程序发起主体,第163条规范了具“个案附随审查”特点的“不合宪问题”程序)、宪法法院裁判的既判力和对世效力(《宪法》第164条)及宪法法院法立法的宪法依据(《宪法》第165条)。西班牙1978年《宪法》开启了西班牙宪治的40年,也启动了西班牙《宪法法院法》立法、用法、修法的40年。截至2015年9月22日最后一次修法,西班牙《宪法法院法》一共修改过10次。可以说,西班牙《宪法法院法》的实施过程,就是促进西班牙宪法的制度与实践不断融合的过程,其是在欧洲大陆宪治理论的基础上,逐渐摸索适合西班牙本国制度设计与实践的当代宪法史。那么,这部法律内容如何?译者将从以下三个角度向各位读者介绍这部法律。

一、《宪法法院法》合宪性控制的“三个层面”

问题的多样化,决定了工具的多元化。各种宪法程序的并联不悖,归根结底是由实体宪法问题的多样化所决定的。在本部分中,笔者先举出《宪法法院法》分则中规范的三大类程序法律问题,其对应了西班牙《宪法法院法》的三大主要程序类型,以此来说明宪法程序法这一"并联的制度空间"运作的重要特点。

(一)"宏观层面"的法律秩序与合宪性控制

18 世纪末 19 世纪初,当近代宪治的时代主题开始后,即当宪法从一国法律体系的母体中"分娩"并独立开始,宪法与法律的关系问题,就立刻呈现出来,"马伯里诉麦迪逊案"就是明证。及至 20 世纪 20 年代,凯尔森的违宪审查理论及其在奥地利的实践,开启了当代宪法程序实践的新纪元,而事实上,当凯尔森在 20 世纪初思考宪法程序法律问题的时候,其关注的问题重点,仍然是"法律"是否"合宪"这一核心问题。第二次世界大战之后,欧洲各国的立宪者在接受了惨痛的历史教训之后,所思考的首要问题仍然是:要想不再犯历史的错误,就要在法律制度中嵌入"人性尊严""平等""自由"等价值,而这种价值嵌入,首先涉及的是宏观的立法活动及相应的法律;同时,对宏观立法要有宪法上的监督,要用宪法上的价值观念衡量立法的工作。必须说,《宪法法院法》的工作样态,就像是一个锥形的过滤器,其首先要在上面最广的层面对立法是否"合宪"进行第一层过滤,这就需要一个"宏观"的过滤通道,让这个过滤器扮演"否定的立法者"的角色。

在现实中,宪法框架下政治博弈的"均衡结构",直接决定了《宪法》及《宪法法院法》上有对宏观立法进行控制的规定。抛开西班牙宪法中权力虚化的君主不谈(参见西班牙《宪法》第二章),西班牙的议会制度与德国、意大利的议会制度相类,其均是该国政治制度中的根本制度,而议会制度的活的灵魂,则是一国议会中的政党政治。西班牙议会中大党的核心目标,如左翼的西班牙工人社会党(Partido Socialista Obrero Español, PSOE),或右翼的人民党(Partido Popular, PP),均是以在宪法的框架下赢得执政地位为核心目标;而议会中的小党,如巴斯克独立政党(Partido Nacionalista Vasco, PNV)(代表巴斯克自治大区),其政党目标,则多是以

“做好地区代言、发挥关键少数作用”为主的。那么,在执政党与在野党之间、大党与小党之间博弈的核心问题是什么呢?当然是各政党推出的法律及其相应的法律政策。因此,西班牙 1978 年《宪法》,为这一有关“法律”的合宪性问题,预留了一个博弈的结构(参见《宪法》第 161 条)。从《宪法法院法》的制度细节中也可以看出:《宪法法院法》第 32 条规定,50 名众议员有资格针对法律的“合宪性”问题提起“不合宪救济”程序。很容易推测出,提起这种程序的众议员,在大多数情况下,应是在野党的议员。

在西班牙《宪法法院法》中,真正实现对法律进行“宏观的、抽象的控制”的程序工具,是“不合宪救济程序”(recurso de inconstitucionalidad)。同时,利用该程序争夺立法话语权的,当然不限于国家议会内部的政党,这当中还包括地方自治大区等地方自治主体,他们要与中央政府展开权力博弈。这一点,从《宪法》第 162 条有资格提起“不合宪救济程序的主体”和《宪法法院法》第 27 条“不合宪救济程序的客体”中即可参详出来。

(二)“中观层面”的“协助”司法运作与合宪性控制

法律合宪,不代表法律适用合宪。抽象的法律与实际生活产生的各种接触,使法律世界中的合宪性问题产生了无数的可能;同时,由于在法律司法适用过程中出现了法院及法官这一关键性的枢纽角色,《宪法法院法》这一“合宪性控制”的过滤器,还需要继续接受考验。下面我们观察的是《宪法法院法》这一过滤器的“腰部”环节,这是一个“中观”的层面。

根据西班牙《宪法》第 9 条第 1 款的规定,西班牙的公民及公权力主体,有义务遵守宪法及其他法律制度。从这一法律条文中,我们可以阐释出这样的含义,就是作为公权力主体的法院,有遵守“宪法”和“法律”的双重义务。这一双重义务使法官处理司法案件时,如对案件适用法律的合宪性产生怀疑,或者其已确信案件适用的法律是不合宪的,他们有义务将该“合宪性问题”提交宪法法院。具体地说,在判断合宪的问题上,普通法院和宪法法院是这样分工的:依据《宪法法院法》的规定,普通法院对于其在案件中适用法律条文的“合宪性”,有怀疑的权力,但是,其在其决定将案件提交宪法法院之前,其应就该法律条文的合宪性尽量做“合宪性解释”;[1]只有当该法律条文的文义范围及其内涵之法律之目的已使该合宪性解释没有可能时,普通法院应诉讼当事人之请求或依职权,将该法律是否合宪的问题提交宪法法院。在这一提交宪法法院审查的过程中,当前司法案件的诉讼程序则中止,直至宪法法院对该“合宪性问题”作出裁判。2002 年编号为 STC35/2002 的宪法法院判决观点认为,如果普通法院法官拒绝当事人的提请不合宪问题的要求时,其“应说明理由”!针对普通法院法官拒绝提起“不合宪问题程序”的裁定,当事人是不能上诉的;但是,如果该案程序继续进行并在更高一层法院上诉,则当事人可以再次向该上诉法院提起“不合宪问题程序”的请求(参见《宪法法院法》第 35 条)。

在比较法上,与西班牙的上述“不合宪问题”程序功能相近的,是意大利的“以附带方式提出的法律合宪性审查”(procedimento incidentale)[2]及德国的“具体”的规范审查,[3]这些程序都共同回应这样一种程序上的应用场景:司法案件本身是具体的,但是,因司法案件而提出的合宪性问题的指向,却是法律的“合宪性”问题,这是“不合宪问题程序”的真正关切点。进而,当“相关法条的合宪性问题”被提交到宪法法院且由宪法法院受理后,在宪法法院最后作出的判决中,如该被争议的法律规定是不合宪的,其将被宣布无效(参见《宪法法院法》第 38 条、第 39 条)。按下普通司法程序不看,这种“不合宪问题”的判决,是具有抽象性及对世效力的,这是其与“不合宪救济”程序的殊途同归之处;但是,该“不合宪问题”程序毕竟由普通司法案件所引起,其“缘起”是一个具体的司法适用场景,因此,译者将之归类于宪法法院法这个“合宪性过滤器”的一个“中观”的

---

〔1〕 这里也有一个要点,就是法官不得利用宪法,作扭曲该法律立法本意的解释。这一点体现在 STC138/2005 号宪法法院判决中。

〔2〕 Zagrebelsky, *Diritto Pubblico*, Milano, Edumond S. p. A., 2007, p. 261. 参见李修琼:《意大利宪法审判制度研究》,北京大学出版社 2013 年版,第 61 页。

〔3〕 参见[德]克劳斯·施莱希、斯特凡·科里奥特:《德国联邦宪法法院:地位、程序与裁判》,刘飞译,法律出版社 2007 年版,第 147 页。

层面。

必须指出的是,第一点"宏观"的应用场景和此处"中观"的应用场景,只是在程序的发起环节,存在是否有具体案件的不同,也有发起者身份的不同,因而存在理论上所讲的"抽象控制"与"具体控制"的区分。但是,当两种场景下的案件均被宪法法院受理后,包括宪法裁判效力规范在内的后续的宪法程序制度是一致的,此点请读者注意。各有侧重的是,"宏观"的法律合宪性控制程序发挥的更多是"否定的立法者"的功能;而在"中观"的应用场景中,宪法法院不但发挥了"否定的立法者"的功能,同时,其还为普通法院释疑解惑,帮助那个"不能拒绝裁判"的普通法院的司法运作可以正常运转,这个"释疑"功能,实际是一个辅助司法运作的功能,而真正解决基本权利救济的功能,并非此处"中观"的应用场景所解决的问题。真正起到基本权利救济功能的程序,是下面的"诉愿"程序。

(三)"微观"的权利救济:宪法裁判与司法裁判的关系

西班牙宪法法院有一个 App,如果你用这个 App 统计一下西班牙宪法法院各程序类型的案件数量,那么可以看到,西班牙宪法法院"诉愿"程序的案件数量最多。这个诉愿程序所关切的是真正的普通老百姓的"基本权利"与"公共自由"是否被侵犯的问题;它解决的,是"微观"层面的基本权利救济问题。

国内曾经有译者将此诉愿程序翻译为"上诉",这情有可原,因为其确实涉及的是"诉",解决的是具体的案件。但是,翻译成"上诉",则有三个问题无法回避:

(1)西班牙宪法法院独立于西班牙的普通法院系统,当一个西班牙公民打官司到最高院但仍有基本权利与公共自由方面的"冤屈"时,其要"翻越"普通法院系统的"门墙",来到宪法法院的"独门独院"并拿出新的起诉书,开启一个新的程序,因此,这并不同于我们汉语中"上诉"一词的用法。

(2)宪法法院受理案件的标准,与普通法院处理案件的视角不同。西班牙普通法院处理案件是看该案的事实证据与法律适用，而西班牙宪法法院受理宪法诉愿案件最重要的两个点为：①是否有“基本权利”和“公共自由”被侵害；②该案件是否具有“宪法上的重要意义”。如果不具备这两点，宪法法院是不受理的。2019 年 10 月，西班牙政府作出一个行政决议，决议要把那位大名鼎鼎的佛朗哥的墓迁移到另外一个地方。佛朗哥家族针对这个决议提起行政诉讼，最高院也没有支持其诉讼请求。佛朗哥家族又以该行政决议侵犯其家族的平等权、隐私权和宗教信仰为由，向宪法法院提起诉愿。但是，宪法法院在诉愿受理程序中就裁定不予受理此案，因为宪法法院认为：没有基本权利受到侵害。依此例，可以管窥“宪法诉愿案件受理程序”的一个重要关注点。

(3)《宪法法院法》第 56 条第 1 款规定，提起诉愿不中止诉愿所追诉之行为或判决的法律效力，这意味着什么？这意味着即使上面的佛朗哥案件被宪法法院受理，最高院的判决在原则上也是生效的(除非出现了第 56 条第 2 款及以下的情况)。相反，西班牙普通法院系统的上诉，原审案件判决是不生效的。

那么，确实有宪法法院的诉愿程序的判决，最终在事实上推翻了最高院的判决，即确实存在两个法院判决权威之间的“冲突”，制度上该如何避免这一困境？

任何一个国家在维护宪法的问题上都要“实事求是”地按照各自的“大宪章”办事。但是，普通法院系统的判决的既判力保持一定程度的稳定性毕竟是一个国家法治的客观要求，同时，宪法法院在诉愿程序中也要谨守看护“基本权利”的本分，因此，《宪法法院法》设计了一整套制度，来处理宪法法院的诉愿程序裁判与普通法院裁判间的“权力关系”，这主要从以下三个角度来看。

1. 普通法院的作为义务

首先，对于宪法法院受理诉愿案件的裁决、诉愿案件程序中的各类中间裁定及诉愿案件的最终裁决，包括最高法院在内的各类普通法院均有

"遵守的义务"；[1]在宪法法院提出司法协助之要求时，普通法院及其法官应以"优先加急"之标准，提供宪法法院要求之"司法协助"（《宪法法院法》第87条）。

其次，当普通法院法官审理司法案件时，其对于该案所适用之法条应以法律解释的方法，作"合宪性解释"；对适用法条的"合宪性"不能确定时，应当提交宪法法院，由宪法法院按照"不合宪问题"程序处理。如果普通法院不遵循上述解释方法及程序，而"合宪性"问题又真实存在，则可能会在后续产生"诉愿"程序案件。这也体现了"不合宪问题"程序与"诉愿程序"的辩证关系。

2. 宪法法院的义务

第一，宪法诉愿程序之提起，应遵循"穷尽救济"的原则，宪法诉愿应是在"穷尽"司法救济程序之后的、最后一道补充救济程序（《宪法法院法》第43条）。宪法法院所针对的司法判决，应是已生效的判决；宪法法院不能在普通法院系统中的诉讼未完结之时，就进行诉愿救济，这会扰乱宪法本身确定的司法制度及正常的司法秩序。

第二，宪法诉愿程序的定位，应当只考察是否有"基本权利和公共自由"被侵犯的情形（《宪法法院法》第41条、第43条）及该案件所具有的"宪法上的重要意义"（《宪法法院法》第50条），这是该程序运作的一条"金线"。

第三，宪法法院在受理诉愿案件时，要把握两个要点。

（1）对诉愿申请人提出的诉愿，要审查申请人是否尽到了主张并证明"其基本权利或公共自由受到侵害"的证明责任，在这一证明责任中，要突出考察对于基本权利及公共自由的侵害，是不是"直接"由司法机关的作为或不作为导致的；如果基本权利与公共自由被侵害，是因之前司法程序过程中其他的事实因素导致的，那么，宪法法院一般不会受理此类案件。这实际是对司法权运作与其结果之间的"因果关系"的把握。

---

〔1〕 对宪法法院之裁决之遵守，不但应遵守其裁判结果，而且应遵守其法律理由及裁判标准。

（2）2007年对《宪法法院法》的重大改革之一，就是要求宪法法院在受理案件时，对诉愿申请人课以“说明”及“证明”其案件具有“宪法上的重要意义”的义务。[1] 宪法法院受理诉愿案件，一定要围绕自身目的而设，如果受理诉愿案件缺乏选择，则：①因法官人数有限，其客观上会挤压了受理其他类型宪法案件的精力，对于宪法法院整体运作不利；②其会使宪法法院“升级”为事实上的最高法院，影响了宪法对其普通司法系统审级的设计，使各类案件的既判力受到影响；③案件太多，对诉愿案件本身的审理质量也会产生不利影响。

第四，在宪法法院诉愿案件审理过程中，针对“普通法院的裁决是否暂停”的问题，有两个要点需要掌握：首先，宪法诉愿案件的审理，“不中止”作为诉愿客体的司法判决的法律效力（《宪法法院法》第56条第1款），这是原则；其次，在这个“不中止”原则下，有一个例外，就是当“这种裁决的执行对诉愿人造成损害而使诉愿程序失去意义”且“裁决执行的暂停又不会对他人宪法保护的利益、基本权利或公共自由造成严重干扰”时，则宪法法院可以依职权或依诉愿人之申请，下令全部中止或部分中止司法判决之执行（《宪法法院法》第56条第2款）。

3. 普通法院的不作为义务

首先，普通法院不得针对宪法法院的管辖和裁判，提出异议；任何减

---

[1] 译者于《中国宪治网》公众号2019年8月13日发表了《西班牙宪法法院诉愿程序指南》，该文是西班牙宪法法院关于“诉愿程序”的官方操作指南。该文列举的下述情形，即是西班牙宪法法院历年判例中相关宪法判例理念关于“宪法上的重要意义”的总结，值得参考。（1）当提出的问题或问题所涉的基本权利、公共自由的一个面向没有宪法法院阐释过的相应学理的支撑。（2）当宪法法院在内部反思该案所涉情况后，对其既有的判例学理需要澄清或变更时；当新的社会现实或规范变化对形塑基本权利的内容提出要求时；当负责解释西班牙批准的条约或国际协议的机关需要因应新的学理变化时。（3）当所涉及的对基本权利或公共自由的侵害源自法律或其他一般规范性文件时。（4）当对基本权利或公共自由的侵害突出地在于对法律的判例解释，且该解释侵犯了基本权利以致宪法法院认为有必要依据宪法对该法律进行重新解释时。（5）当宪法法院对基本权利或公共自由曾经的判解观点并非以一个完整的形式展示出来而普通司法裁判又一再重复该种不完整的观点时；或者存在与基本权利保护相冲突的司法裁决时（或者其裁判的解释不同于宪法法院的判解，或者在不同的司法裁决中展现了“要么遵守宪法法院判解，要么无视宪法法院判解”的情况）。（6）当司法机关拒绝履行遵守宪法法院判解的义务时。（7）当宪法诉愿所涉之问题，与宪法法院之前的判例均不相同，其关涉重要的法律问题，在宪法诉愿中所欲达致之救济具有社会和经济的重要意义或者具有重要的政治影响时。

损宪法法院管辖权或其裁判的司法裁决或行为,皆为无效。

其次,宪法法院的任何裁决,都是不受西班牙境内的法院裁判的。

上述两点,是由《宪法法院法》第4条明文规定的、西班牙普通法院针对宪法法院的管辖和裁决而应尽的“不作为义务”,这也是作为西班牙宪法最高阐释者的宪法法院的地位使然。

笔者之所以在上面的论述中详细列举“宪法法院”与“普通法院”在诉愿程序中的关系,就是因为:在制度逻辑上,宪法诉愿程序的“初心”决定了宪法程序不能不关注普通老百姓的基本权利受到侵害的问题。在司法裁判用尽其制度与能力之际,还会有基本权利没有得到保障的现实可能,此时,宪法程序法如不在场,是制度的遗憾;另外,即使在德国、西班牙等国家,宪法程序法律制度也是在其国家司法系统已经自成体系的情况下“挤”进来的制度环节,因此,在普通司法制度与宪法程序制度对接的过程中,如何让制度对接的成本降到最低,使“1+1”的制度效果大于2,则是任何讨论宪法诉愿等程序问题的国家都应该重点关注的。

介绍了西班牙《宪法法院法》的“宏观”的不合宪救济程序、“中观”的不合宪问题程序及“微观”的“诉愿”程序这三个宪法法院法代表性程序后,我们会看到,这三个程序在宪法程序法这一过滤器中的位置是不一样的。在讨论宪法程序法的过程中,我们不能作“非此即彼”的思考,因为这三个程序所面对的争议类型各有不同,其程序功能各有侧重,它们的运作并行不悖。不但如此,各程序之间还有相互助力的情况,如在诉愿程序中,如果西班牙的宪法法院法官,在诉愿程序中发现“并不是司法裁决,而是法律本身侵犯了基本权利与公共自由”的,则受理该诉愿案件的“厅”或“庭”,应当将该案件提交宪法法院全体会议裁决,此时该诉愿程序中止,而宪法法院全体会议所应用的程序,则进入“不合宪问题”程序的轨道上来(《宪法法院法》第55条第2款)。在此情形下,没有这个“不合宪问题”程序的支撑,这个诉愿程序也无法继续推进。这是程序间相互助力的一个例子。

在西班牙宪法法院正式运作的第一年,即1980年,宪法法院受理了

116 个案件,绝大多数是诉愿案件,而且这 100 多个案件,大多数在受理阶段就被“不予受理”了。但也许正是这 100 多个案件就教育了法学家、律师和普通公民,人们以后就知道了诉愿案件是怎么回事,何种情形才会受理。同时,必须说,一些重要的宪法程序类型在法律上的提前预设,是有备无患的。

二、《宪法法院法》的个性方案:关于地方自治的“两类”程序设置

宪法程序法,应有助于降低宪法上实体法律关系中的“无谓耗散”。[1] 当宪法上的机关等主体,无法在实体法律关系上达成一致时,他们至少需要有一个“程序法”上的、最低限度的共识及通路,以解决实体法上的争议。因此,宪法程序法上旨在解决某一大类实体法律争议的程序存在不存在、是否应机,非常重要。

西班牙《宪法法院法》共有 9 编,其中有 6 编相当于分则的部分,是讲不同类型的宪法程序。事实上,本导语的第一部分说的是《宪法法院法》前两编的 3 种宪法程序,本部分则会重点提到另外 2 编的两种程序(权限争议程序这一编会在此部分附带提到,剩余的第 6 编的“关于国际条约合宪性之决定”的程序类型,则只能留待将来的讨论了)。

(一)“地方大区自治法”的历史背景、性质与半联邦制

在西班牙历史中首先出场的,是中世纪的卡斯蒂利亚、阿拉贡等地区性王国。千年的历史变迁后,地区性王国逐渐消逝。从 18 世纪开始,西班牙就一直是一个中央集权的政体,但历史中形成的地区及相应政治势力还在。到西班牙第二共和国时期,包括加泰罗尼亚、巴斯克、加利西亚

---

〔1〕 大致法律,小至合约,解决的都是人类互动过程中因竞争、博弈而产生的制度费用问题,从解决问题的方向上看,制度的出现,是要与制度没有产生时相对比,能够“降低”因竞争等产生的“制度费用”时,才是从经济学的角度看合理的制度,这个是张五常的一个重要思想。参见张五常:《中国的经济制度》,中信出版集团股份有限公司 2017 年版,第 129 页。关于“耗散”的思想,又可参见张氏《经济解释》一书,商务印书馆 2000 年版。

等在内的地区得到了西班牙第二共和国宪法的承认,[1]虽然该法并未给予这些地区以如同今日地方自治大区一样的自治权,但是,该法毕竟规定:上述地区可以成立大区,并允许其可以拥有一定程度的自治权。1936年到1939年的西班牙内战及随后的佛朗哥政权,打破了一切既有的宪制结构。在赢得政权后,佛朗哥彻底取消了第二共和国赋予上述地区的自治权,其还在政党、语言等各个领域压制上述地区的自治倾向。

1975年,佛朗哥逝世后,佛朗哥指定的胡安·卡洛斯成为西班牙国王(当今国王费利佩六世的父亲)。这位国王选择了苏亚雷斯为首相,[2]而正是上述新晋的国王与首相[3]共同成为西班牙民主转型和1978年制宪的关键人物。与此同时,西班牙1978年《宪法》反映了一种"合意"的政治,[4]讨论该宪法草案文本的,是包括了加泰罗尼亚及巴斯克等地区性政党在内的各派政党力量。

1978年西班牙《宪法》第2条的规范语义是"对立统一"的:其前半句规定:"本宪法是建立在西班牙民族的紧密团结、全体西班牙人共同和不可分割的祖国的基础之上的",其后半句又明定,"承认并保障作为西班牙组成部分的各部分西班牙人所在地区的自治权及其团结"。根据《宪法》第143条、第144条、第146条、第147条、第148条及第149条第3款的规定,西班牙各地区开始了创建各自治大区的历史进程。包括上述法条在内的《宪法》第八章,建构了西班牙的"半联邦制"的国家结构形式,该部

---

[1] 《西班牙宪法典》,潘灯、单艳芳译,[厄瓜多尔]美娜审定,中国政法大学出版社2006年版,第73页,即应参见《西班牙共和国宪法》西班牙1931年《宪法》第11条、第12条。这两个法条的背景是,西班牙19世纪的工业革命开始后,加泰罗尼亚、巴斯克等工业发达地区就逐步开始要求地方自治了。另有西班牙学者认为,西班牙内战之爆发,与西班牙第二共和国宪法缺乏对于多种利益的包容性及过于体现某一党派的立场有一定关联。See Victor Ferreres Comella, *The Constitution of Spain*, Oxford, Hart Publishing Ltd., 2013, p. 4.

[2] 根据西班牙共产党当时的领导人卡里略·圣地亚哥(Santiago Carrillo)的回忆,当时没人预料到国王会成为西班牙向民主转型的关键人物之一。Ver Santiago Carrillo, *Memorias*, Barcelona, Planeta, p. 613.

[3] 签署1978年西班牙《王国宪法》的,正是此处的国王;签署和副署西班牙《宪法法院法》的正是此二人。

[4] See Victor Ferreres Comella, *The Constitution of Spain*, Oxford, Hart Publishing Ltd., 2013, p. 12.

宪法给予加泰罗尼亚等地区以历史上前所未有的自治权。

当今的西班牙王国全国划分为17个自治大区、2个自治市、50个省、8000多个市镇。[1] 在西班牙国家结构中公权力主体的垂直排列中，主要分为三层公权力主体：一为中央政府一级；二为地方自治大区一级；三为包括省、市等公权力主体在内的地方政府一级。在比较法上，西班牙《宪法》最重要的特点之一就在于其"国家结构形式"；而解读西班牙国家结构形式，最基本的要看"西班牙中央政府"与"西班牙17个自治大区"之间的关系；而解通这一关系的核心密码，则在于"西班牙《宪法》第八章"与各自治大区的"自治法"。重要的是，各自治大区都有自己的自治法，不同自治大区的自治法的内容，各不相同，各自治法及其与宪法共同规范的西班牙的"半联邦制"的特点如下。

(1)国家与大区之间的权限分配，不仅是由宪法决定的，宪法只是决定了一些权限分配标准，如哪些事项是需要由国家排他管辖的。各地方自治大区有哪些权力，是由自治法进行规范的。

(2)"半联邦制"中"半"这个特点，是因为自治大区自身不能自由形成或修改其自治法框架，自治法的制定及修改需要国家议会依法定程序以法律[2]形式进行认可。

(3)自治大区无权决定宪法之修改，其只有权向众议院提议讨论修宪的问题。

(4)自治法对西班牙各自治大区权限分配的影响，仅局限于立法权、行政权的层面，司法权不受其影响。西班牙的各类普通法院及宪法法院的设立及运行，是由国家层面的法律规范的，自治大区没有专属于自身的司法机关。

上文已经指出，地方自治大区的基本制度是由其自治法进行规范的，而该自治法从法律性质上看是基本法律；但从这种法律的商谈过程上看，

---

〔1〕 西班牙《宪法》第137条规定：国家由市镇、省和自治大区组成其领土。所有这些地区在各自事务的管理中均享有自主权。

〔2〕 参见西班牙《宪法》第146条、第147条及第151条。

自治大区的自治法及其基本制度是由西班牙的中央和地方这两方面因素“商谈”决定的,其体现了各自治法背后的“合意”基础。但问题是,在国家的预算硬约束、地区间转移支付的制度背景下,在经历了 2008 年金融危机、2010 年的欧债危机的考验之后,加泰罗尼亚等地区想在原有自治框架下争取更多的自治权力,甚至突破原有的自治框架。针对上述问题,在程序法上,有些是 1978 年的制宪者已预料到并做了准备的,如《宪法法院法》第五章的“地方自治大区一般规范性文件和决议合宪性”的争议程序,即本部分下面的第二节,这种程序是制宪者在 1978 年《宪法》第 161.2 条就原则性地设定了的;有一些是后续的宪法裁判逐渐演化出来并在后续修法中确认的,如自治法草案或提案的“事前救济”程序(《宪法法院法》第六编“增补”),这将在本部分的第三节谈到。

(二)“兜底”的程序:对“地方自治大区一般规范性文件和决议”的争议程序(《宪法法院法》第五章)

有这样一个宪法判例(STC103/2008)。巴斯克自治大区曾经通过了一部法律,该法决定举行一个地区性公投,以决定该自治大区的“未来地位”。宪法法院认为,应当由中央政府规范并授权地区性公投。[1] 在正常情况下,西班牙的中央与地方关系争议所系之客体,首先是各地方自治大区的自治法及相关法律。本案的程序客体,就是一部法律;该案所运用的程序,就是本法第二编第二章的“不合宪救济”程序。

但是,西班牙在中央与地方关系上的“宪法争议话题”,不仅有“法律的不合宪性”的争议,还有其他的类型。西班牙《宪法》第 161 条第 2 款规定:中央政府可以就地方自治大区的机关作出的一般规范性文件或决议提起诉讼。该诉讼将中止涉诉之规范性文件或决议之效力;宪法法院将视案件情况,在不超过 5 个月的期限内批准或取消此中止效力。《宪法法院法》的这一条款,开启了一个“独立”的程序。在《宪法法院法》中,上述规定被细化为《宪法法院法》第五编,即“对地方自治大区的一般规范性

---

〔1〕 参见西班牙《宪法》第 149 条第 1 款第 32 项。

文件和决议的争议程序”(按照《宪法》第161.2条设定)。

《宪法法院法》第五编共有2条,即第76条、第77条,规定如下。

第76条

中央政府可以针对地方自治大区的“非法律的规范性文件”(las disposiciones normativas sin fuerzas de Ley)和“决议”(resoluciones)向宪法法院提起诉讼。该诉讼应在上述文件或决议公布之日起2个月内提出;在没有公布的情况下,应在中央政府知悉上述文件或决议之日起2个月内提出。

第77条

本编所规范之争议程序,无论其提出的理由为何,皆应按照本法第62条至第67条规定的积极权限争议程序的规范展开。相关争议诉讼之通知,将令所争议之规范性文件或决议之效力暂停,该暂停效力直至宪法法院在不超过5个月的期限内作出维持或取消上述效力暂停的裁定为止。法院针对相关争议提前作出判决的,上述之暂停效力亦随之解除。

那么,这一程序到底有何特点呢?

(1)从其在宪法法院法中的作用看,这是一个“兜底”程序。[1] 西班牙中央政府在处理“中央与地方自治大区之间的法律关系”时,在西班牙中央政府掌握的程序法律工具中,有对法律进行“抽象控制”的“不合宪救济程序”(《宪法法院法》第二编第二章)和“积极权限争议诉讼程序”(《宪法法院法》第四编第二章第一节)。但是,地方自治大区行使公权力的形式是多种多样的,现实案例中还是会有条例(Decretos)、[2] 命令(Órdenes)、[3]

---

〔1〕 Joan Lluís Pérez Francesch,“La impugnación dedisposiciones y resoluciones autonómicas sin rango de ley”,*Institut de Ciències Polítiques i Socials,Barcelona*, 2007,p.4.

〔2〕 参见SSTC54/1982,de 26 de julio; 259/1988,de 22 de diciembre; 64/1990,de 5 deabril等案例,转引自注释46之文章。

〔3〕 参见STC 66/1991,de 22 de marzo y ATC 189/1997,de 3 de junio等案例,Joan Lluís Pérez Francesch,“La impugnación dedisposiciones y resoluciones autonómicas sin rango de ley”,*Institut de Ciències Polítiques i Socials,Barcelona*, 2007,p.4。

决议(Resolutiones)、[1]议会程序中之决议性的、非立法性的行为(actos parlamentarios resolutorios de un procedimiento - nuncalegislativo)[2]等自治大区的公权力机关行使权力的行为,存在不合宪的可能性。但是,不合宪救济程序和积极权限争议程序并不能完全覆盖地方自治大区出现的全部"不合宪"情况,因此,确保必要填补这一"程序"上的空白。

(2)这一程序赋予了西班牙中央政府以"预防性权力"(poderes preventivos),即当宪法法院受理案件并向地方自治大区发出通知后,"所争议之规范性文件或决议之效力暂停"(《宪法法院法》第77条),即这种暂停效力是随着法院的通知发出而"自动发生"的,它使地方自治大区的"花样繁多"的、涉嫌不合宪的公权力行为产生的法律效果,得到及时的阻却。此处需要注意,在《宪法法院法》的各类程序中,一般原则是程序的提起,并不暂停程序标的之法律效力;而该法第五编程序的这个"暂停效力",确实是例外。

(3)这一程序的"应用场合",是地方自治大区的公权力行为触碰到"宪法设定的自治权的界限"(los límites constitucionales de la autonomía)时,由中央政府一方发起的程序。也就是说,地方自治大区并无发起此程序的"程序主体资格"。此即当地方自治大区的公权力行为,有超越其自治权边界的"不合宪情形"时,中央政府首先应当将该争议提交宪法法院。当该程序受理后,由于该程序自动设定的"暂停效力",能够使诉争标的之法律效力迅速暂停,以待宪法法院的最终裁决。

(4)由于本程序为一特别程序,只有2条,因此,宪法法院在具体审理本程序的案件时,应当同时遵守《宪法法院法》第62~67条关于"积极权限争议程序"(《宪法法院法》第77条第1款)。

---

[1] 参见 STC 16/1984, de6 de febrero; 44/1986, de 17 de abril, ATC 265/1999, de 10 de noviembre, Joan Lluís Pérez Francesch, "La impugnación dedisposiciones y resoluciones autonómicas sin rango de ley", *Institut de Ciències Polítiques i Socials, Barcelona*, 2007, p. 4。

[2] 参见 ATC 265/1999, de 10 de noviembre y STC 16/1984, de6 de febrero 等案例, Joan Lluís Pérez Francesch, "La impugnación dedisposiciones y resoluciones autonómicas sin rango de ley", *Institut de Ciències Polítiques i Socials, Barcelona*, 2007, p. 4。

(三)地方自治法草案或修正案的“事前救济”程序

2015年9月22日,西班牙议会对《宪法法院法》进行了第九次修改。在该次修法中,新设了一种“新型程序”,[1]即现行《宪法法院法》“第六编(增补)关于地方自治法草案或修正案的不合宪性的事前救济程序”。

这一程序的程序特点如下:[2]

(1)程序客体。本制度的程序客体为“议会已经通过”的、但还没有生效的“地方自治法的草案或地方自治法的修正案”。[3] 这一程序避免了存在“不合宪”可能性的法案成为生效的法律。以法案是否生效为分界点,则这当然是一种“事前”救济。在《宪法法院法》中,涉及事前审查的,除本程序之外,则只有该法第六编的“国际条约合宪性之决定”。同时,这种对法案是否合宪进行的审查,由于不涉及个案,则又是一种“抽象”控制程序。

(2)程序主体。能够提起本程序的主体为:①政府总理;②护民官;③50名众议员;④50名参议员(第79条第3款、第32条第1款)。

(3)程序提起及后续立法程序中止。这个程序是在议会通过的法案文本在“议会官方公报”(Boletín Oficial de las Cortes Generales)公布之日起3日内提出的,该事前救济程序一经提起,作为救济程序争议客体的法案的后续立法程序中止(如批准和公布);这也包括如果有地方自治法草案依法应交付公投的,那么公投之召集也相应中止。

(4)运行之程序。本程序为《宪法法院法》针对单一事项设定的程序,只有第79条一个条文,因此,依据第79条第6款,本程序应当依据

---

〔1〕 严格地说,这是一种回归,即在1985年之前,是存在针对地方自治法草案及“其他基本法律”的事前审查程序的。但是,1985年6月7日第4/1985号组织法(Ley Orgánica 4/1985 de 7 de junio)将这一事前审查程序废止了。直到2015年的修法,又针对“地方自治法草案或修正案”部分地恢复了事前审查程序。当然,一直存在的事前审查程序,还有《宪法法院法》第六编“关于国际条约合宪性的审查”。

〔2〕 根据西班牙学者的理解,这一程序在宪法上的依据应为西班牙《宪法》第161条第1款第4项。Ver César Aguado Renedo,“ El redurso previo de inconstitucionalidad frente a proyectos de estatutos de autonomía y de su modificacion”, *Teoría y Realidad Constitucional*, núm. 38, 2016, p. 684.

〔3〕 此时,立法行为及其程序的主体部分已经结束,因此,从这一意义上说,此程序与“不合宪救济”程序、“不合宪问题”程序的共通之处在于他们都是对立法行为的事后控制。只不过,此程序是在法律生效的前一刻开始而已。

《宪法法院法》第二编第二章的“不合宪救济程序”而具体运行。自本程序提起之日起,在“不可延长”的 6 个月内,依本程序提起之案件,必须作出裁决。这个程序时间的限制,也是保障地方自治立法及相应“自治权”的需要。必须指出的是,根据《宪法法院法》第 2 条第 1 项⑤增补,这一程序,是由宪法法院全体会议受理并审理的,并不能交由宪法法院下设的“厅”或“厅”下设的“庭”来审理。这也反映了立法者对这一程序的重视程度。

(5)本程序的裁决与相关法案后续立法程序的关系,这要分两种情况讨论:

①如果宪法法院在裁决中宣布相关法案“不合宪性”不存在,则相关地方自治法草案或地方自治法修正案的后续生效程序继续进行,包括如果需要召集及举行公投的,相关公投可以继续进行;

②如果宪法法院在裁决中宣布相关法案“不合宪”,则宪法法院应当在判决中指明诉争之不合宪条文、与该不合宪条文相关或作为其后果的条文及被违反的宪法条文。在西班牙议会没有移除或修改上述不合宪条文前,案件所涉法案的草案或修正案之立法程序不能继续进行。

(6)本事前救济程序裁决与对相关法案生效后的“不合宪救济”程序及“不合宪问题程序”的关系。虽然事前救济裁决对相关法案的“不合宪性”进行了裁判,但是,当相关法案在生效后,仍然可以对其提起“不合宪救济程序”及“不合宪问题”程序;而且,原来的事前救济程序裁决,不能影响之后相关裁决的独立作出。

该程序存在的必要性在于:由于宪法及各个大区的自治法在“功能”意义上共同构成每个自治大区政治和社会生活的基本规范,因此,确实有必要保障自治大区的“自治法”的规范保持稳定,不致违反宪法。同时,由于西班牙《宪法》第 149 条第 3 款规定了“双重剩余条款”,〔1〕而在西班牙各大区的实际立法现实中,各自治大区都有依上述条款扩张其管辖权的风险。如果在各大区的自治法生效后,才凭借“不合宪救济程序”“不合

〔1〕 该条款规定,宪法没有明文规定的领域可以由地方自治大区按其自治法管辖;各大区自治法没有保留管理的事项,由国家管辖。

宪问题程序”甚至“诉愿程序”进行“合宪性控制”,则相应的法律效果和社会效果就不太好,其也会加剧中央与地方之间的冲突。当然,对该程序的批评声音也是有的,比如,有人认为该程序使宪法法院成为议会的“第三院”,其使宪法法院的功能政治化,且有可能使该程序成为议会少数党阻却立法之工具。当然,任何立法方案都是“优点”“缺点”及相关机会及风险的综合权衡,西班牙立法者选择了增加这一程序,也确实是对客观存在的立法需求的一种积极响应。

本部分考查的两个程序,“地方自治大区一般规范性文件和决议的争议程序”及“地方自治法草案或修正案的事前救济程序”,是专门规范西班牙的“中央与地方关系”的两类宪法程序。由于西班牙国家结构形式中的“半联邦制”特点,因此,靠西班牙地方大区自治法等立法手段,很难解决其中央与地方关系中出现的动态问题,西班牙人在此为我们展示了他们的制度方案与智慧:全面把握问题,找准制度工具,把握控制时机,这三点缺一不可。

三、代结语:宪法法院权威的制度保障

在译者翻译西班牙《宪法法院法》的过程中,经常思考一个问题:什么是宪法程序法律制度正常运转的“关键因素”。译者的“一家之言”是,西班牙的宪法法院的正常运转,离不开西班牙《宪法》在制宪时就赋予它的“权威”。然而,宪法法院的权威不仅仅是静态的宪法“赋能”使然,其更是40年来西班牙人对该制度的不断使用、不断信任的结果。权威本身是一个“抽象”的概念,就《宪法法院法》而言,我们看到更多的,是有助于宪法法院权威生成的“制度保障”。

在译者看来,有助于宪法法院权威生成的“制度保障”,主要应从“组织保障”“程序保障”“判决效力保障”“制度供给保障”[1]及“内部人事与

---

〔1〕 制度供给保障,主要要从“制度的内生性”及“制度的外部嫁接”两个角度看。一方面,宪法法院在自身管辖权限(参见本法第2条第2款、第4条)及内部管理规范上有生成规范的权限;另一方面,《宪法法院法》在其法律的技术规范方面,无须事无巨细,事实上常可以引用普通诉讼法规范以为助力(如本法第80条)。

物质保障"[1]等5个方面来考察。译者在此说明其中的两点：就宪法法院的"组织保障"而言，西班牙《宪法法院法》第二章规范了宪法法院的法官从哪里产生，需要具备什么资格等问题。概括地说，只有同时具备法定的"推选正当性"及"技术专业性"的职业人士，才可能成为西班牙宪法法院的法官。[2] 从"程序保障"上看，无论是证据制度、时效制度还是执行制度，《宪法法院法》的制度设计遵循的都是诉讼制度的逻辑，强调正当程序、制度理性及比例原则。西班牙《宪法法院法》10次修法的最后一次，即2015年的这一次修法，立法重点就一个：增加了现行《宪法法院法》第92条，该条使《宪法法院法》有了"执行制度"，其使宪法实施本身具备了"牙齿"，有利于宪法实施走完"最后一公里"。"徒法不足以自行"，宪法法院需要自身的"武器"，因此，《宪法法院法》规定相应的执行法律制度，是十分必要的。

行者常至。西班牙《宪法法院法》于今已过"不惑之年"，其生命跨度与中国的改革开放"历史地巧合"了。在1978年的制宪时刻，西班牙人应该没有料到，之后的40年中，《宪法法院法》会修改10次。当译者在网上阅读西班牙宪法法院法官与拉丁美洲各国的宪法法院或宪法法庭的法官召开会议的报告及会议记录时，也会感觉到拉美各国的大法官对西班牙宪法裁判制度的重视，而这同样是西班牙的前人所无法预料的。

由于译者水平所限，本法翻译中出现的任何问题，欢迎各位读者批评指正。[3]

---

〔1〕 人事保障见本法第八编"人事制度"对于"法律顾问"等的制度规范，该制度是由宪法法院制定的条例规范的（本法第2条第2款、第96条第2款、附加条款第1条第2款），上述制度保障了宪法法院的"人事自治"。宪法法院的"财务自治"则由本法第10条第3款、附加条款第2条等加以规范。

〔2〕 另外，对于宪法法院法官的责任追究，法律也有所限制（参见《宪法法院法》第22条、第26条）。宪法法院的运转，不但要赋予宪法法院以特殊地位与权威，也要给其法官以制度保障，使其少有后顾之忧。

〔3〕 译者邮箱为：lidapengsuzhou@ sina. com。同时，译者的"拉丁法律帝国"的微信公众号也会不定期更新西班牙及拉丁美洲相关公法的话题及信息。

中　国

中华人民共和国宪法(节选)

(1982年12月4日第五届全国人民代表大会第五次会议通过;1982年12月4日全国人民代表大会公告公布施行;根据1988年4月12日第七届全国人民代表大会第一次会议通过的《中华人民共和国宪法修正案》、1993年3月29日第八届全国人民代表大会第一次会议通过的《中华人民共和国宪法修正案》、1999年3月15日第九届全国人民代表大会第二次会议通过的《中华人民共和国宪法修正案》、2004年3月14日第十届全国人民代表大会第二次会议通过的《中华人民共和国宪法修正案》和2018年3月11日第十三届全国人民代表大会第一次会议通过的《中华人民共和国宪法修正案》修正)

第67条第7项、第8项

全国人民代表大会常务委员会行使下列职权:

……

(7)撤销国务院制定的同宪法、法律相抵触的行政法规、决定和命令;

(8)撤销省、自治区、直辖市国家权力机关制定的同宪法、法律和行政法规相抵触的地方性法规和决议;

……

中华人民共和国立法法(节选)

(2000年3月15日第九届全国人民代表大会第三次会议通过;根据2015年3月15日第十二届全国人民代表大会第三次会议《关于修改〈中华人民共和国立法法〉的决定》修正)

第72条第1款、第2款

省、自治区、直辖市的人民代表大会及其常务委员会根据本行政区域的具体情况和实际需要,在不同宪法、法律、行政法规相抵触的前提下,可以制定地方性法规。

设区的市的人民代表大会及其常务委员会根据本市的具体情况和实际需要,在不同宪法、法律、行政法规和本省、自治区的地方性法规相抵触的前提下,可以对城乡建设与管理、环境保护、历史文化保护等方面的事项制定地方性法规,法律对设区的市制定地方性法规的事项另有规定的,从其规定。设区的市的地方性法规须报省、自治区的人民代表大会常务委员会批准后施行。省、自治区的人民代表大会常务委员会对报请批准的地方性法规,应当对其合法性进行审查,同宪法、法律、行政法规和本省、自治区的地方性法规不抵触的,应当在四个月内予以批准。

第75条

民族自治地方的人民代表大会有权依照当地民族的政治、经济和文化的特点,制定自治条例和单行条例。自治区的自治条例和单行条例,报全国人民代表大会常务委员会批准后生效。自治州、自治县的自治条例和单行条例,报省、自治区、直辖市的人民代表大会常务委员会批准后生效。

自治条例和单行条例可以依照当地民族的特点,对法律和行政法规的规定作出变通规定,但不得违背法律或者行政法规的基本原则,不得对宪法和民族区域自治法的规定以及其他有关法律、行政法规专门就民族自治地方所作的规定作出变通规定。

第 97 条第 1 项、第 2 项

改变或者撤销法律、行政法规、地方性法规、自治条例和单行条例、规章的权限是:

(1)全国人民代表大会有权改变或者撤销它的常务委员会制定的不适当的法律,有权撤销全国人民代表大会常务委员会批准的违背宪法和本法第 75 条第 2 款规定的自治条例和单行条例;

(2)全国人民代表大会常务委员会有权撤销同宪法和法律相抵触的行政法规,有权撤销同宪法、法律和行政法规相抵触的地方性法规,有权撤销省、自治区、直辖市的人民代表大会常务委员会批准的违背宪法和本法第 75 条第 2 款规定的自治条例和单行条例;

第 99 条

国务院、中央军事委员会、最高人民法院、最高人民检察院和各省、自治区、直辖市的人民代表大会常务委员会认为行政法规、地方性法规、自治条例和单行条例同宪法或者法律相抵触的,可以向全国人民代表大会常务委员会书面提出进行审查的要求,由常务委员会工作机构分送有关的专门委员会进行审查、提出意见。

前款规定以外的其他国家机关和社会团体、企业事业组织以及公民认为行政法规、地方性法规、自治条例和单行条例同宪法或者法律相抵触的,可以向全国人民代表大会常务委员会书面提出进行审查的建议,由常务委员会工作机构进行研究,必要时,送有关的专门委员会进行审查、提出意见。

有关的专门委员会和常务委员会工作机构可以对报送备案的规范性文件进行主动审查。

第100条

全国人民代表大会专门委员会、常务委员会工作机构在审查、研究中认为行政法规、地方性法规、自治条例和单行条例同宪法或者法律相抵触的,可以向制定机关提出书面审查意见、研究意见;也可以由法律委员会与有关的专门委员会、常务委员会工作机构召开联合审查会议,要求制定机关到会说明情况,再向制定机关提出书面审查意见。制定机关应当在两个月内研究提出是否修改的意见,并向全国人民代表大会法律委员会和有关的专门委员会或者常务委员会工作机构反馈。

全国人民代表大会法律委员会、有关的专门委员会、常务委员会工作机构根据前款规定,向制定机关提出审查意见、研究意见,制定机关按照所提意见对行政法规、地方性法规、自治条例和单行条例进行修改或者废止的,审查终止。

全国人民代表大会法律委员会、有关的专门委员会、常务委员会工作机构经审查、研究认为行政法规、地方性法规、自治条例和单行条例同宪法或者法律相抵触而制定机关不予修改的,应当向委员长会议提出予以撤销的议案、建议,由委员长会议决定提请常务委员会会议审议决定。

第101条

全国人民代表大会有关的专门委员会和常务委员会工作机构应当按照规定要求,将审查、研究情况向提出审查建议的国家机关、社会团体、企业事业组织以及公民反馈,并可以向社会公开。

中华人民共和国村民委员会组织法(节选)

(1998 年 11 月 4 日第九届全国人民代表大会常务委员会第五次会议通过;2010 年 10 月 28 日第十一届全国人民代表大会常务委员会第十七次会议修订;根据 2018 年 12 月 29 日第十三届全国人民代表大会常务委员会第七次会议《关于修改〈中华人民共和国村民委员会组织法〉〈中华人民共和国城市居民委员会组织法〉的决定》修正)

第 27 条

村民会议可以制定和修改村民自治章程、村规民约,并报乡、民族乡、镇的人民政府备案。

村民自治章程、村规民约以及村民会议或者村民代表会议的决定不得与宪法、法律、法规和国家的政策相抵触,不得有侵犯村民的人身权利、民主权利和合法财产权利的内容。

村民自治章程、村规民约以及村民会议或者村民代表会议的决定违反前款规定的,由乡、民族乡、镇的人民政府责令改正。

全国人民代表大会常务委员会关于国家监察委员会制定监察法规的决定(节选)

(2019 年 10 月 26 日第十三届全国人民代表大会常务委员会第十四次会议通过)

三、监察法规应当在公布后的三十日内报全国人民代表大会常务委员会备案。

全国人民代表大会常务委员会有权撤销同宪法和法律相抵触的监察法规。

中国共产党党内法规和规范性文件备案审查规定

（2012 年 6 月 4 日中共中央批准；2012 年 6 月 4 日中共中央办公厅发布；2019 年 8 月 30 日中共中央政治局会议修订）

目　录

第一章　总　则

第 1 条

为了规范党内法规和规范性文件备案审查工作，维护党内法规和党的政策的统一性、权威性，根据《中国共产党党内法规制定条例》，制定本规定。

第 2 条

本规定适用于党组织制定的党内法规和规范性文件的备案审查

工作。

本规定所称规范性文件，指党组织在履行职责过程中形成的具有普遍约束力、在一定时期内可以反复适用的文件。

下列文件不列入备案审查范围：

(1)印发领导讲话、年度工作要点、工作总结等内容的文件；

(2)关于人事调整、表彰奖励、处分处理以及机关内部日常管理等事项的文件；

(3)请示、报告、会议活动通知、会议纪要、情况通报等文件；

(4)其他按照规定不需要备案审查的文件。

第3条

备案审查工作应当遵循下列原则：

(1)有件必备，凡属备案审查范围的都应当及时报备，不得瞒报、漏报、迟报；

(2)有备必审，对报备的党内法规和规范性文件应当及时、严格审查，不得备而不审；

(3)有错必纠，对审查中发现的问题应当按照规定作出处理，不得打折扣、搞变通。

第4条

各级党委，党的纪律检查委员会、党委(决策)议事协调机构以及党的工作机关、党委直属事业单位，党组(党委)承担备案审查工作主体责任。

各级党委办公厅(室)负责牵头办理本级党委备案审查工作，统筹协调、督促指导本地区备案审查工作。有关部门和单位应当在职责范围内积极协助开展备案审查工作，共同发挥审查把关作用。

各级党委应当与同级人大常委会、政府等有关方面建立健全备案审查衔接联动机制。

第二章　主　　体

第5条

党组织制定的党内法规和规范性文件应当向上级党组织报备。

多个党组织联合制定的党内法规和规范性文件，由牵头党组织向共同的上级党组织报备。

党组织对下级党组织报备的党内法规和规范性文件进行审查，具体工作由其所属法规工作机构或者承担相关职能的工作机构办理。

第6条

中央纪律检查委员会、党中央（决策）议事协调机构以及党中央工作机关、党中央直属事业单位，党中央批准设立的党组（党委），各省、自治区、直辖市党委应当向党中央报备党内法规和规范性文件。

向地方党委报备规范性文件的党组织范围，参照前款规定。

第7条

中央纪律检查委员会以及党中央工作机关、有关中央国家机关部门党组（党委）可以根据工作需要，依照本规定精神建立系统内备案制度。

党中央明确规定党组织将其制定的党内法规和规范性文件报送特定主体备查、审核的，从其规定，同时有关党组织还应当按照本规定要求进行报备。

逐步实行党的基层组织向批准其设立的党组织报备规范性文件。

第三章　报　　备

第8条

应当报备的党内法规和规范性文件，自发布之日起30日内由制定机关报备。

未按照规定时限报备的，审查机关应当责令其限期补报，必要时可以通报。

第9条

报备党内法规和规范性文件，应当提交1份备案报告、正式文本和备案说明，装订成册，并报送电子文本。

备案说明应当写明制定背景、政策创新及其依据、重要数据指标来源、征求意见、审议签批等情况。

第 10 条

报备机关应当在每年 2 月 1 日前,将上一年度文件目录报送审查机关备查。

第四章　审　　查

第 11 条

审查机关对符合审查要求的报备党内法规和规范性文件,应当予以登记,从下列方面进行审查:

(1)政治性审查。包括是否认真贯彻落实习近平新时代中国特色社会主义思想,是否同党的基本理论、基本路线、基本方略相一致,是否与党中央重大决策部署相符合,是否严守党的政治纪律和政治规矩等。

(2)合法合规性审查。包括是否同宪法和法律相一致,是否同党章、上位党内法规和规范性文件相抵触,是否与同位党内法规和规范性文件对同一事项的规定相冲突,是否符合制定权限和程序,是否落实精简文件、改进文风要求等。

(3)合理性审查。包括是否适应形势发展需要,是否可能在社会上造成重大负面影响,是否违反公平公正原则等。

(4)规范性审查。包括名称使用是否适当,体例格式是否正确,表述是否规范等。

审查机关在审查中,应当注重保护有关地区和部门结合实际改革创新的积极性。

第 12 条

对内容复杂敏感、专业性强、涉及面广的党内法规和规范性文件,审查机关可以征求有关方面意见建议或者进行会商调研。

人大常委会、政府、军队备案审查工作机构发现党内法规和规范性文件可能存在违法违规问题的,可以向同级党委备案审查工作机构提出审查建议。同级党委备案审查工作机构应当研究处理,并以适当方式反馈结果。

第13条

针对审查中发现的问题或者有关方面的意见建议，审查机关可以要求报备机关作出说明。

报备机关应当在规定时限内就有关事项说明理由和依据，同时可以提出处理措施。

第五章　处　　理

第14条

审查机关应当根据不同情形，对报备的党内法规和规范性文件作出相应处理决定，并督促报备机关及时办理。报备机关应当认真落实审查机关的处理决定。

第15条

对审查中没有发现问题的党内法规和规范性文件，审查机关应当直接予以备案通过，并及时反馈报备机关。

审查机关发现已经备案通过的党内法规和规范性文件存在问题的，可以重新启动审查程序。

第16条

党内法规和规范性文件没有原则性问题，但存在下列情形之一，审查机关可以予以备案通过，并向报备机关提出建议：

(1)有关规定基本合法合规，但需要在执行中把握好尺度的；

(2)有关规定实施后上级精神发生变化或者新的改革措施即将出台，需要报备机关了解掌握的；

(3)有关方面提出的意见建议具有较高参考价值的；

(4)其他需要提出建议的情形。

第17条

党内法规和规范性文件没有原则性问题，但存在名称使用、体例格式、文字表述等不规范情形的，审查机关可以予以备案通过，并将相关情况告知报备机关。

报备机关多次出现不规范情形的，审查机关可以视情予以通报。

第 18 条

党内法规和规范性文件没有原则性问题，但存在下列情形之一，审查机关可以予以备案通过，并对报备机关进行书面提醒：

(1)有关政治表述不够规范的；

(2)有关规定在执行中可能产生偏差或者引起误解的；

(3)有关规定不够合理的；

(4)制定程序不规范的；

(5)不符合精简文件、改进文风要求的；

(6)其他需要提醒的情形。

报备机关在收到书面提醒后应当主动整改，并将相关情况及时通知有关方面，防范有关问题产生不利影响。审查机关要求报告处理情况的，报备机关应当在收到书面提醒后 30 日内报告。

第 19 条

党内法规和规范性文件存在下列情形之一，审查机关应当不予备案通过，并要求报备机关进行纠正：

(1)违背党章、党的理论和路线方针政策的；

(2)违反宪法和法律的；

(3)同上位党内法规和规范性文件相抵触的；

(4)明显不合理的；

(5)不符合制定权限的；

(6)其他需要纠正的情形。

对审查发现的问题，审查机关可以发函要求报备机关纠正，也可以由报备机关主动纠正。纠正可以采用修改原文件、印发补充文件等方式。

报备机关应当在收到纠正要求后 30 日内报告相关处理情况，对复杂敏感、容易产生不利影响的事项，应当及时会同有关方面采取有效措施妥善处理。

纠正后的党内法规和规范性文件符合要求的，审查机关按程序予以备案通过。报备机关未在规定时限内纠正问题或者报告有关纠正措施，且无正当理由的，审查机关可以作出撤销相关党内法规和规范性文件的决定。

第 20 条

审查机关对报备的党内法规和规范性文件作出审查处理决定，应当按照规定权限和程序审批。

第 21 条

对未发现问题的党内法规和规范性文件，审查机关一般在 30 日内完成审查处理工作。发现可能存在问题的，可以适当延长审查处理时间，但一般不超过 3 个月。

备案审查工作有关资料应当及时存档备查。

第 22 条

审查机关应当及时梳理总结审查中发现的问题，加强综合分析利用，推动完善制度、改进工作。

第六章　保障与监督

第 23 条

加强备案审查工作信息化建设，建立健全覆盖全面、互联互通、功能完备、操作便捷的备案专网，提高备案审查工作信息化水平。

第 24 条

党组织应当加强对备案审查工作情况的监督检查、考核评价、表彰奖励，相关结果在一定范围内通报。

第 25 条

实行党内法规和规范性文件备案审查责任追究制度。有下列情形之一，应当依规依纪追究有关党组织、党员领导干部以及工作人员的责任：

(1)履行政治责任不到位，对备案审查工作不重视不部署，组织领导不力，造成严重后果的；

(2)违反报备工作程序和时限要求，报备不规范、不及时甚至不报备，

或者对审查机关指出的问题拒不整改或者整改不及时、不到位,造成严重后果的;

(3)违反审查工作程序和时限要求,审查不规范、不及时或者出现明显错误,造成严重后果的;

(4)其他应当追究责任的情形。

第七章　附　　则

第 26 条

中央军事委员会可以根据本规定,制定军队党内法规和规范性文件备案审查办法。

第 27 条

本规定由中央办公厅负责解释。

第 28 条

本规定自 2012 年 7 月 1 日起施行。

法规、司法解释备案审查工作办法

（2019 年 12 月 16 日第十三届全国人大常委会
第四十四次委员长会议通过）

目　　录

第一章　总　　则

第 1 条

为了规范备案审查工作，加强备案审查制度和能力建设，履行宪法、法律赋予全国人民代表大会及其常务委员会的监督职责，根据宪法和立法法、监督法等有关法律的规定，制定本办法。

第 2 条

对行政法规、监察法规、地方性法规、自治州和自治县的自治条例和单行条例、经济特区法规（以下统称法规）以及最高人民法院、最高人民检察院作出的属于审判、检察工作中具体应用法律的解释（以下统称司法解释）的备案审查，适用本办法。

第 3 条

全国人大常委会依照宪法、法律开展备案审查工作，保证党中央令行禁止，保障宪法法律实施，保护公民合法权益，维护国家法制统一，促进制定机关提高法规、司法解释制定水平。

第 4 条

开展备案审查工作应当依照法定权限和程序，坚持有件必备、有备必审、有错必纠的原则。

第 5 条

常委会办公厅负责报送备案的法规、司法解释的接收、登记、分送、存档等工作，专门委员会、常委会法制工作委员会负责对报送备案的法规、司法解释的审查研究工作。

第 6 条

加强备案审查信息化建设，建立健全覆盖全国、互联互通、功能完备、操作便捷的备案审查信息平台，提高备案审查工作信息化水平。

第 7 条

常委会工作机构通过备案审查衔接联动机制，加强与中央办公厅、司法部、中央军委办公厅等有关方面的联系和协作。

第 8 条

常委会工作机构应当密切与地方人大常委会的工作联系，根据需要对地方人大常委会备案审查工作进行业务指导。

第二章　备　　案

第9条

法规、司法解释应当自公布之日起30日内报送全国人大常委会备案。

报送备案时，应当一并报送备案文件的纸质文本和电子文本。

第10条

法规、司法解释的纸质文本由下列机关负责报送备案：

(1)行政法规由国务院办公厅报送；

(2)监察法规由国家监察委员会办公厅报送；

(3)地方性法规、自治州和自治县制定的自治条例和单行条例由各省、自治区、直辖市人大常委会办公厅报送；

(4)经济特区法规由制定法规的省、市人大常委会办公厅(室)报送；

(5)司法解释分别由最高人民法院办公厅、最高人民检察院办公厅报送；最高人民法院、最高人民检察院共同制定的司法解释，由主要起草单位办公厅报送。

第11条

报送备案时，报送机关应当将备案报告、国务院令或者公告、有关修改废止或者批准的决定、法规或者司法解释文本、说明、修改情况汇报及审议结果报告等有关文件(以下统称备案文件)的纸质文本装订成册，一式5份，一并报送常委会办公厅。

自治条例、单行条例、经济特区法规对上位法作出变通规定的，报送备案时应当说明对法律、行政法规、地方性法规作出变通的情况，包括内容、依据、理由等。

第12条

法规、司法解释的电子文本由制定机关指定的电子报备专责机构负责报送。

报送机关应当通过全国人大常委会备案审查信息平台报送全部备案

文件的电子文本，报送的电子文本应当符合全国人大常委会工作机构印发的格式标准和要求。

第 13 条

常委会办公厅应当自收到备案文件之日起 15 日内进行形式审查，对符合法定范围和程序、备案文件齐全、符合格式标准和要求的，予以接收并通过全国人大常委会备案审查信息平台发送电子回执；对不符合法定范围和程序、备案文件不齐全或者不符合格式标准和要求的，以电子指令形式予以退回并说明理由。

因备案文件不齐全或者不符合格式标准和要求被退回的，报送机关应当自收到电子指令之日起 10 日内按照要求重新报送备案。

第 14 条

常委会办公厅对接收备案的法规、司法解释进行登记、存档，并根据职责分工，分送有关专门委员会和法制工作委员会进行审查研究。

第 15 条

常委会办公厅对报送机关的报送工作进行督促检查，并适时将迟报、漏报等情况予以通报。

第 16 条

每年 1 月底前，各报送机关应当将上一年度制定、修改、废止和批准的法规、司法解释目录汇总报送全国人大常委会办公厅。

常委会办公厅通过全国人大常委会公报和中国人大网向社会公布上一年度备案的法规、司法解释目录。

第 17 条

专门委员会、常委会工作机构根据审查工作需要，可以要求有关方面提供本办法第 54 条规定的规范性文件。

第三章　审　　查

第一节　审 查 职 责

第 18 条

对法规、司法解释可以采取依职权审查、依申请审查、移送审查、专项审查等方式进行审查。

第19条

专门委员会、法制工作委员会对法规、司法解释依职权主动进行审查。

第20条

对法规、司法解释及其他有关规范性文件中涉及宪法的问题，宪法和法律委员会、法制工作委员会应当主动进行合宪性审查研究，提出书面审查研究意见，并及时反馈制定机关。

第21条

国家机关依照法律规定向全国人大常委会书面提出的对法规、司法解释的审查要求，由常委会办公厅接收、登记，报秘书长批转有关专门委员会会同法制工作委员会进行审查。

第22条

国家机关、社会团体、企业事业组织以及公民依照法律规定向全国人大常委会书面提出的对法规、司法解释的审查建议，由法制工作委员会接收、登记。

法制工作委员会对依照前款规定接收的审查建议，依法进行审查研究。必要时，送有关专门委员会进行审查、提出意见。

第23条

经初步研究，审查建议有下列情形之一的，可以不启动审查程序：

(1)建议审查的法规或者司法解释的相关规定已经修改或者废止的；

(2)此前已就建议审查的法规或者司法解释与制定机关作过沟通，制定机关明确表示同意修改或者废止的；

(3)此前对建议审查的法规或者司法解释的同一规定进行过审查，已有审查结论的；

(4)建议审查的理由不明确或者明显不成立的；

(5)其他不宜启动审查程序的情形。

第24条

法制工作委员会对有关机关通过备案审查衔接联动机制移送过来的

法规、司法解释进行审查。

第25条

法制工作委员会结合贯彻党中央决策部署和落实常委会工作重点，对事关重大改革和政策调整、涉及法律重要修改、关系公众切身利益、引发社会广泛关注等方面的法规、司法解释进行专项审查。

在开展依职权审查、依申请审查、移送审查过程中，发现可能存在共性问题的，可以一并对相关法规、司法解释进行专项审查。

第26条

对不属于全国人大常委会备案审查范围的规范性文件提出的审查建议，法制工作委员会可以按照下列情况移送其他有关机关处理：

(1)对党的组织制定的党内法规和规范性文件提出的审查建议，移送中央办公厅法规局；

(2)对国务院各部门制定的规章和其他规范性文件提出的审查建议，移送司法部；对地方政府制定的规章和其他规范性文件提出的审查建议，移送制定机关所在地的省级人大常委会，并可同时移送司法部；

(3)对军事规章和军事规范性文件提出的审查建议，移送中央军委办公厅法制局；

(4)对地方监察委员会制定的规范性文件提出的审查建议，移送制定机关所在地的省级人大常委会，并可同时移送国家监察委员会；

(5)对地方人民法院、人民检察院制定的属于审判、检察工作范围的规范性文件提出的审查建议，移送制定机关所在地的省级人大常委会，并可同时移送最高人民法院、最高人民检察院。

法制工作委员会在移送上述审查建议时，可以向有关机关提出研究处理的意见建议。

第二节　审查程序

第27条

根据审查要求、审查建议进行审查研究，发现法规、司法解释的规定可能存在本办法第三章第三节规定情形的，应当函告制定机关，要求制定机关在1个月内作出说明并反馈意见。

对法规、司法解释开展依职权审查、移送审查、专项审查，发现法规、司法解释的规定可能存在本办法第三章第三节规定情形的，可以函告制定机关在1个月内作出说明并反馈意见。

依照本条前两款函告需经批准的法规的制定机关的，同时抄送批准机关。

第28条

对法规、司法解释进行审查研究，对涉及国务院职权范围内的事项，可以征求国务院有关方面的意见。

第29条

对法规、司法解释进行审查研究，可以根据情况征求有关专门委员会、常委会工作机构的意见。

第30条

对法规、司法解释进行审查研究，可以通过座谈会、听证会、论证会、委托第三方研究等方式，听取国家机关、社会团体、企业事业组织、人大代表、专家学者以及利益相关方的意见。

第31条

根据审查建议对法规、司法解释进行审查研究，可以向审查建议人询问有关情况，要求审查建议人补充有关材料。

第32条

对法规、司法解释进行审查研究，根据需要可以进行实地调研，深入了解实际情况。

第33条

专门委员会、法制工作委员会在审查研究中认为有必要进行共同审查的，可以召开联合审查会议。

有关专门委员会、法制工作委员会在审查研究中有较大意见分歧的，经报秘书长同意，向委员长会议报告。

第34条

专门委员会、法制工作委员会一般应当在审查程序启动后3个月内完成审查研究工作，提出书面审查研究报告。

第 35 条

法制工作委员会加强与专门委员会在备案审查工作中的沟通协调，适时向专门委员会了解开展备案审查工作的情况。

第三节　审 查 标 准

第 36 条

对法规、司法解释进行审查研究，发现法规、司法解释存在违背宪法规定、宪法原则或宪法精神问题的，应当提出意见。

第 37 条

对法规、司法解释进行审查研究，发现法规、司法解释存在与党中央的重大决策部署不相符或者与国家的重大改革方向不一致问题的，应当提出意见。

第 38 条

对法规、司法解释进行审查研究，发现法规、司法解释违背法律规定，有下列情形之一的，应当提出意见：

（1）违反立法法第 8 条，对只能制定法律的事项作出规定；

（2）超越权限，违法设定公民、法人和其他组织的权利与义务，或者违法设定国家机关的权力与责任；

（3）违法设定行政许可、行政处罚、行政强制，或者对法律设定的行政许可、行政处罚、行政强制违法作出调整和改变；

（4）与法律规定明显不一致，或者与法律的立法目的、原则明显相违背，旨在抵消、改变或者规避法律规定；

（5）违反授权决定，超出授权范围；

（6）对依法不能变通的事项作出变通，或者变通规定违背法律的基本原则；

（7）违背法定程序；

（8）其他违背法律规定的情形。

第 39 条

对法规、司法解释进行审查研究，发现法规、司法解释存在明显不适当问题，有下列情形之一的，应当提出意见：

(1)明显违背社会主义核心价值观和公序良俗；

(2)对公民、法人或者其他组织的权利和义务的规定明显不合理，或者为实现立法目的所规定的手段与立法目的明显不匹配；

(3)因现实情况发生重大变化而不宜继续施行；

(4)变通明显无必要或者不可行，或者不适当地行使制定经济特区法规、自治条例、单行条例的权力；

(5)其他明显不适当的情形。

第四章　处　　理

第 40 条

专门委员会、法制工作委员会在审查研究中发现法规、司法解释可能存在本办法第三章第三节规定情形的，可以与制定机关沟通，或者采取书面形式对制定机关进行询问。

第 41 条

经审查研究，认为法规、司法解释存在本办法第三章第三节规定情形，需要予以纠正的，在提出书面审查研究意见前，可以与制定机关沟通，要求制定机关及时修改或者废止。

经沟通，制定机关同意对法规、司法解释予以修改或者废止，并书面提出明确处理计划和时限的，可以不再向其提出书面审查研究意见，审查中止。

经沟通没有结果的，应当依照立法法第 100 条规定，向制定机关提出书面审查研究意见，要求制定机关在两个月内提出书面处理意见。

对经省、自治区、直辖市人大常委会批准的法规提出的书面审查研究意见，同时抄送批准机关。

第 42 条

制定机关收到审查研究意见后逾期未报送书面处理意见的，专门委员会、法制工作委员会可以向制定机关发函督促或者约谈制定机关有关负责人，要求制定机关限期报送处理意见。

第 43 条

制定机关按照书面审查研究意见对法规、司法解释进行修改、废止的，审查终止。

第 44 条

制定机关未按照书面审查研究意见对法规及时予以修改、废止的，专门委员会、法制工作委员会可以依法向委员长会议提出予以撤销的议案、建议，由委员长会议决定提请常委会会议审议。

制定机关未按照书面审查研究意见对司法解释及时予以修改、废止的，专门委员会、法制工作委员会可以依法提出要求最高人民法院或者最高人民检察院予以修改、废止的议案、建议，或者提出由全国人大常委会作出法律解释的议案、建议，由委员长会议决定提请常委会会议审议。

第 45 条

经审查研究，认为法规、司法解释不存在本办法第三章第三节规定问题，但存在其他倾向性问题或者可能造成理解歧义、执行不当等问题的，可以函告制定机关予以提醒，或者提出有关意见建议。

第 46 条

专门委员会、法制工作委员会应当及时向制定机关了解有关法规、司法解释修改、废止或者停止施行的情况。

第 47 条

法规、司法解释审查研究工作结束后，有关审查研究资料应当及时归档保存。

第五章　反馈与公开

第 48 条

国家机关对法规、司法解释提出审查要求的，在审查工作结束后，由常委会办公厅向提出审查要求的机关进行反馈。

国家机关、社会团体、企业事业组织以及公民对法规、司法解释提出审查建议的,在审查工作结束后,由法制工作委员会向提出审查建议的公民、组织进行反馈。

第 49 条

反馈采取书面形式,必要时也可以采取口头形式。对通过备案审查信息平台提出的审查建议,可以通过备案审查信息平台进行反馈。

第 50 条

对不属于全国人大常委会备案审查范围的规范性文件提出的审查建议,法制工作委员会依照本办法规定移送有关机关研究处理的,可以在移送后向提出审查建议的公民、组织告知移送情况;不予移送的,可以告知提出审查建议的公民、组织直接向有权审查的机关提出审查建议。

第 51 条

专门委员会、常委会工作机构应当将开展备案审查工作的情况以适当方式向社会公开。

第六章　报告工作

第 52 条

法制工作委员会应当每年向全国人大常委会专项报告开展备案审查工作的情况,由常委会会议审议。

备案审查工作情况报告根据常委会组成人员的审议意见修改后,在全国人大常委会公报和中国人大网刊载。

第 53 条

专门委员会、常委会办公厅向法制工作委员会提供备案审查工作有关情况和材料,由法制工作委员会汇总草拟工作报告,经征询专门委员会、常委会办公厅意见后按规定上报。

备案审查工作情况报告的内容一般包括:接收备案的情况,开展依职权审查、依申请审查和专项审查的情况,对法规、司法解释纠正处理的情况,开展备案审查制度和能力建设的情况,根据备案审查衔接联动机制开展工作的情况,对地方人大常委会备案审查工作进行业务指导的情况,下一步工作建议、考虑和安排等。

第七章　附　　则

第 54 条

对国务院的决定、命令和省、自治区、直辖市人大及其常委会的决议、决定以及最高人民法院、最高人民检察院的司法解释以外的其他规范性文件进行的审查,参照适用本办法有关规定。

第 55 条

地方各级人大常委会参照本办法对依法接受本级人大常委会监督的地方政府、监察委员会、人民法院、人民检察院等国家机关制定的有关规范性文件进行备案审查。

第 56 条

对香港特别行政区、澳门特别行政区依法报全国人大常委会备案的法律的备案审查,参照适用本办法。

第 57 条

本办法自通过之日起施行。2005 年 12 月 16 日第十届全国人大常委会第四十次委员长会议修订、通过的《行政法规、地方性法规、自治条例和单行条例、经济特区法规备案审查工作程序》和《司法解释备案审查工作程序》同时废止。

图书在版编目(CIP)数据

合宪性审查制度资料汇编 / 王锴, 王理万主编. --
北京：法律出版社, 2021
ISBN 978-7-5197-4955-2

Ⅰ. ①合… Ⅱ. ①王… ②王… Ⅲ. ①宪法-司法制度-资料-汇编-中国 Ⅳ. ①D921.04

中国版本图书馆 CIP 数据核字(2020)第 179706 号

合宪性审查制度资料汇编
HEXIANXING SHENCHA ZHIDU ZILIAO HUIBIAN

王　锴　王理万 主编

策划编辑 沈小英
责任编辑 沈小英　单　洁
装帧设计 李　瞻

出版 法律出版社
总发行 中国法律图书有限公司
经销 新华书店
印刷 中煤(北京)印务有限公司
责任校对 杨锦华　王沁陶
责任印制 吕亚莉

编辑统筹 法治与经济出版分社
开本 710 毫米×1000 毫米　1/16
印张 27.5
字数 398 千
版本 2021 年 1 月第 1 版
印次 2021 年 1 月第 1 次印刷

法律出版社／北京市丰台区莲花池西里 7 号(100073)
网址／www.lawpress.com.cn
投稿邮箱／info@lawpress.com.cn
举报维权邮箱／jbwq@lawpress.com.cn
销售热线／400-660-8393
咨询电话／010-63939796

中国法律图书有限公司／北京市丰台区莲花池西里 7 号(100073)
全国各地中法图分、子公司销售电话：
统一销售客服／400-660-8393/6393
第一法律书店／010-83938432/8433　西安分公司／029-85330678　重庆分公司／023-67453036
上海分公司／021-62071639/1636　深圳分公司／0755-83072995

书号：ISBN 978-7-5197-4955-2　**定价**：160.00 元
(如有缺页或倒装,中国法律图书有限公司负责退换)